国家统计局"基于丝绸之路经济带贸易便利化水平测评体系与贸易潜力研究"（项目编号：2016LY02）

丝绸之路经济带沿线国家跨文化沟通与贸易畅通

庞鹤 王珏 著

中国社会科学出版社

图书在版编目（CIP）数据

丝绸之路经济带沿线国家跨文化沟通与贸易畅通/庞鹤，王珏著.—北京：中国社会科学出版社，2017.4
ISBN 978-7-5161-9999-2

Ⅰ.①丝… Ⅱ.①庞… ②王… Ⅲ.①文化交流—研究—世界 ②国际贸易—研究 Ⅳ.①G115 ②F74

中国版本图书馆 CIP 数据核字（2017）第 047442 号

出 版 人	赵剑英
责任编辑	刘晓红
责任校对	周晓东
责任印制	戴 宽
出 版	中国社会科学出版社
社 址	北京鼓楼西大街甲 158 号
邮 编	100720
网 址	http://www.csspw.cn
发 行 部	010-84083685
门 市 部	010-84029450
经 销	新华书店及其他书店
印 刷	北京明恒达印务有限公司
装 订	廊坊市广阳区广增装订厂
版 次	2017 年 4 月第 1 版
印 次	2017 年 4 月第 1 次印刷
开 本	710×1000 1/16
印 张	16.5
插 页	2
字 数	239 千字
定 价	78.00 元

凡购买中国社会科学出版社图书，如有质量问题请与本社营销中心联系调换
电话：010-84083683
版权所有 侵权必究

序

全球经济发展的过程中，突出的问题就是经济发展不平衡，位于东亚和西欧中部的东南亚、南亚、中亚、中东欧、中东地区虽然涉及多个国家，人口占据全球63%之强，经济发展却始终处于"经济低洼"地带。中国在全球经济低迷、世界贸易疲软的当下，自身也存在出口、投资与消费对经济拉动作用逐渐下滑的局面。作为全球第二大经济体，"世界工厂"的生产与消化也遇到了"瓶颈"。中国第一、第二大进出口目的地双双出现贸易下滑，中国的出口目的地过于集中的问题随之引发贸易低迷。全球经济低迷，导致中国产能过剩的矛盾开始爆发。在降产能、调结构的过程中，外部经济不景气，内需无法很有效地弥补外需不足，同时发达国家的贸易保护主义在这一时期频频向中国提出各种贸易摩擦导致的不正当制裁，给本就不景气的中国对外贸易蒙上了一层阴影。拉动内需是解决中国经济不景气的非常重要的举措，但是也不能就此放弃对外部市场的维护与开拓。已经与全球经济紧密结合的中国，不能再次走上闭关锁国的道路。因此，积极应对，寻找更加有效的途径消解中国的产能，刺激对外贸易发展也是一个非常重要的手段。"一带一路"倡议是中国面临全球经济下滑，中国经济结构不平衡问题凸显，而提出的惠及沿线65个国家、44亿人口的贸易和投资互动开放战略。在这个大战略实施过程中，中国作为负责任的大国，结合本国经济发展的经验，认为落后地区的经济腾飞是拉动全球经济，解决全球经济总需求不足，产业结构不合理的重要手段。"一带一路"倡议中，中国在沿线国家资源禀赋各异，经济互补性较强，彼此合作潜力和空间很大的背景下，提出"以政策沟通、设施联通、贸易畅通、资金融通和民心相通"为主要内容的合作机制。其中贸易畅通能很好地给中国过剩的产能提供削减的渠道，也能给这些国家提供投资所需的资金、技术和产品。贸易的基础是相互拥有的生产禀赋及彼此吸引的市场，贸易是否能畅通，除了利益互补以外，还需要其他方面的配合来降低彼此间的贸易成本。贸易成本分为显性和隐性贸易成本。显性贸易成本可以通过设施联通来降低，而降低隐性贸易成本则显得困难得多，尤其是因为彼此文化差异而导致的文化摩擦与冲突给彼此在贸易领域的政策制度谈判及商务交流带来非常大的影响。为更好地推动"一带一路"沿线国家的贸易畅通，讨论彼此的文化差异，寻找适当的解决方案是必要的。

　　由于历史和地理原因导致的文化差异存在于每一个群体中。很多国家由于地理范围宽广，其中除了其主流文化外，还有很多亚文化的存在，这些亚文化则以每个民族，甚至每个村落为代表。在研究文化差异时，尤其当探讨文化差异对两国经济政治合作、跨国公司管理的影响时，需要将国家文化作为研究对象。霍夫斯泰德（2010）在分析文化差异时，对国家文化用了六个维度进行刻画，分别为：权力距离、不确定性规避、个人—集体主义、阳性—阴柔气质、长期—短期导向以及约束—放任。霍夫斯泰特通过对 IBM 公司的不同国籍的员工进行问卷调研，统计后得出每个国家基于地理与历史的传承不同在六个维度上不同的指数。该指数计算和统计已经覆盖了全球 70 多个国家和地区。笔者在分析文化距离对中国与"一带一路"沿线国家贸易畅通的影响分析时，主要运用的是基于霍夫斯泰德的国家文化指数，运用引力模型对中国与沿线国家的贸易潜力和贸易效率进行实证分析，证明国家文化距离对该区域的贸易潜力的影响是存在的，也说明在推动该地区贸易畅通的过程中，需要加强文化领域的合作，降低文化摩擦和冲突对贸易畅通的阻碍。在文化全球化的今天，文化的交流越来越体现出共性文化特征，相互融合已经如经济一样不可避免。基于文化全球化的背景，研究彼此文化特点，增强彼此互信，夯实合作基础，寻找共同目标，促进民心相通，构建有效、良好与开放的文化交流环境是增强贸易畅通有益的措施。

　　本书的完成，与恩师、同事、同门及家人的倾力相助分不开。庞鹤女士负责全书结构建立、通稿和修订，并执笔撰写了第一章、第二章、第四章、第五章、第六章、第七章、第十章和第十一章；王珏教授执笔撰写了第三章、第八章和第九章，并通读全文，提出宝贵的修改意见。

此外，特别鸣谢西安外国语大学王建喜教授对笔者的鼓励与支持；感谢西安财经学院于璐瑶副教授对全书提出了建设性的意见以及对第一章、第二章的修改，师弟白东北先生对第十章的修改；感谢家人的理解与默默付出。同时也非常感谢中国社会科学出版社对全书做了仔细的编辑与修订。本书的研究和写作仍有不足之处，在本书的研究中，没有涉及中国与沿线国家的投资问题，后续需要加强文化距离对投资的影响，以进一步探讨文化距离对两国经济互动与往来方面做出全面分析。

目 录

第一章　绪论 ·· 1

　　第一节　文化差异对跨文化沟通的影响 ································· 2
　　第二节　丝绸之路经济带跨文化问题研究的意义 ···················· 6
　　第三节　丝绸之路经济带的主要国内外路段 ·························· 14

第二章　跨文化研究主流理论与实证 ·· 18

　　第一节　早期的跨文化研究框架 ··· 20
　　第二节　跨文化分析中的维度拓展 ······································ 23
　　第三节　Hofstede 模型的检验 ·· 29

第三章　丝绸之路经济带跨越的主要区域 ······································ 35

　　第一节　中亚地区 ··· 35
　　第二节　南亚地区 ··· 38
　　第三节　中东地区 ··· 42
　　第四节　中东欧地区 ·· 48
　　第五节　东亚地区 ··· 56
　　第六节　东南亚地区 ·· 62

第四章　中亚地区文化特征及其与中国贸易畅通现状 ······················ 68

　　第一节　中亚地区的文化特征 ·· 68
　　第二节　区域人口及宗教构成分析 ······································ 74
　　第三节　中亚地区后苏联阶段的国家重塑 ····························· 77

第四节　区域权利平等性分析 …………………………………… 80
　　第五节　中亚地区与中国的贸易畅通现状 ……………………… 84

第五章　南亚地区文化特征及其与中国贸易畅通现状 …………… 89
　　第一节　南亚地区的文化特征 …………………………………… 89
　　第二节　区域人口及宗教构成分析 ……………………………… 90
　　第三节　南亚传统文明与西方式政治制度的融合 ……………… 101
　　第四节　南亚地区的民主文明 …………………………………… 107
　　第五节　南亚地区国家与中国的贸易畅通现状 ………………… 111

第六章　中东地区的文化特征及其与中国的贸易畅通现状 ……… 116
　　第一节　中东地区的文化特征 …………………………………… 116
　　第二节　区域人口与宗教构成分析 ……………………………… 121
　　第三节　中东地区的民族与宗教异同与冲突 …………………… 127
　　第四节　华夏文明和阿拉伯文明间的共性分析 ………………… 137
　　第五节　中东地区国家与中国的贸易畅通现状 ………………… 140

第七章　中东欧地区的文化特征及其与中国的贸易畅通现状 …… 143
　　第一节　中东欧地区的文化特征 ………………………………… 143
　　第二节　区域人口及宗教构成分析 ……………………………… 147
　　第三节　中东欧地区宗教信仰演变情况 ………………………… 150
　　第四节　中东欧地区国家与中国的贸易畅通现状 ……………… 168

第八章　东亚区域的文化特征及其与中国的贸易畅通现状 ……… 172
　　第一节　东亚地区的文化特征 …………………………………… 172
　　第二节　区域人口及宗教构成分析 ……………………………… 177
　　第三节　东亚地区各国文化传播与交流 ………………………… 180
　　第四节　东亚地区国家与中国的贸易畅通现状 ………………… 185

第九章　东南亚区域的文化特征及其与中国的贸易畅通现状 …… 190
第一节　东南亚地区的文化特征 …………………………… 190
第二节　区域人口及宗教构成分析 ………………………… 193
第三节　中国与东南亚地区的文化交流 …………………… 196
第四节　东南亚地区国家与中国的贸易畅通现状 ………… 202

第十章　跨文化差异对贸易畅通影响的实证分析 …………… 207
第一节　引力模型简介 ……………………………………… 208
第二节　结合文化距离的引力模型构建 …………………… 213
第三节　实证过程及结果分析 ……………………………… 215

第十一章　基于跨文化管理的丝绸之路经济带沿线国家的贸易畅通 …………………………………………………… 223
第一节　跨文化管理的"CCIOT"模式 …………………… 224
第二节　丝绸之路经济带沿线国家跨文化管理的重点环节 ……………………………………………… 230
第三节　基于跨文化管理的实现不同区域贸易畅通的措施 ………………………………………………… 235

参考文献 …………………………………………………………… 243

联通了沿线各国的贸易交往，更促进了各民族之间文化交流与融合。文化将继续在丝绸之路经济带建设中发挥纽带作用，推动丝绸之路经济带沿线不同地区、不同民族对政治制度、宗教信仰、风俗习惯等方面形成广泛的价值认同与包容。

第一节 文化差异对跨文化沟通的影响

一 跨文化沟通的研究范围

跨文化沟通是发生在不同文化背景的人们之间的沟通。密切的跨文化沟通是当今世界的一个重要特征。随着经济全球化进程的加速，跨国、跨文化的交往活动日益频繁，不同文化背景人员的跨国往来与日俱增，大量跨国公司的出现使劳动力的文化背景多元化趋势日益明显。跨文化交流变得日益重要。与此同时，"跨文化沟通学"作为一门新兴的学科在语言学和语言教学界受到越来越多的关注。学者们对跨文化沟通的各个层面展开了研究，并取得了大量的成果。这主要表现在以下几个方面：

首先是对文化差异的研究。文化差异没有改变沟通的普遍性质，但是，文化因素的介入却增加了沟通的复杂性和困难程度。从人类学家卡尔维罗·奥伯格（Kalvero Oberg）使"文化冲击"（cultural shock）一词大众化开始，文化差异一直是人们关注的重点。这种关注是从两个不同的层面展开的：一方面是对不同国家、民族、文化体系间的文化进行比较，比如东西方文化差异，中日文化差异、日美文化差异等；另一方面是为了有效地进行上述文化比较和分析，学者们从千差万别的文化中提取了一些比较重要的维度。比较著名的如霍夫斯泰德的六文化维度，莱恩和迪斯特芬诺的六文化维度，以及斯特罗姆·佩纳斯的五文化维度。

其次是对文化差异如何影响沟通的研究。1981年，萨姆瓦等人曾提出了跨文化沟通的模型。形象地描述了信息经过不同文化成员时，原始信息的内含意义发生的改变。在这个模型中，不同图形表示不同文化；与文化图形相似的较小图形表示受到该文化影响的个人，两者差异说明：个体的形成还受文化之外的其他因素的影响；箭头表示文化之间的信息传递。信息图案与个人图案的一致性表示，当信息离开它被编码的文化时，它包含着编码者所要表达的意图。但是当信息到达它将被解码的文化时，解码文化的影响也变成信息含义的一部分，原始信息的内含意义就被修改了。文化越相似，解码的结果与编码时的内含意义就越接近。

最后是对跨文化沟通技巧的研究。参与结构是文化对交际的不成文的规定，交际双方不一定都了解对方文化的参与结构，即使对自己文化中参与结构的具体状况也可能并不清楚。这就需要交际双方对交际中的不确定性有更强的心理承受能力，对"异常"情况持更为宽容、开放、灵活的态度，同时要善于运用各种沟通技巧来应付和解决问题。这些技巧包括：预设差异，避免文化中心主义，忍受模糊，处事灵活，幽默感和具有冒险精神等。

以上的研究对我们进行跨文化沟通提供了很好的指导。但是，在实际中我们仍然会碰到这样的情况：跨文化沟通参与者了解了彼此的文化差异，并且在沟通中也从各个方面尊重了这些差异，但是对差异的尊重不但没有使沟通顺利进行，反而引起了另外的问题。成功的跨文化沟通要求我们不但要了解彼此的文化差异，还要求我们了解文化差异在沟通中的作用机制。

二　文化差异对跨文化沟通的影响机制

进行跨文化沟通时，根据我们对对方文化的了解程度，可能出现三种情况：完全陌生；有一定了解，但过于简化或不准确；比较全面的理解。在这三种情况下，文化差异影响沟通的方式是不同的，分别表现为文化迁移、文化定式和逆文化迁移。

（一）文化迁移

文化迁移，指跨文化沟通中，人们下意识地用本民族的文化标准和价值观念来指导自己的言行和思想，并以此为标准来评判他人的言行和思想。

人们（有意或无意地）用自身的价值尺度去衡量他人的心理倾向

是比较普遍的。一个人从孩提时起，就开始学习本文化群体的行为和思维方式，直到内在化和习惯化。从一种文化的角度看，假定另一种文化能选择"更好的方式"去行事似乎是不合理的。因此，对各民族来讲，常会把自己的文化置于被尊重的地位，用自己的标准去解释和判断其他文化的一切。极端之时还会表现出"己优他劣"的倾向，僵硬地接受文化上的同类，排斥文化上的异己。

发生文化迁移的主要原因在于对文化差异的不了解，在这种情况下，文化迁移是一种无意识的行为；文化迁移也可能是有意识的，这主要是由于文化中心主义。了解不同文化、价值观念取向的差异是消除文化迁移的必要前提。只有了解不同民族的文化习俗、信仰、价值观及它们的内涵，才能真正完成思想感情的交流。

实际上，尽管文化上存在先进和落后之分，但是任何一种文化都有其自身的独特价值，这种价值是与其特殊环境相匹配的，一种文化现象的产生、存在和发展与人们生活的具体历史条件是相联系的。成功的跨文化沟通要求我们必须培养移情的能力：即在传递信息前，先把自己置身于接收者的立场上；接收信息时，先体认发送者的价值观、态度和经历、参照点、成长和背景。设身处地地体会别人的处境和遭遇，从而产生感情上共鸣的能力。

除了避免文化中心主义外，预设差异也是避免文化迁移的重要方法。即在没有证实彼此的相似性前，先假设存在差异，提高文化敏感性，注意随时根据文化因素调整自己的观察角度。预设差异从本质上来说就是要保持思想的开放性和动态性。一定的先有观念，固然是我们认识事物的基础，但是预设差异要求我们必须首先将这些现有观念当作一种假设，而不是真理，必须仔细评价接受者提供的反馈，并随时根据实际情况对它们加以修正。

(二) 文化定式

定式也称作定型 (stereotype)，最早是由 W. Lippman 在《大众舆论》(1922) 中首先采用的术语，指的是人们对另一群体成员所持有的简单化看法。文化定式可能是由于过度泛化而导致的，即断言群体中的每一成员都具有整个群体的文化特征。也可能是由于忽视文化具有动态性和变迁性而引起的。

由于人信息处理能力的有限，为了帮助不同文化的人们相互了解，就必须概括文化差异，建立某种文化定型，从这个意义上说，一定程度的文化定式也是不可避免的；然而这些定型对于差异的"过分概括"或"标签化"又可能人为地制造屏障，妨碍文化间的交流和理解。这并不是说文化定式总是错误的，文化定式中通常蕴含着许多准确的文化观察。但是文化定式很容易以期待文化的形式影响我们对文化现象的理解。"人们看到他们所希望看到的"。人们不但更容易被符合我们期望的东西所吸引，并且往往会对事物做出符合我们期望的解释。

文化定式可能将我们的认识局限于一个或两个凸显的维度，妨碍我们对其他同等重要方面的观察，使我们对客观存在的差异浑然不觉，从而导致跨文化沟通的失败。研究显示，各个领域的专家与该领域的初学者不同，并不在于专家忽略了脚本和原型的作用，而在于他们通过与该领域的人和事长期接触，从而形成了更为复杂具体和准确的脚本和原型。即问题不在于是不是从一开始就能避免定式，关键是如何不囿于定式，意识到自己现有的认识可能存在非完备性或可错性。在交往实践中应不断获得更为全面准确的观察。

（三）逆文化迁移

文化差异是导致跨文化沟通出现障碍的主要因素。因此，尽可能全面地了解文化差异是人们关注的重点。但是了解了对方的文化特征，也不一定就会避免障碍的产生。假如，完美的沟通是实现思想 1 和思想 2 的完全一致，但是思想本身是不能传递的，它必须中介于符号。这样，只有沟通双方对同一符号做同样理解，即 A 编码规则 = B 编码规则时，思想 1 = 思想 2 的情况才可能出现。

文化差异从沟通的角度来讲，也就是对符号编码或解码规则的不一致。静态来看，在一次具体的沟通过程中，如果双方对对方的文化都一无所知，显然会出现以己度人的情况，"误把他乡作故乡"，发生文化迁移，即在未证实 A 的编码规则 = B 的解码规则一致时，假定了思想 1 = 思想 2；但是如果双方都对对方的文化很了解，并在假定对方编码或解码方式不变的前提下,去适应对方,即发送者 A 将自己的编码规则调整为 B 的,同时接收者 B 将自己的编码规则调整为 A 的,编码和解码规则不一致问题只是换了一种方式存在:只有当其中的一种编码或解码方式不变,另一方主动适应同时采用 A 或 B 的,或者双方共同商定采用新的规则 C 时,沟通才可能顺利进行。

障碍的起因不在于沟通双方对文化差异的无知或忽视,而在于沟通双方同时放弃了自己的立场,而采取了对方的立场,使编码与解码方式出现了新的不一致。这与文化迁移很相似,但是却以反向的形式出现,因此称之为逆文化迁移。

应该提到的是,单独了解文化差异的作用机制,并不会对跨文化沟通产生帮助。只有在了解文化差异三种作用机制的前提下,一方面,在实际过程中不断加深对文化差异的了解;另一方面,在沟通过程中保持问题意识,综合运用各种沟通技巧,不断地化解差异,才会不断推动跨文化沟通的顺利进行。

对跨文化研究发展趋势的探究,我们主要集中在心理和行为科学领域,其发展的主要趋势为:新的文化维度结构不断涌现,研究者提出了多个文化维度结构,如认知风格和社会通则等,可以预期未来将出现更新、更多的文化理论框架;新研究方法将会被引入跨文化研究中来。此前,跨文化研究主要依赖纸笔调查和行为测量,如今,包括反应时间、感知反应等一些新的方法被应用到跨文化研究领域中;研究者将更多地使用多种因变量指标、引入多个协变量、使用多种研究方法等多种汇聚的方法来加强研究结果的解释力。最后,多层线性模型、多层结构方程模型等新的数据分析方法也将在跨文化研究中得到广泛的重视和应用。

第二节 丝绸之路经济带跨文化问题研究的意义

中国国家主席习近平在出访哈萨克斯坦期间提出"丝绸之路经济

带"这一战略构想。该构想突破了传统的区域经济合作模式，主张构建一个开放包容的体系，以开放的姿态接纳各方的积极参与。重新激活这条古老的贸易通道对于沿途国家的经济建设、地区繁荣乃至世界经济的平衡都具有重大的战略意义。构想一经提出，立刻引起了相关各国的高度关注。

商务部数据表明，2015 年第一季度我国与"一带一路"沿线国家的双边贸易额达 2360 亿美元，占全国进出口总额的 26%。麦肯锡咨询公司的研究显示，"一带一路"有望为全球经济贡献 80% 的地区经济增长，并在 2050 年前，将 30 亿人口带入中等收入行列。2014 年，中国对外投资规模首次超过吸引外资规模，成为资本净输出国。同年中国进口商品近 2 万亿美元，规模相当于每年再造一个中等发达国家。

我们可以想象，"丝绸之路经济带"必将在能源、高铁、基建、航天、金融等多个领域展开合作。而这些合作多是大手笔，是带有长远性、基础性的合作，是产业带动效应巨大的合作。

一 文化交流是与"丝绸之路经济带"共建相生相伴的事业

（一）文化交流与共建"丝绸之路经济带"有着十分密切的联系

文化历来是经济、政治和社会活动的基础与媒介，其作用的发挥既无处不在，又无可替代。基于此，"文化是一个民族的重要特征，它和民族的历史、情感、心理、语言、宗教等紧密地联系在一起，是一个民族发展的内在动力和精神支柱"。在多元文化背景下，每个民族的文化都应该被尊重、被认可，尤其是在共建"丝绸之路经济带"的合作发展时期，各种思想和文化的交流、交融、交锋必然会愈加频繁。特别是各个文化族群的人们，能否顺利、充分地进行交往，并逐步增进相互理解、相互认同，即真正实现各民族都"力求摆脱本位中心主义，不要求别人'从我之美'，至少要承认多元并存，求同存异，相互理解，日趋靠拢……美人之美"的跨文化交流目标，是推进"丝绸之路经济带"共建所必须解决好的一个关键性问题。

（二）文化交流发生在两个或多个具有文化源差异显著的关系之间

在不同的文化圈层中，也能产生很好的文化交流效果。文化交流能够促进文化的发展，丰富文化产品，乃至在更加广泛领域互通有无。当中国这个古老而优秀文明被欧洲"发现"，在伏尔泰看来，正是对基督世界的妄自尊大最有力的对比。他在《哲学词典》的"光荣"条目下赞扬中国是"举世最优美、最古老、最广大、人口最多和治理最好的国家"。他用中国的年代学驳倒了《圣经》中的上帝创世说，《旧约》记载的创世年代是公元前3761年，而百科全书派的启蒙学者承认中国"整个民族的聚居和繁衍有50世纪以上"。狄德罗赞美儒教只需以"理性"或"真理"便可治国平天下，并且认为这样尊重理性的精神，就是我们哲学家狄德罗的精神，同时也就是他的周围排列着的百科全书家的精神。霍尔巴哈以中国为政治和伦理道德结合的典范，"中国是世界上唯一地将政治和伦理道德相结合的国家。这个帝国的悠久历史使一切统治者都明了，要使国家繁荣，必须仰赖道德"。他主张以德治国，使用了"德治"（ethocratie）一词，写作了《德治或以道德为基础的政府》。他在《社会体系》一书中公然宣称："欧洲政府必须以中国为模范。"波维尔（波瓦伏尔）在《哲学家游记》中，更是以中国法律为榜样，以为"如果中国的法律变为各国的法律，中国就可以为世界提供一个作为去向的美妙世界"。可见，尽管这些百科全书派的代表人物们表现出了对中国儒家文化的盲目崇拜，但也不可否认，正是文化交流，使中国的儒家文化对欧洲文化和社会产生了深厚的影响，也增进了欧洲对中国社会和文化的理解。

（三）"丝绸之路经济带"的共建将会推动文化交流的高潮迭起

中国文化历来就重视交流。从历史上中国文化西传来看，在16世纪末以前，传往西方的中国文化，主要属于工艺——科技文化的层面，诸如古罗马的娇媛贵妇如何穿上了汉帝国的丝绸服装，中国的四大发明如何通过阿拉伯人传往西方等。当然，也有古罗马人关于东方"丝国"的种种神奇描述、中世纪旅行家的见闻观感，也有书信往来、早期希腊人关于"亚细亚"的传说、亚里士多德关于东方社会制度的论述等。从严格意义上的中学西渐的历程来看，自16世纪末开始的四个世纪以来，中学西渐出现了三次高潮。与中学西渐的前史相区别，400年来中学西渐的每一次高潮都与西方世界业已爆发的或者潜在的社会的或观念的危机相联系，每一次高潮也都给予了西方文化的发展以不可忽视的重要影响。今天，我们仍然有理由相信，历史上的那些身在西方的学者们参照西方文化进行比较、分析、转述，东西呼应，共同推动起一场蔚为壮观的中学西渐的高潮，在"丝绸之路经济带"的共同机遇、共同利益、共同目标的驱动下，文化交流一定还会再次空前活跃起来的。

（四）文化交流始终都是一个创造美好与和谐共享的过程

国家为了进一步巩固政权、维护社会和谐稳定、促进合作与发展，往往是通过文化交流的途径促进不同区域的民族之间相互学习、欣赏和借鉴，共同优化发展环境，为促进政治经济领域的合作奠定基础。但需要特别明确的是，文化交流是有前提条件的，即各文化主体之间必须要有自己独特的文化，要有文化自主权，要有很强的文化生产力。同时，文化交流的实现，还取决于能否克服本民族文化的局限性，自觉地以自由、开放、平等、超越、包容的精神和相互欣赏的姿态与之进行沟通交流。不同文化间的交流，一般只会在各自尊重对方的前提条件下进行，否则，就是文化入侵。文化交流必须要有起始点和机会平等，顺从和勉强、强势文化压制弱势文化，都不是文化交流。这也是文化交流与文化入侵的区别。因此，在共建"丝绸之路经济带"的新形势下，推进文化交流，也应该把握好保障文化交流健康发展的基本原则，确保文化交流沿着正确的轨道发展，不断为共建"丝绸之路经济带"提供正能量。

二　文化交流在共建"丝绸之路经济带"中有着不可替代的重要地位和作用

（一）文化交流是"丝绸之路"的一项重要功能

"丝绸之路"是亚洲、欧洲和非洲等国家文化交流的友谊之路。人类的一切活动，首先是交流。"丝绸之路"各国的人们无论交易何种商品，都首先要进行文化交流，而且文化交流占据主导地位。古代

"丝绸之路"是横贯欧亚大陆的文化、贸易和交通大动脉,这既是目前亚欧大陆由东至西最为便捷的通道,也是东西方文化交流荟萃之地,其沿途遗留的诸多文化遗址和文物,至今仍然令世界惊叹不已。毫无疑问,"丝绸之路"不但促进了欧亚非各国与中国的友好往来,更重要的是,它推进了世界文明的大发展。中国既是丝绸的故乡,也是"丝绸之路"的发端。在经由"丝绸之路"进行的贸易中及中国输出的种类和数量都难以考证的商品中,美妙的丝绸给世界各国人民留下了至今仍然难以忘怀的深刻印象。因此,从1868年,德国地理学家李希霍芬(Ferdinandvon Richthofen)赋予这条陆上交通路线"丝绸之路"的雅称至今,中外史学家都赞成此说并一直沿用不改。西汉武帝时期,张骞两次通西域,开辟了中外交流的新纪元,自此,将中原和西域与阿拉伯、波斯湾紧密联系在一起。经过几个世纪的不懈努力,"丝绸之路"向西延伸到了地中海。广义上的"丝绸之路"东段已经到达了韩国、日本,最西段到达了法国、荷兰境内,而通过海路已经延伸到了意大利和埃及。"丝绸之路"的开通,除了畅通物流以外,其战略意义是中原地区有意识地关注外部世界、积极延伸中华文化的传播与发展空间。随着近代工业的出现,"丝绸之路"遭到了遗弃,中国也随之走向了综合国力竞争的尾列。历经百年沧桑之后的中国,以敢于战胜一切挑战的信心和勇气,重新走上了强国之路和复兴之路。这又让人们在更深层上发现了"丝绸之路"对中国、中亚乃至世界发展的战略意义。但无论是陆路还是海上"丝绸之路",都已成为亚洲和欧洲、非洲等国经济文化交流的友谊之路。由"丝绸之路"向西方输出的不仅是丰富的中原物产,物质文明的输出不仅为西方人的生活带来了诸多便利,更为人类文明发展作出了无可替代的贡献。显而易见,文化交流无论是在古代"丝绸之路"上,还是在今天共建"丝绸之路经济带"新的大环境下,都占据着十分重要的地位。

(二)文化事业的发展离不开文化交流的推进

中国各民族、各地区之间及与外国的文化交流,在"丝绸之路"发展的历史上是一种十分普遍的现象。包括宗教文化、民间文化艺术等在内的各民族文化,都是中华民族珍贵的文化资源。在共建"丝绸之路经济带"新的历史条件下,文化交流面临传承与创新的双重任务,特别是在全球化的形势下,文化交流更是势不可当,它是团体、民族、国家之间合作交流的基础。促进文化交流和文化认同,能够有效地缓解意识形态间的冲突,能够弥补政治外交和军事外交的不足,更能够扩大交流的层次和范围。因此,跨文化交流的重要性、必要性在共建"丝绸之路经济带"的当下,显得尤为突出。

三 "丝绸之路经济带"构造中文化沟通的建设目标

"丝绸之路经济带"不只是一个地理上的概念,更多的是跨文化的融合。在"丝绸之路经济带"建设中,各个文明间的不断融合有了切实的实体项目作为保证,这为深化新时期新闻传播学的理论和现实研究、实现自身发展提供了难得的机遇。中国国家主席习近平在2013年9月的中亚之行期间提出了"以点带面,从线到片,逐步形成区域大合作"的"丝绸之路经济带"的战略构想,并就实施规划提出了政策沟通、道路联通、贸易畅通、货币流通、民心相通的"五通"目标。其中,民心相通是"五通"中的重要环节,以人文合作为重心的民心相通既是目标,也是手段,是推进"五通"的有力保障。

(一)传统的文化认同有助于打好"丝绸之路"文化牌

"丝绸之路"首先是一个文化概念,是东西方文化交流的历史见证。中国同中亚、西亚、南亚等区域内民族和国家的文化交往源远流长,其文化交往可以追溯到公元前。中国通过陆上丝绸之路,将纺织、造纸、印刷、火药、制瓷等产品与工艺技术传到西方,而西方的绘画、音乐、舞蹈等艺术,以及历算、天文、医药等科技知识也通过丝绸之路传入中国。与这些文化和物质产品同时实现了传播与交流的还有思想文化与宗教。中国的儒家文化和道教思想,印度的佛教以及西亚的伊斯兰教、中亚的祆教、摩尼教等宗教文化都是通过丝绸之路加以流传的。这表明,中国同丝绸之路沿途的国家拥有良好的人文交流的传统与合作的基础。另外,丝绸之路沿线保留的大量的历史遗迹与文化遗产,都将作为独特的旅游资源,为推进以旅游经济及旅游文化产业为重点的交流与合作提供先天优势。文化传播不但增进了东西方彼此的认知与了解,而且也推动了东西方文化的融通与贸易的略不可或缺。

习主席在"丝绸之路经济带"构想中在谈及"五通"中的"民心相通"时强调,"国之交在于民相亲"。其内涵就是要在深化政治互信和加强经济合作的同时,加强文化和人文交流与合作,实现共存共荣,并为经济合作与政治互信提供扎实的社会基础和长久保障。民心工程是"丝绸之路经济带"构想中人文合作的核心工程,而其出发点将是立足中国,深化中国同周边国家的政治互信,改善与打造良好的中国国家形象。可以说,人文领域的合作被中国领导人赋予了较高的战略定位。

民心相通简言之就是增进人民间的彼此交流与了解。目前,作为中国实现对中亚地区战略的平台,上海合作组织已经设有相当多的文化等人文领域的合作机制。同时,成员国还在一些具体的合作领域,如旅游与文化遗产的宣传上提出了共同的计划和项目,以促进心灵相通。而近年来成立的上海合作组织大学及一系列青年交流机制也将有利于拓展人文合作的空间,提高人文合作的水平。如何避免这些合作框架与机制流于形式,发挥其文化交流与民间对话的潜力,造福于区域内的人民,并带动更多国家参与到"丝绸之路经济带"的建设中,将是人文领域合作值得思考的方向。

文化是软实力的最重要表现之一。要实现中华民族伟大复兴的"中国梦",就离不开对外文化交流的繁荣。在建设文化强国的过程中,一定要不断提升对外文化交流与合作水平,特别是与丝路沿线各国的文化交流。

第三节 丝绸之路经济带的主要国内外路段

丝绸之路经济带战略涵盖东南亚经济整合、涵盖东北亚经济整合,并最终融合在一起通向欧洲,形成欧亚大陆经济整合的大趋势。21世纪海上丝绸之路经济带战略从海上联通欧非亚三个大陆和丝绸之路经济带战略形成一个海上、陆地的闭环。

"一带一路"国内路段部分。在交通通道方面，形成了在空间走向上以新欧亚大陆铁路桥为主的北线、以石油天然气管道为主的中线、以跨国公路为主的南线三条线。丝绸之路经济带圈定新疆、陕西、甘肃、宁夏、青海、内蒙古、黑龙江、吉林、辽宁、广西、云南、西藏、重庆13个省（市、区）。21世纪海上丝绸之路圈定上海、福建、广东、浙江、海南5省市。共计18个省、自治区、直辖市。

丝绸之路经济带国际地段。"一带一路"贯穿欧亚非大陆，一头是活跃的东亚经济圈，另一头是发达的欧洲经济圈，中间广大腹地国家经济发展潜力巨大。丝绸之路经济带重点畅通中国经中亚、俄罗斯至欧洲（波罗的海）；中国经中亚、西亚至波斯湾、地中海；中国至东南亚、南亚、印度洋。21世纪海上丝绸之路重点方向是从中国沿海港口过南海到印度洋，延伸至欧洲；从中国沿海港口过南海到南太平洋。因此，国外路段可分为三个主要地段：中亚地段、南亚地段、中东欧地段以及相关的俄罗斯和西欧、北欧地段。

中亚位于欧亚大陆中心，也是丝绸之路的枢纽，地缘位置显要，能源资源丰富，发展潜力很大。中国与中亚国家有长达3300多公里的共同边界。可以说，同中亚国家的关系是中国周边外交的重要组成部分。中亚五国都是典型的内陆国家，其中哈萨克斯坦、吉尔吉斯斯坦、塔吉克斯坦与中国边界相接。中亚地区东临中国，西至里海，北起俄罗斯，南接伊朗、阿富汗等伊斯兰国家，总面积近400万平方公里，总人口5560万。按照麦金德的地缘战略理论，该地区位于欧亚大陆的"心脏地带"，是影响世界格局的枢纽地区。

南亚地区指亚洲南部地区，介于东南亚与西亚之间。南亚共有8个国家，其中阿富汗、尼泊尔、不丹为内陆国，印度、巴基斯坦、孟加拉国为临海国，斯里兰卡、马尔代夫为岛国。巴基斯坦、印度、尼泊尔、不丹和克什米尔地区同中国相邻。南北和东西距离各约3100公里，面积约503万平方公里。人口15亿以上，使用210余种语言。

中东欧16国位于欧洲中东部，总面积133.6万平方公里，接近中国面积的1/7，人口1.23亿。中东欧国家主要包括三大区域共16个国家。狭义的中欧国家（波兰、捷克、斯洛伐克、匈牙利、斯洛文尼亚)、波罗的海三国(爱沙尼亚、立陶宛和拉脱维亚)和巴尔干国家(罗马尼亚、保加利亚、克罗地亚、塞尔维亚、黑山、马其顿、波黑、阿尔巴尼亚)。中东欧国家面积约为欧盟的3/10,人口约为欧盟的1/4,经济总量不足欧盟的1/10,也日益被视为欧洲发展的潜在增长点。

中国领导人对发展中亚和中东欧地区关系的重视,表明了我国向西开放战略和"丝绸之路经济带"建设并不是局限在中亚,而是将中国与更遥远的欧洲连接起来,并加深双边关系。在这一过程中,中东欧地区战略地位和所起到的作用无疑是巨大的。中东欧是向西开放的重要目标区域和"丝绸之路经济带"沟通的对象。

中亚国家(地区)在古代丝绸之路上一直扮演贸易通道和中转站的重要角色,欧洲是中国产品的重要消费市场。中东欧地区处于特殊的地理位置,使其成为中国产品陆路进入欧洲的重要门户。中东欧不仅是欧洲的东部门户,而且已深入参与至欧洲一体化进程。中东欧16国有11个已加入欧盟,其余国家也在积极争取入盟,中国已明确了与中东欧国家的关系是在欧盟框架下发展的。在这种情况下,中国与中东欧的经贸关系势必是中欧关系中的重要组成部分。

从区域经济发展状况来看,中亚国家经济发展水平相对落后,人口规模也较小,市场容量有限。我国与中亚国家合作,主要集中在能源方面,缺乏更有潜力的合作项目。应当看到我国作为全球制造业大国,不仅需要能源、原材料的输入,还需要广阔的海外产品和投资市场。中东欧国家在经历了20世纪90年代以来的转型后,大多数国家社会稳定、经济繁荣。中东欧16国人口数量超过1.3亿,2012年的人均GDP已经达到11400美元,消费市场巨大,这一地区的农产品、矿产资源以及高科技产品都是中国感兴趣的。2013年9月,习近平主席提出建设"丝绸之路经济带"主要原则性举措集中在一个"通"字上,即"政策沟通,道路联通,贸易畅通,货币流通,民心相通"。另外特别提出打通从太平洋到波罗的海的运输大通道,形成连接欧亚的交通运输网。这可以体现出中央对中亚地区在我国向西开放战略中的联通作用,"丝绸之路经济带"的建设为我国向西开放提供了一个安全、稳定的通道。中东欧地区国家目前是"丝绸之路经济带"的外部地区，将来随着中国向西开放程度的加深，这一地区完全可以通过"丝绸之路经济带"与中国连接起来，成为中国发展对欧经贸的重要桥头堡。

当前中亚地区国家也注重同欧洲的关系。例如，中亚最大的国家哈萨克斯坦，连续五年成为欧盟主要贸易伙伴和投资国，2012年双边贸易额达到538亿美元。哈萨克斯坦是除OPEC国家之外，仅次于俄罗斯和挪威的对欧能源供应国。中亚地区另一大国乌兹别克斯坦也明确将发展与欧洲国家关系视为本国对外关系重点之一。在这样的关系背景下，中亚国家在我国向西开放和"丝绸之路经济带"建设过程中也势必有其对欧发展关系的考虑，而中东欧在欧洲—中亚—中国这一条横跨欧亚大陆的经济带中起到的作用更加显著。同时，"丝绸之路经济带"的建设也会带动中国同中东欧国家经贸关系的进一步发展。

中东地区包括西亚及北非相关国家，该地区素以富裕的石油资源而享誉全球，粗略统计，目前探明的石油储量中东地区占1000亿吨左右，而世界总储量大约2077亿吨，该地区就几乎占据了世界探明储量的一半以上，被称为世界能源基地。该地区主要产油国联合组建的OPEC，对世界原油市场价格形成了垄断控制，一度通过限产提高价格，给全球经济带来严重危机。中国"一带一路"倡议中，中东地区被丝绸之路经济带及21世纪海上丝绸之路囊括其中，既是中国重要的能源合作伙伴，也是中国产能输出的重要地区。中东地处西亚北非，战略地位险要，向西联通欧洲大陆，向南联通非洲大陆，是中国打通海陆和陆路物资运输的交通要道。

东亚、东南亚和南亚地区是构建21世纪海上丝绸之路的交通必经之地，而这两个地区与中国的经贸关系往来也十分密切。尤其是东亚和东南亚因毗邻中国，而文化基础及传统极为相似，两地彼此互为最重要的贸易伙伴。保持并提升与该地区进一步的经贸合作，符合两地相关国家的利益和人民的期待。

第二章 跨文化研究主流理论与实证

当今，经济全球化已成为推动经济发展的强劲动力，随之文化差异问题便成为理论界和实业界关注的热点问题。文化的定义很多，他们大都来自拉丁词源，为耕作土地的意思。在大多数西方语言中，文化通常是指"文明"或者"对思想的提炼"，特别是这种提炼的成果，包括教育、艺术和文学。在社会人类学中，文化不仅包括对思想进行提炼的各种行为和活动，也包括生活中各种普通和琐碎的事情，例如，问候、吃东西、表达情感、在物理空间中与他人保持距离、保持个人卫生等。文化通常是一种集体现象，它至少部分地被现在或过去生活在相同社会环境中的人们所共享，而这种社会环境正是人们习得文化的地方。文化包括了社会游戏中那些不成文的规则，而正是集体的心理编程将这个社会群体或社会分类中的成员与其他群体或分类中的成员区别开来。文化是后天学习得来的，而非与生俱来的。它源于个体所处的社会环境，而不是个体的基因。

正因为文化根植于所处的社会环境，不同的社会环境造就了不同的文化特征和表现。具体的文化差异一般通过符号、英雄、仪式和价值观来加以描述与区分。符号代表了最外边的表层，价值观是最深层的表现，而英雄和仪式则处于中间位置。符号指的是承载着某种特定含义且仅仅能被这种文化的共享者们理解的词汇、手势、图画或者物体。英雄无论故去还是建在，无论真实存在还是虚构的形象，都具有某一文化高度赞扬的品格，被视为行为的楷模。仪式是文化社会中的一些集体活动，如问候的方式、向他人表示尊重的方式、社会或宗教的庆典等。符号、英雄、仪式是文化的实践活动，可以被外部观察者观察到，而文化的核心由价值观构成。价值观是一种普遍性的倾向，表现为更喜欢事物的某些特定状态而非其他状态。

文化可以根据不同的群体进行分层，例如，国家文化、种族文化、宗教文化等。国家是整个世界被划分成的政治单元，每个人都应属于其中之一。虽然国家这个概念出现比较晚，但很多国家长期以来确实发展成为一个整体，即使它们由不同的群体构成，甚至其中还包含融入程度不高的少数民族。在已有一段历史的国家中，有一些很强的力量促使其迈向更好程度的融合，包括占主导地位的国家语言，共同的大众传媒，国民教育体系，国家军队，国家政治体制，参加有极强象征性和感召力的体育赛事中的国家代表，技术、产品和服务的全国市场。

虽然考察文化差异时运用国家层面的数据，会忽视国家内部一些群体的独特特征，但我们总会通过国家数据的总结得出某一国家典型性的文化特点，同时，我们也无法忽视一个重要的事实是，研究文化差异的重要目的之一就是消弭国家之间的文化冲突，促进国与国的沟通、合作和互融。因此本书考察丝绸之路经济带的跨文化沟通问题时，仍着眼于国家文化差异与文化冲突的分析。

对文化差异的研究，更多的理论来自跨国企业管理层面的总结。对于企业营销职能来说，文化差异是影响其行为的重要外部因素。特别是在全球营销中，文化因素对企业营销活动有着巨大影响。许多研究文献与诸多的跨国公司的营销活动已证明了这一点。在营销理论研究中，研究文化的差异性有益于我们理解营销理论研究对文化的反映及其理论形成的文化基石。营销理论大多建立在西方国家文化（特别是美国文化）的基础之上。营销理论在学术上的完备性要求各种营销理论与模型对其他类型文化是否适应，特别对像中国这种与西方文化差异很大的文化。Lyenger 和 Lepper（1999）等学者认为，"许多影响深远的理论，如认知不协调论、归因理论、偏好模型、个人选择模型，都需要得到修正，否则可能不能适应所有文化"。

第一节 早期的跨文化研究框架

早期对文化差异性的研究很多,但由于研究方法和视角的差异,导致各种各样理论的产生,难以形成统一的理论。20世纪60年代,一些学者们试图通过建立一套完备衡量指标体系来完成对文化差异性的描述工作,其中较有影响力的主要是Inkeles、Kluckhohn、Eysenck、Peabody等学者做的研究(详见表2-1)。

表2-1　　　　早期关于文化差异性研究

主要涉及的问题	Kluckhohn and Stodtbeck (1961)	Eysenck (1969)	Inkeles and Levinson (1969)	Peabody (1985)
人们适应权威的方式、对待权威的态度、行为与信念的保守程度	人际关系导向	开放与顽固	对权力态度	独断程度
关于潜意识与对自我认识	对人本质思考善/恶	外向与内向	自我的形象	放纵主义与寡欲主义
对风险的规避冲突	—	高突与低冲突	—	—

综合他们所提供的指标内容,可以把他们研究归纳为对三个基本问题的思考:人们适应权威的方式、对待权威的态度、行为与信念的保守程度;关于潜意识与对自我认识;对风险的规避。这些早期研究为后来的研究者们提供了一个较科学与省力的模板。因为影响消费者行为的因素十分多,如阶层、偏好群体、学习、态度、情绪、收入、职业等。如果从这些方面去描述跨国间的消费者之间的差异将是一件十分混乱与复杂的工作,也不是最有效的方法。Inkeles、Kluckhohn等学者研究的思路是将各国文化之间差异用几个共同的维度或指标来界定,然后用这个基础模型去进行相关性的研究。

然而，这些早期的研究主要是借助于人类学、社会学、心理学的相关理论作为基础，采用社会学的研究方法，更多地建立在空想与假定的基础上，研究者大多是凭借自己对母国和对他国文化的肤浅理解提出了自己的观点。这些模型或理论缺乏实践的检验，缺乏学术的严谨性，而且提出的衡量维度体系也较为单薄，不具完备性。

近20年来，跨文化差异研究也随着国际营销兴起而成为热点问题。Trompenaars 和 Hampden Tumerd、Hall Edward T 的研究颇具影响力，Hofstede、Schwartz、Terry Clark 提出了三个较为严谨、具有综合性文化差异的研究模型。这些理论或模型为国际营销研究提供了支撑点。它有助于人们理解各种原来不熟悉的文化，寻找各种看似无章法的国家文化的共同点和不同点，为国际营销各领域的进一步研究提供了理论依据。

一　Hall Edward T 的高环境联系/低环境联系文化框架

Hall Edward T（1992）根据人际交流、人际联系、人际空间距离、时间意识和工作头绪等文化变量方面的特征，把世界上不同国家的文化大致分为两大模式：一类是"高环境联系文化"（High‐context culture），另一类是"低环境联系文化"（Low‐context culture）。

（一）在人际交流方面

高环境联系文化的特征是，交流通常是间接的，交流时言语中所包含的信息并不总是主要的，而交流时的环境、气氛、表达方式、前后联系等却十分重要。低环境联系文化的特征则相反，人际交流直截了当，人们用言语准确、清楚地表达意思、传递信息；语言所表达的意思，即使同环境相分离，也很清楚。

（二）在人际联系方面

高环境联系文化中，人们更多地依赖朋友或亲戚等关系，以及建立起来的关系网络。而在低环境联系文化中，人们从事业务活动严格地按照规则、协议、计划办事，不管互相之间的关系如何，他们更多地从正式的渠道获得信息。

（三）人际空间距离

人际交往时各自身体之间保持的空间距离是整个人际交往体系中

的重要因素。人际空间距离隐含着深刻的意义，关系良好称为"接近"；反之，则称相互之间"有距离"。在属于高环境联系文化类型的国家中，人际空间距离相对较小。

（四）在时间意识方面

处于低环境联系文化模式中的人们习惯于以时间为基础组织安排各项活动，有较强的时间观念，一般都比较守时。相反，在高环境联系文化模式中，人们的时间观念相对较薄弱，不守时、不注意节约时间等现象比较普遍。

（五）在工作头绪方面

低环境联系文化属于单一头绪体系，即人们习惯于在一个时间只做一件事情的体系。而高环境文化属于多头绪体系，人们习惯于在同一时间内同时处理多种事务。

二　Trompenaars 和 Hampden Tumerd 的功利主义/保守主义分析框架

Trompenaars 和 Hampden Tumerd 在 1993 年的一项研究中，对包括 46 个国家在内的 10000 多名组织雇员进行了问卷调查。他们以六个两难选择的方式来描述文化差异性。这六个两难选择分别是：平等与等级、个人主义与集体主义、按时间顺序与仅注意某一时期、普遍性与特殊性、成就与归属、内在与外在取向。通过调查，使研究对象对这六个两难选择表态，从而总结出其所在群体的文化模式。从六个两难选择中经过分析提取出两组层面作为划分不同文化类别的主要依据，它们是功利主义/忠诚和平等主义/保守主义。前者根据各个国家样本在群体稳定性和持续性等项目上的得分分类，后者按被调查者对遵守一般的规章制度和法律的赞成程度来划分。

Hall Edward T 和 Trompenaars 的理论在跨文化研究中具有重大影响力，但他们的成果相形 Hofstede、Schwartz 等提出的模型，稍显单薄与不完备性，不足以成为跨文化研究和国际营销理论研究的基础理论。

第二节　跨文化分析中的维度拓展

一　Hofstede 国家文化的四维度模型

跨文化管理，又称交叉文化管理，指涉及不同文化背景的人、事、物的管理，研究跨文化条件下如何克服异质文化的冲突，进行卓有成效的管理。20世纪60年代末，荷兰著名社会心理学家吉尔特·霍夫斯泰德（Geert Hofstede）对 IBM 公司在40个国家的分公司雇员进行问卷调查，通过分析11.6万份来自50个岗位、60种国籍的人员的调查问卷，开创性地提出了四个国家文化维度（Culture Dimensions），成为指导跨文化研究最具权威的理论。

（一）霍夫斯泰德文化维度理论中的文化价值概念

霍夫斯泰德将文化概括为两种：一种是"对思想的提炼"，包括教育、艺术和文学；另一种是指社会成员思维、情感和行为模式的概括，是社会学和人类学的范畴。后者侧重于社会成员价值观层面，也是霍夫斯泰德文化维度模型中采用的概念。价值观是人们对是与非、好与坏、对与错的基本判断，它是文化中最深层次的部分，支配着人的信念、态度以及行动。与实践活动相比，价值观是文化中稳定的因素，对文化的比较和研究就是对价值观的测量。

霍夫斯泰德认为，大至国家、社会，小至家庭、单位，每一个社会群体的成员都有一套共同的行为模式，这些行为模式对应的是文化的不同层次，包括国家层次、种族层次、宗教层次、性别层次等。作为个人，不管是家长、企业员工、国家公务员或是其他社会成员，都不可避免地要遵循不同层次的行为模式，反映出不同的价值观层面。在跨文化管理中，应以国家作为单位考察文化之间的异同。而在国家层面上收集资料的一个重要原因在于，跨国文化研究的目的之一，就是要促进国家之间的合作。

（二）霍夫斯泰德文化维度模型

Hofstede（1980）提出了影响最为深远的衡量文化差异的模型。

他将社会文化差异归结为四个问题：人与群体的关系、社会不公正的程度、社会生活态度所表现出的性别暗示、在社会经济过程中处理不确定性的态度。处理这些问题就形成衡量一种文化特征的四个维度。

1. 权力距离（Power Distance）

权力距离指的是在一个国家的机构和组织中，弱势成员对于权力分配不平等的期待和接纳程度。员工是否敢于向上级表达自己的不同意见？下属认为上级的决策风格是专制式、家长式还是民主式？下属更喜欢上级的哪一种决策风格？通过让被调查人员回答上述问题，计算出权力距离指数，据此能够看出一个国家中人们之间的依赖关系。

低权力距离指数在发达国家居多。这些国家的政治体系完善，国家政局较为稳定，政治权力的获取与维持是以完整的规则体系为基础的。在低权力距离国家里，社会成员在组织中强调分工不同、权力分散和自主决定，并不注重地位高低。在组织中，下级对上级的依赖性较小，也更容易与上级讨论问题并时常反驳上级，上下级之间关系讲求实效，多采用协商方式处理问题。而高权力距离国家和地区往往比较贫困，权力集中、监管严密、有较为森严的等级制度。这种国家的政治权力通常被少数社会精英垄断，获取和维持权力的方式往往是使用强权或暴力。在组织中，下级对上级有相当大的依赖性，上下级之间的情感距离较大，下级不太可能直接与上级商讨问题，更不太可能直接反驳上级。

2. 不确定性规避（Uncertainty Avoidance）

霍夫斯泰德对不确定性规避的定义是，某种文化中的成员在面对不确定的或未知的情况时感到威胁的程度。这种感觉经常通过紧张感和对可预测性的需求表现出来。通过对在不同国家工作的 IBM 员工询问"你在工作中感到紧张或焦虑的频率有多高？""是否不应该打破公司的规章制度，即使这是为了公司的利益？""你认为你将继续为公司工作多久？"霍夫斯泰德计算出了各国文化的不确定性规避指数。

在不确定性规避指数低的国家里，法律法规较为有限和模糊，社会崇尚自治，政府对民意的反应较及时，社会成员往往素质较高、自治能力较强，而且更为沉静、矜持和随遇而安。因此，对于不确定性和差异性，社会成员采取的多是顺其自然和宽容的态度，社会整体焦虑水平较低。在这些国家的组织中，由于管理者对不确定性并不排斥，他们决策时更愿意相信直觉和个人经验，用较多的时间去关注组织的战略，而组织中的个人主动性也能够在这种环境下得到充分发挥。在不确定性规避指数高的国家里，社会崇尚秩序，法律法规较为繁杂，政府在社会中处于较强势的地位，倾向于对社会成员加以控制，以免出现意外情况。而社会成员多认为生活中的不确定性是一种威胁并因而产生焦虑情绪，在特定的情况下甚至会有非理性的攻击行为。在工作中，组织中的管理者崇尚精确严密的管理体系，决策时注重专家学者的意见。由于对不确定性进行严密控制，组织中的创新空间几乎没有。

3. 个人/集体主义（Individualism/Collectivism）

个人主义指的是一种结合松散的社会组织结构，在这种组织结构中，每个人都重视自身的价值和需要，提倡依靠个人努力来为自己谋取利益。集体主义指的是一种结合紧密的社会组织，在这种组织结构中，全体的利益高于个体利益，人们期望得到群体之内成员的照顾，但同时也以对该群体保持绝对的忠诚作为回报。

霍夫斯泰德对被调查员工提出"对你来说，一份理想工作包括哪些最重要成分？你不必考虑自己当前的工作是否具备这些因素"的问题。答案主要集中在两方面：一部分人认为个人时间、自由和挑战是最重要的，这样的国家被认为是个体主义社会；另一部分人认为培训机会、良好的工作条件、充分运用自己的技能最重要，这样的国家被认为是集体主义社会。

在个人主义指数较高的国家里，个体利益优先于群体利益，在个体利益得到有效维护的前提下，才考虑群体利益。在组织中强调个性自由及个人成就，常常采用通过员工之间的个人竞争而对个人表现进行奖励的激励政策。员工流动率较高，雇佣和晋升的主要依据是员工本人的技能。在集体主义指数较高的国家里，群体的利益高于个体利益，人们从出生起就融入强大而紧密的内群体当中。在组织中，员工对组织有依赖情感，管理者与被管理者之间关系融洽。员工流动率很低，雇佣和晋升要优先考虑被选人与决策人之间的道义关系，而且首先考虑技能。

4. 阳刚气质/阴柔气质维度（Masculinity/Femininity）

人们的心理编程是具有社会性的，更是具有情绪性的。人们在社会中所扮演的角色来自对内部社会的感受。霍夫斯泰德把这种以社会性别角色的分工为基础的"男性化"倾向称之为男性或男子气概所代表的维度，与之相对立的"女性化"倾向则被其称为女性或女性气质所代表的文化维度。

当情绪性的性别角色存在明显不同时，男性被认为是果断的、坚韧的、重视物质成就的，女性被认为是谦逊的、温和的、重视生活质量的，这样的社会被称为阳刚气质的社会。当情绪性的性别角色互相重叠时，即男性和女性都被认为应该谦虚、温柔和关注生活质量时，这样的社会被称为阴柔气质的社会。

在阳刚气质指数较高的国家里，组织中往往由高层来决定重大决策，由于频繁地变换工作和岗位，员工对企业缺乏认同感，通常不会积极地参与管理工作。而在阴柔气质指数较高的国家，组织注重维护和谐的氛围，多采用员工积极参与管理的人本主义政策，员工重视同他人的合作、同上司良好的工作关系，重视生活质量和工作保障等。

二 Schwartz 民族文化的三维度模型

Schwartz 在 1997 年提出一个能与 Hofstede 模型相媲美的文化研究差异模型。他将社会文化的差异归结为三个问题：个人与群体的关系、社会行为激励、人们在自然与社会中的角色。并据此总结出三维度模型。

（一）个人与群体的关系

保守主义者所持文化中视个人只是集体中的一个实体，强调整体性与组织的权威性；这种文化价值观主张维持现状，难以容忍损害集体团结和现行秩序的行为。而自由主义者的文化特征是强调个体的自由；个体有权寻找自己独特性和追求实现自我价值的自由，包括精神自由与情感自由（精神自由是指个体有自己精神信仰和追求价值观的自由，而情感自由则是有权去追求属于自己精神生活的自由）。Schwartz 模型这一维度与 Hofstede 模型的个人主义/集体主义这一维度是对应的。然而，Schwartz 强调社会对个体在集体行为中自由程度的容忍度，而 Hofstede 的研究则集中在个人行为目标与集体行为目标的差异上。

（二）等级制度与平等主义

奉行等级制度的文化强调权威性。在这种文化环境下，解决社会行为中的个人激励方法是使人们认为个人和集体有共同理想与目标，人们为了共同的目标而奋斗。而平等主义社会中，人们是出于自利动机而结合在一起，由于出自自己的需要才会关心他人福利。

（三）人们对自然和社会环境的反应，有两种取向：改造与共生

改造强调人的主观能动性，强调人去支配和改造社会与自然。而共生则强调维持现状，强调人和自然与社会协调。

Schwartz 的研究也主要是采用特质论的实证方法。通过大样体的抽样（其中主要是学生与老师），观察他们的行为，通过经验性分析得出结论。Schwartz 的研究一改 Hofstede 的缺陷，他所定义的现文化差异性的六个维度为保守主义、自由主义（包括精神自由与情感自由）、等级制度、平等主义、改造、共生。这六个维度的定义与包含的内容之间是基本一致的；同时在不同文化中，这六个维度的定义与内含也较为清晰与一致。Schwartz 模型的六个维度比 Hofstede 模型所涉及内容更为宽广、更加全面。然而由于历史的原因，Hofstede 模型影响深远，而 Schwartz 模型则显得较为年轻，但 Schwartz 的研究将会有助于国际营销中跨文化研究及其相关性研究进一步深入。

三 Terry Clark 的整合模型

对文化差异的描述有一个统一与完整的范式是很重要的。它的首要价值是为营销实际工作者和理论研究提供一个有用的参考工具，有利于他们理解民族文化之间的差异性，这也是国际营销实践与理论研究的起点。

Schwartz 模型和 Hofstede 模型虽然能对国际间的文化差异进行较为准确与完整的描述，但把它们运用到国际营销研究时却会产生一个共同的问题，即它们都能有助于对消费者的文化差异的理解，对营销

者因文化差异所产生的行为差异却显得关注不够,这也是当今国际营销中跨文化研究的一个重大的缺陷。营销的核心问题是如何使交换顺利地完成,交换必须涉及两方,只关注消费者的文化差异研究是不够的。事实上,有着不同文化背景的国际营销者在从事营销活动也会有差异。

1999 年,Terry Clark 提出在不同文化差异下考察消费者、营销者两种差异的整合模型(见图 2-1)。

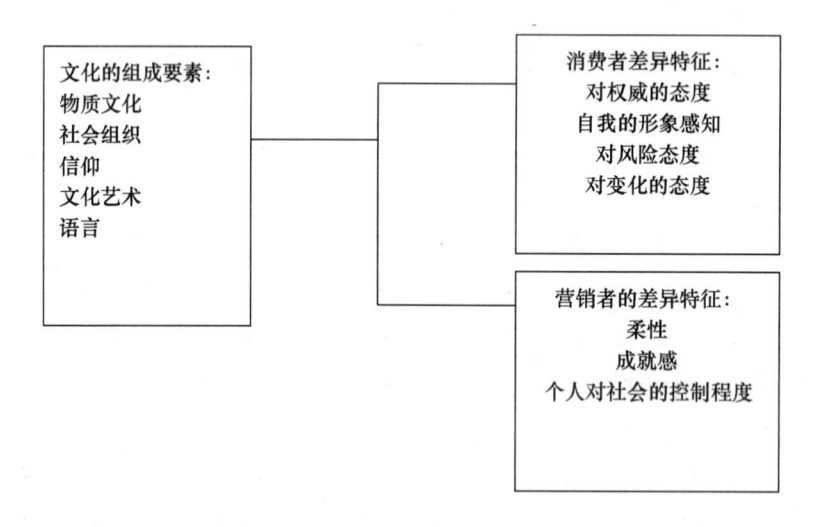

图 2-1　Terry Clark 的整合模型

Clark 首先采用了 Herskovits(1948)的观点,将文化的构成分为五个组成部分:(1)物质文化:包括技术和经济现象;(2)社会组织:包括社会组织、教育系统、政治制度;(3)宗教信仰;(4)文化艺术:包括绘画、雕塑、民间传说、戏剧、舞蹈等;(5)语言。他认为,正是由于文化在这五种基本构成要素上的差异导致了文化的差异。

在他的模型中,他将营销者的差异归结为三个维度:柔性、成就感、个人对社会的控制程度。

1. 柔性

营销者的柔性主要指他对待风险的态度和行事的风格。柔性强的营销者敢于冒险又不失谨慎，适应变通能力强。

2. 成就感

成就感指营销者对成就的渴望程度，高成就感的人喜欢挑战性的工作，工作积极性高。

3. 个人对社会的控制程度

个人对社会的控制程度，分为内控和外控两种。内控类型的营销者认为他们对生活和环境的控制能力很低，所以生活最好的方式是适应，随遇而安。外控类型营销者则认为，外部环境是可以控制的，可能采用各种营销手段来达到营销目标。

第三节　Hofstede 模型的检验

一　Hofstede 基于 IBM 调查数据的检验

20 世纪 60 年代末 70 年代初霍夫斯泰德（Hofstede）通过对美国 IBM 公司设在全球 50 多个国家和地区分公司中的十多万员工进行抽样调查得出了文化价值的四个层面，并基于不同问卷问题的分数进行了一定的统计分析，并赋予一定的指标分值。随后的几十年中，该调查统计不断扩展延续，对 IBM 的调查问卷不断修订，后来的 IBM 调查问卷修订版被称为价值观调查模块（Values Survey Modules，VSM）。截至 2000 年年底，除了在 IBM 公司的验证运用以外，不同的学者还分别在精英分子、公司雇员、飞行员、消费者、市政公务员和银行雇员中进行了四维模型的论证，不同的调查对象分别涉及的文化种类都超过了 15 个以上，有多有少，同时通过验证的维度也有不同，有的全部通过，有的则无法通过。之后的一些小型的重复性调查研究，涉及的文化种类一般不超过 3 个，则强有力地证实了四维国家文化的存在。这些重复性验证为 Hofstede 模型提供了很强的实证检验机会，也增强了模型的运用范围和广度，截至 2010 年，该模型可以计算出维度得分的国家越来越多，有 74 个国家（地区）通过了 IBM 研究及重复性研究，获得了维度得分。这些国家如表 2-2 所示。

表 2-2　　可以计算出维度得分的国家和地区

阿拉伯语国家（埃及、伊拉克、科威特、黎巴嫩、利比亚、沙特阿拉伯、阿拉伯联合酋长国）	加拿大魁北克省 加拿大（全国）	厄瓜多尔
阿根廷	智利	爱沙尼亚
澳大利亚	中国大陆	芬兰
孟加拉国	哥伦比亚	法国
奥地利	哥斯达黎加	德国
比利时弗拉芒（讲荷兰语）	克罗地亚	英国
比利时瓦隆（讲法语）	捷克	希腊
巴西	丹麦	危地马拉
保加利亚	东非（埃塞俄比亚、肯尼亚、坦桑尼亚、赞比亚）	中国香港
伊朗	巴基斯坦	匈牙利
爱尔兰	巴拿马	印度
以色列	秘鲁	印度尼西亚
意大利	菲律宾	苏里南
牙买加	波兰	瑞士法语地区
日本	葡萄牙	瑞士德语地区
韩国	罗马尼亚	中国台湾
卢森堡	俄罗斯	泰国
马来西亚	萨尔瓦多	特立尼达岛
马耳他	塞尔维亚	土耳其
墨西哥	新加坡	美国
摩洛哥	斯洛伐克	乌拉圭
荷兰	斯洛文尼亚	委内瑞拉
新西兰	南非	越南
挪威	西班牙	西非（加纳、尼日利亚、塞拉利昂）

二　去中心化——"长期导向—短期导向"维度的引入

学术界对霍夫斯泰德理论提出的批评主要针对他对于文化变量的

定义和测量的方法。不少人认为，他的结果不能准确地解释西方文化以外的东方文化的特点，尤其是中国文化的特点。为了检验霍氏的理论预设到底能不能解释中国文化，以加拿大籍学者邦德博士为首的香港中文大学的研究人员，对霍夫斯泰德的研究进行了确定性研究（verification study），这次研究的名称为"中国价值链"（The Chinese Culture Connection），其目的就是以传统中国文化的认知框架来设计测试用的问卷，以避免霍夫斯泰德问卷中存在的"西方研究偏见"（Western research bias）。研究人员希望，能够通过这个方式来验证霍夫斯泰德文化价值层面的普遍意义。邦德的问卷主要是测定被访者在40个中国传统文化价值上的取向。研究对象为来自世界22个国家和地区的大学生。"中国价值链"所测定的40个中国文化价值如下：

孝敬；勤劳；容忍；随和；谦虚；忠于上司；礼仪；礼尚往来；仁爱；学识；团结；中庸之道；修养；尊卑有序；正义感；不重竞争；恩威并举；稳重；廉洁；爱国；诚恳；清亮；节俭；耐心；耐力；报恩与报仇；文化优越感；适用环境；小心；信用；知耻；有礼貌；安分守己；保守；要面子；知己之交；贞节；寡欲；尊敬传统；财富。

被访者被要求从"1"到"9"中选择一个数字来表示每一个文化价值对自己的重要性，其中"1"表示不重要，"9"表示最重要。当计算出各国在这40个价值上的平均值后，再采用和霍夫斯泰德同样的因子分析方法对数据进行计算。随后，研究小组得出了四个价值层面，它们分别是："正直"、"道德"、"良心"和"儒家思想"。其中，"正直"与霍氏的"个人主义—集体主义"相关；"道德"与"权力距离"相关；"良心"与"社会的阳刚化程度"相关。只有"儒家思想"没有与霍夫斯泰德的任何层面相关。

很明显，霍夫斯泰德的四个层面中有三个可以用来解释中国文化，因此也就证明了霍夫斯泰德的研究结果具备了一般的理论意义。

在研究中，虽然霍氏的四维模型依旧可以解释中国文化，但是不能否认的是，不论是IBM调查问卷还是罗奇价值观调查（RVS）都是西方思维的产物，不能否认研究者本身的文化局限和偏见问题。为了避免研究中的文化偏见，霍氏在后续的演技中提出了去中心化（de-centering）的方案，即纳入来自不同文化的研究者。

由于邦德博士在研究中运用了一套非西方文化偏见的新问卷，运用上文提出的40个条目的问卷对22个国家的各100个学生进行了调查。这种问卷后来被称为中国价值观调查（CVS）。该调查问卷虽然成功地证实了"个人—集体主义"、"权力距离"、"阳刚气质社会"在华人地区也普遍存在，但"儒家文化"这个维度却无法在原霍氏四维文化模型中进行印证，即CVS中没有不确定性规避维度。"儒家文化维度"融合了未来导向及其对立面——过去和现在导向。霍夫斯泰德就将该维度定义为长期导向—短期导向（long-term versus short term orientation），并将其列为第五个普遍维度。

三 自身放任—约束维度的引入

自身放任与约束（Indulgence versus Restraint）维度指的是某一社会对人基本需求与享受生活欲望的允许程度。Indulgence（自身放纵）的数值越大，说明该社会整体对自身约束力不大，社会对自身放纵的允许度越大，人们越不约束自身。自身放任与约束反映的是人们对生活的态度，放任的国家倾向于人的基本需要和自然欲望的满足，追求的是生活的享受和幸福感的获得，而约束的国家往往抑制人的需要，借助严格的社会规范来调节。

该维度是新引入的维度，主要融合和其他文化差异维度的设计，认为在一个社会中，不同国家对待生活的态度有本质的区别，即使同样的西方文化背景，也会因为自身宗教和社会管理的区别，而存在对待需求和自然欲望满足的接纳度的区别。

四 斯密思和特拉帕拉斯的确认研究

斯密思和特拉帕拉斯的研究（Smith&Trompenaars，1996）则从另外一个角度更加完善了霍夫斯泰德的理论。他们使用多重整合的测试工具在43个国家和地区抽取了8841位被访者进行了文化价值调查。

斯密思和特拉帕拉斯重新验证了霍夫斯泰德的"个人主义—集体主义"和"权力距离"这两个文化价值层面。他们的研究结果产生了三个层面，其中霍氏的"个人主义—集体主义"和"权力距离"

得到印证，而"阳刚气质社会"和"不确定性规避"则没有得到与霍氏相一致的结果。斯密思和特拉帕拉斯认为，这两个层面之所以没有出现，可能是因为他们的研究一开始并不是为了专门验证这两个层面而设计的。

斯密思和特拉帕拉斯的研究确认了"个人主义—集体主义"和"权力距离"是表现文化差异的重要概念。同时，他们还证明，对文化研究有兴趣的研究人员根本不需要参考其他人跨文化和交叉文化研究的成果，就可以直接通过自己设计的测试工具来测量到这两个概念。毫无疑问，他们证明了这两个具有普遍性的文化价值层面的存在。

五 费尔南德斯等人的研究

费尔南德斯、卡尔松、斯特品纳和尼克逊四人（Fernandez, Carlson, Stepina&Nicholson, 1997）使用多尔夫曼和豪威尔设计的问卷（Dorfman&Howell, 1988）对霍夫斯泰德提出的四个文化价值层面再次进行了重新测定。他们从 9 个国家中抽取了 7021 个被访者，其中 982 人来自中国，1236 人来自苏联。

多尔夫曼和豪威尔的问卷是根据霍夫斯泰德的理论预计而设计出来的，但它摆脱了霍氏的问卷不能用在个人层面的限制，这就给研究人员对数据进行分析提供了更大的方便和灵活性。问卷中的问题均设计为李克特（Likert）量表；计算的时候，先计算出各国所有被访问者在所有问题上的总数，然后再计算所有问题的平均数。费尔南德斯等人的研究发现，中国人和苏联人在"个人主义—集体主义"上的得分低于所有国家的平均数；而在"权力距离"和"不确定性回避"这两个层面上又高于所有国家的平均数。在"阳刚气质社会"层面上，中国人的得分最高。这些研究结果确认了中国仍然是具有很强的集体主义价值取向的国家，而且这一文化价值特征至今都没有发生很大的变化。

费尔南德斯等人的另一个重要发现是，自从霍夫斯泰德发表了他的研究结果以后，国家与国家之间的文化价值取向发生了偏移。例如，在霍氏的研究中，美国人的"不确定性回避"能力被认为是比较弱的，而在费尔南德斯的研究中，美国人的"不确定性回避"能力变得强了起来。而墨西哥则从霍氏研究中的"不确定性回避"能力强的国家变成了较弱的国家。费尔南德斯等人的研究证明了哥尔根（Gergen，1973）的论点，即社会心理现象不是永恒不变的。这一研究还证明，使用个人层面的数据分析方式可以比较方便地得出具有一般意义和具有实用价值的研究结果。

从以上理论和实践的综述中，我们可以发现跨文化研究是跨学科、跨地域的一门学科，文化差异的产生以及文化差异对跨国交往的影响是十分复杂的，跨国文化差异维度的观察和设计也许会随着对社会价值观的观察得出更多的维度。但是最为重要的是，价值观的差异造成文化差异的最直接原因被广大学者认可和采纳。同时各个层面和范围的问卷数据的验证，也强有力地证明了霍氏提出的国家文化维度模型的正确性和实用性。因此本书也将采纳霍氏的理论模型，采用五维文化差异指数对丝绸之路经济带沿线的跨文化差异进行考察和测度，并进而分析该文化差异对贸易融通的影响。

第三章 丝绸之路经济带跨越的主要区域

第一节 中亚地区

一 中亚地区的地理区划

中亚即亚洲中部地区，这个概念最早由德国地理学家亚历山大·冯·洪堡于1843年提出，其所包含的范围存在多种界定。范围最狭窄的界定来自苏联官方的定义，即仅指其下属的五个加盟共和国哈萨克斯坦、吉尔吉斯斯坦、乌兹别克斯坦、塔吉克斯坦、土库曼斯坦。苏联时期，这一界定在国际上也广泛使用，但实际上阿富汗也属于中亚范畴。

本书所指的中亚地区主要按照狭义的中亚地区地理定义，即仅指中亚五国。

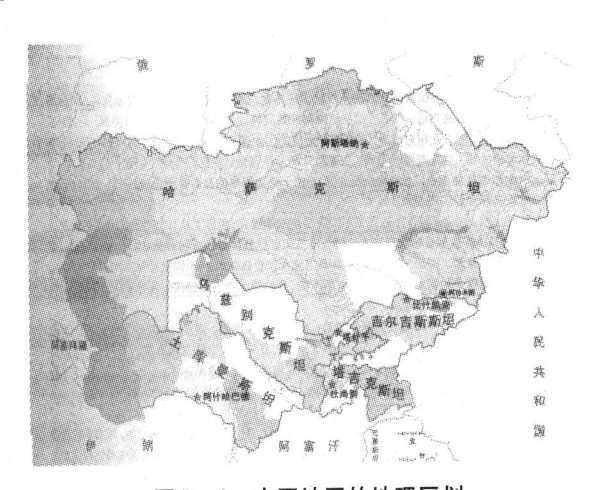

图3-1 中亚地区的地理区划

二　中亚地区的历史沿革

因为中亚地区干燥，不利于种植农业的发展，只能依靠水利便利发展灌溉农业；又因为远离海洋，遏制了贸易流通。因此，中亚地区人口分布不平衡，数千年来都为农耕民族与游牧民族所并存控制。

中亚的游牧民族与周边的农耕民族长期冲突不断。游牧民族的生活方式显然更适合战争，草原骑兵可以说是当时世界上最强大的军事单位，但他们的战斗力往往受到内部分裂因素的遏制。穿越中亚的丝绸之路往往会促进游牧民族的内在统一，从而周期性地产生伟大领袖来统一领导所有部落，形成一股强大的近乎不可阻挡的力量。诸如匈人劫掠欧洲、五胡乱华以及几乎征服整个欧亚大陆的蒙古帝国都是这样发生的。

在前伊斯兰化时期和伊斯兰化早期，中亚南部主要居住着操伊朗语的民族。在这些古代的伊朗定居民族中，粟特人和花剌子模人扮演着重要的角色；而斯基泰人和之后兴起的马萨革泰人、阿兰人则过着半游牧的生活。到了公元5世纪，突厥人开始从中亚北部草原南下，进入南部的农耕区，这样的迁徙一直持续到公元10世纪。公元9世纪，波斯人所建立的萨曼王朝统治中亚大部分，促进了突厥人的定居化与伊斯兰化。而在10世纪到13世纪间，突厥人逐步强大，几乎整个中亚都成为突厥人所建立的喀喇汗王朝、伽色尼王朝、塞尔柱王朝的领土，中亚开始了突厥化进程。此后蒙古人入侵，中亚大部分归属于察合台汗国。

14世纪中期，突厥贵族帖木儿以中亚撒马尔罕为中心，建立强大的军事帝国，并四处征战扩张，先后击败金帐汗国、德里苏丹国、马穆鲁克王朝、奥斯曼帝国。15世纪在帖木儿王朝的统治下，中亚文化艺术一度十分繁荣。此后锡尔河北部的乌兹别克人南下，建立起乌兹别克布哈拉汗国，取代了帖木儿王朝的统治。

到了17世纪后期，游牧民族、半游牧民族在中亚的优势终结了，火器的大规模发展、军事技术的改进让定居民族取得了支配权。波斯、沙俄、清朝以及其他强大的帝国逐步扩张，18世纪，中亚大部分成为波斯的势力范围，此后沙俄后来居上，通过俄伊战争击败了波斯，到 19 世纪末，沙皇俄国已经占领了中亚大部分土地。俄国十月革命之后，中亚西部成了苏联的一部分；而东部则成了中华民国的新疆省，1949 年之后属于中华人民共和国，1955 年建立了新疆维吾尔自治区。蒙古独立建国，但却成了苏联的卫星国。阿富汗则是一个深受苏联影响的国家，并在 1979 年遭到苏军入侵。

苏联所控制的中亚地区开展了工业化和城市化的进程，但同时也伴随着对本地文化的压制，并带来环境问题。成百上千的中亚居民在农业集体化运动中丧生，由此造成了长期的民族关系紧张。此外，苏联的民族安置政策将成百万的人口迁入西伯利亚和中亚，有时甚至是整个民族的迁移。按照 Touraj Atabaki 和 Sanjyot Mehendale 在 2005 年出版的 Central Asia and the Caucasus：transnationalism and diaspora 一书的说法，"在 1959 年至 1970 年，有两百万来自苏联各地的人口被迁入中亚，其中一百万进入哈萨克斯坦"。

苏联解体后，中亚五国获得独立。但在独立后的早期，前共产党官员依然掌握着权力，其中的任何一个国家都难以称得上是一个民族国家。但是在吉尔吉斯斯坦、哈萨克斯坦以及蒙古国，官方采取了一些开明政策；而在乌兹别克斯坦、塔吉克斯坦和土库曼斯坦，政府依然维持着苏维埃体制。

三　中亚地区的语言特征

中亚各民族都有自己的语言。1989 年全苏联人口普查资料显示，认为本民族语言为母语者占 90% 以上，但这种情况并未准确地反映语言使用的实际状况。以哈萨克斯坦的哈萨克族为例，官方统计资料说，99.6% 的哈萨克族认为哈萨克语为母语，62.8% 的哈萨克族流利掌握第二语言俄语。但哈萨克斯坦总统纳扎尔巴耶夫撰文指出，"主体民族的语言（指哈语）未在国家机关里使用，成了生活的'厨房'的语言了。几乎有 30% 的哈萨克人要么一般不讲哈萨克语，要么就掌握得很差。爷爷已经不能用母语同自己的小孙子谈话了"。在苏联解体前夕，中亚各国都颁布语言法，确立主体民族语言的国语地位，将俄语作为族际交际语。这一规定在俄罗斯人中引起不安，统计数字表明，哈萨克斯坦 622 万俄罗斯人中只有 0.9% 的人流利掌握第二语言哈语。1995年通过的哈萨克斯坦新宪法虽然没有明确赋予俄语第二国语的地位，但规定在国家组织和地方机构中，俄语和哈语一样可平等地正式使用。在乌兹别克斯坦、土库曼斯坦和塔吉克斯坦，国语的使用情况要好于哈、吉两国，但俄语在这些国家当中也可以广泛使用。

四　中亚地区的主要国家

中亚地区包括的国家有哈萨克斯坦、乌兹别克斯坦、吉尔吉斯斯坦、土库曼斯坦、塔吉克斯坦。他们各自的国土面积和人口总数如表3-1所示：

表3-1　中亚地区相关国家的国土面积和人口总数

	面积（万平方公里）	人口（万人）(2014年)
哈萨克斯坦	272.49	1695
乌兹别克斯坦	44.74	3100
吉尔吉斯斯坦	19.85	579.8
土库曼斯坦	49.12	836
塔吉克斯坦	14.31	836

第二节　南亚地区

一　南亚的地理区划

南亚区域内的国家包括印度、巴基斯坦、孟加拉国、斯里兰卡、尼泊尔、不丹和马尔代夫。有时候阿富汗也被算成是一个南亚国家，而阿富汗北部则属中亚地区，缅甸、西藏在文化上也很大程度受到南亚影响，所以有时也被纳入南亚的范围。此外，伊朗及英属印度洋领地有时也被包括在内。

南亚的海陆位置为：北部靠喜马拉雅山脉，南部临印度洋，西部是阿拉伯海，东部是孟加拉湾，大体在喜马拉雅山脉和印度洋之间；经纬位置：0°—37°N，60°E—97°E；相邻位置：北侧：中国；东南侧：东南亚；西北侧：西亚。

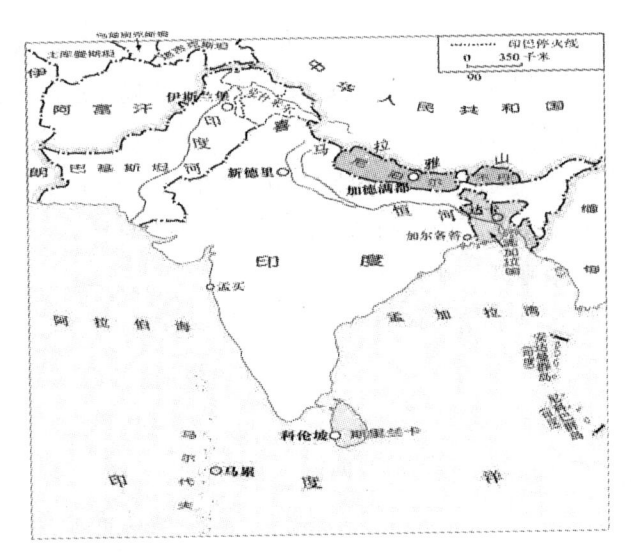

图 3-2　南亚的地理区划

二　南亚地区的历史沿革

南亚既是世界四大文明发源地之一，又是佛教、印度教等宗教的发源地。早在公元前 3000 年左右，恒河—印度河流域便出现过一些繁华的城市，公元前 3 世纪以后，又相继出现了囊括次大陆地区的大部分版图的四个统一的国家，即孔雀王朝、笈多王朝、德里苏丹国和莫卧儿王朝，在这一过程里，南亚一直是世界上最富饶的地区之一，农业、手工业、交通运输业以及各种形式的文化艺术均达到了较高的水平。

1498 年，来自西方的葡萄牙人达·伽马首航印度之后，西方殖民势力相继侵入这一地区。到 1757 年，除"高山王国"尼泊尔保持了一定程度的独立外，南亚其他地区均沦为英国的殖民地。其中，印度、巴基斯坦、孟加拉国和缅甸合称为英属印度。在长达数百年的殖民统治过程中，南亚悠久的文明历史被中断，经济发展处于相对停滞状态，使南亚成为世界上最贫穷落后的地区之一。

第二次世界大战以后，随着南亚民族独立运动的兴起，长达 200 年的殖民统治体系面临瓦解。为了维护英国在南亚的殖民统治，英国殖民当局采取了"分而治之"的办法，于 1947 年 6 月抛出了"蒙巴顿方案"。所谓"蒙巴顿方案"是由英国驻印度总督蒙巴顿提出的一项"印巴分治"的具体计划，主要内容是：把英属印度的居民按宗教信仰划分为印度和巴基斯坦两个自治邦，分别建立自治政府。巴基斯坦由东巴和西巴组成，两部分相距 1600 公里。王公土邦在"移交政权"后享有独立地位，可分别谈判加入印、巴任何一方。"蒙巴顿方案"抛出后，印度的国大党和穆斯林接受了这个方案。1947 年 8 月 15 日，印、巴实现分治，成为两个自治邦，其后又于 1950 年和 1956 年分别宣布为独立的印度共和国和巴基斯坦伊斯兰联邦共和国，但均留在英联邦内，1972 年 1 月巴基斯坦宣布退出英联邦。

印、巴分治以后，由于东、西两巴被印度领土一分为二，行政管理不便，加之受外部势力的影响，1971 年，东巴宣布脱离巴基斯坦成立了孟加拉国。

不丹在历史上曾为一个独立的部落，1772 年英国侵犯不丹，1865 年，英国同不丹签订不平等条约，即《辛楚拉条约》，强迫不丹割让包括噶伦堡在内的第斯泰河以东地区。1910 年 1 月，英国又强迫不丹签订条约，规定不丹的对外关系接受英国的"指导"。印、巴分治后，印度于 1949 年 8 月 8 日强迫不丹签订《永久和平与友好条约》，规定不丹的对外关系接受印度的"指导"，使不丹实际上沦为印度的附属国。多年来，不丹王国政府对印度的控制日益不满，要求独立自主，随之不断要求有直接同外国发生经济联系和进行贸易的权利。

锡金原是喜马拉雅山南麓的一个内陆小国，面积 7100 平方公里，人口 35 万。从 19 世纪上半叶，英国以印度为基地对锡金进行武装侵略，1890 年锡金沦为英国的"保护国"。1947 年，印度刚独立不久便强迫锡金同它签订了《保护现状协定》。1949 年 6 月，印度派军队进驻锡金。1950 年强迫锡金签订《印度和锡金和平条约》，规定锡金为印度的"保护国"，锡金除在内政上享有"自治权"外，国防、外交、经济等均由印度控制。1975 年 4 月，印度军队解散了锡金国王的宫廷卫队，后又废黜国王，把锡金变为印度的一个邦。

除上述国家外，印度洋上原为英属殖民地的两个岛国斯里兰卡（原名锡兰）和马尔代夫也先后于 1948 年和 1965 年宣布独立。从此南亚国家全部独立。

由于英国长期殖民统治以及后来实行"分而治之"政策造成的恶果，南亚国家从取得独立起，就存在许多错综复杂的地缘政治问题，如克什米尔问题、俾路支斯坦问题、印中边界问题等。这些问题与各国的种族、民族、教派等矛盾交织在一起，再加上"冷战"时期美国、苏联在南亚的渗透和争夺，使本区战后几十年来长期动荡不安。40多年来南亚各国虽然不断进行双边谈判，但许多问题始终没有得到妥善解决，直接影响着南亚各国的稳定与安宁。

三　南亚地区的语言体系

包括梵语、印地语、乌尔都语、孟加拉语、旁遮普语、克什米尔语、拉贾斯坦语、信德语、僧伽罗语、巴利语等印度语支语言以及泰米尔语、泰卢固语、马拉雅兰语和坚那勒语等达罗毗荼语系语言。

四　南亚地区的主要国家

南亚区域内的国家包括印度、巴基斯坦、阿富汗、孟加拉国、斯里兰卡、尼泊尔、不丹和马尔代夫。这块次大陆包含了超过世界1/5的人口，是世界上人口最多和最密集的地域，同时也是继非洲撒哈拉以南地区后全球最贫穷的地区之一。南亚八国2014年国内生产总值（GDP）40187.27亿美元，占全世界总量的3.3%；人口24562.61万，占世界总人口的23.5%；人均GDP为1541美元。如表3-2所示。

表3-2　　　　南亚地区相关国家的国土面积和人口总数

	面积（万平方公里）	人口（万人）（2014年）
印度	297.32	12950
巴基斯坦	77.09	1850
孟加拉国	13.02	1590
斯里兰卡	6.27	2063.9
尼泊尔	14.34	2817.47
不丹	3.81	76.50
马尔代夫	0.03	35.74
阿富汗	65.23	3179

第三节　中东地区

一　中东的地理区划

中东（英语：Middle East）是一个欧洲中心论词汇，意指欧洲以东，并介于远东和近东之间的地区。具体是指地中海东部与南部区域，从地中海东部到波斯湾的大片地区。在地理上，中东的范围包括西亚地区（除阿富汗），并包含部分北非地区，也是非洲与欧亚大陆的亚区。"中东"是欧美人使用的一个地理术语。"中东"概念究竟包括哪些国家和地区，国内外尚无定论，但一般泛指西亚地区，约17个国家。传统上的"中东"一般来说包括巴林、埃及、伊朗、伊拉克、以色列、约旦、科威特、黎巴嫩、阿曼、卡塔尔、沙特阿拉伯、叙利亚、阿拉伯联合酋长国、也门、巴勒斯坦、塞浦路斯和土耳其。其中，除以色列和塞浦路斯外，都是伊斯兰国家。而在这些中东伊斯兰国家中，土耳其、伊朗、以色列为非阿拉伯国家。中东大部分为西亚，但与西亚的区别是：（1）中东不包括地处外高加索的格鲁吉亚、亚美尼亚、阿塞拜疆和阿富汗；（2）中东包括非洲北部国家埃及；（3）中东包括了土耳其的欧洲部分（色雷斯）。中东是一湾两洋三洲五海之地，其处在联系亚欧非三大洲，沟通大西洋和印度洋的枢纽地位。其三洲具体指亚欧非三大洲，五海具体指里海、黑海、地中海、红海、阿拉伯海。其中里海是世界上最大的湖泊也是最大的内陆咸水湖。交通便利，海陆空的路线，可顺利运送石油到各国。位于"五海三洲两洋"之地的中东，是沟通大西洋和印度洋、连接西方和东方的要道，也是欧洲经北非到西亚的枢纽和咽喉。中东在世界政治、经济和军事上的重要地位，使其成为世界历史上资本主义列强逐鹿、兵家必争之地。

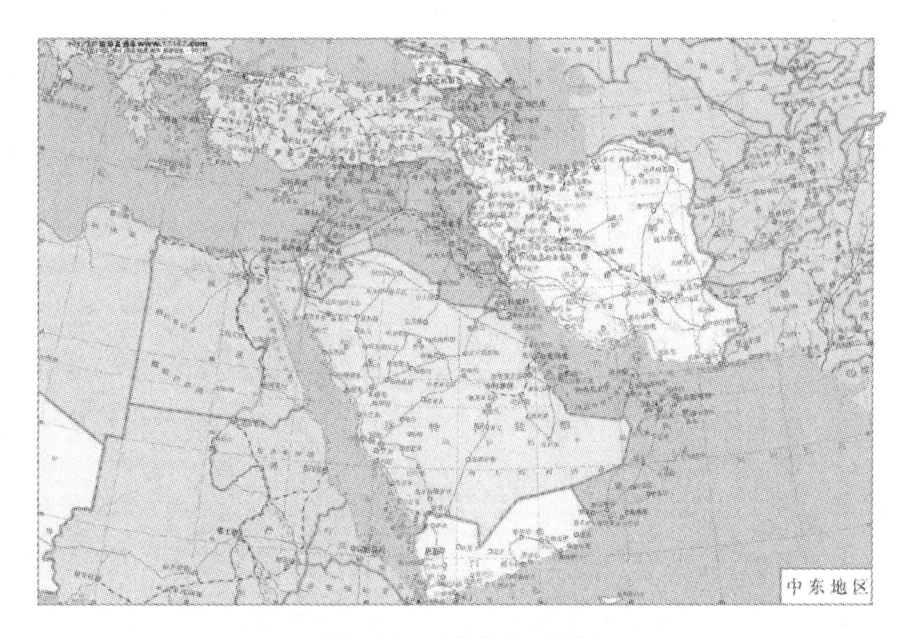

图 3-3 中东的地理区划

二 历史沿革

关于中东问题的历史沿革，可以用一个祖先，两个民族，三次流散，五次战争来概括。

（一）古代历史

一个祖先，两个民族。巴勒斯坦古称迦南，其居民称迦南人，原是阿拉伯半岛闪米特人的一支。约公元前 11 世纪，爱琴海沿岸的腓力斯丁人移居迦南。公元前 5 世纪，希腊史学家希罗多德首次称该地区为"巴勒斯坦"，即希腊语"腓力斯丁人的土地"之意，一直沿用至今。

约公元前 1900 年，闪族的另一支在族长亚伯拉罕（即基督教、犹太教、伊斯兰教共同的先知）率领下，由两河流域的乌尔迁徙到迦南。据《圣经》所说，亚伯拉罕与其妻撒拉生子以撒，他们便是犹太人的祖先。后犹太人逃亡埃及，摩西率众出埃及返迦南，一直到第二次世界大战后建立以色列国，都是源于这一支系。亚伯拉罕与其妾埃及人夏甲生子以实玛利，因被撒拉所不容，被赶至阿拉伯半岛，繁衍生息，他们便是半岛北阿拉伯人的祖先，伊斯兰教的先知穆罕默德即是其后裔。

穆罕默德创教初期，犹太人和基督徒对他采取敌视态度。随着穆罕默德追随者不断增加，阿拉伯骑兵也开始对外扩张。7世纪时伊斯兰教分裂。拥戴穆罕默德后裔的人和接受哈里发代表真主的人逐渐形成"什叶派"和"逊尼派"。

（二）近代时期

18世纪末，随着拿破仑入侵奥斯曼帝国（最后一个统一的伊斯兰国家），其他欧洲资本主义列强（基督教世界）也开始瓜分奥斯曼帝国的领土和属地，建立殖民地。19世纪，由于伊斯兰教在各类社会冲突与社会变迁中（主要是帝国主义对伊斯兰世界的侵略与掠夺，即对伊斯兰国家的殖民化与半殖民化），逐渐引发伊斯兰教复兴运动与民族解放运动相结合的革命运动。

（三）第二次世界大战后的五次中东战争及其后果

1. 第一次中东战争：1948—1949年生存之战

第二次世界大战后，在英国积极支持犹太复国主义的情况下，1947年11月29日，联合国大会通过了第181（2）号决议，关于巴勒斯坦将来治理问题：英国在1948年8月1日前结束委任统治；委任统治结束后2个月内成立阿拉伯国和犹太国；耶路撒冷及其附近村镇158平方公里作为一个独立主体由联合国管理。1948年5月14日英国结束对巴勒斯坦的委任统治。1948年5月14日，以色列宣布建国。10分钟后，美国承认以色列国。12小时后，阿拉伯联军进攻以色列。3天后，苏联承认以色列国。之后巴勒斯坦地区犹太人与阿拉伯人之间非正式的战争开始。1949年2—7月，埃、黎、约、叙分别同以签订停战协定（伊拉克未与以色列签订）。巴勒斯坦除加沙地区和约旦河西岸部分地区外，均被以色列占领。近百万巴勒斯坦阿拉伯人被赶出家园，沦为难民。

2. 第二次中东战争：1956—1957年出海口之战

1956年，英、法和以色列借口埃及收回苏伊士运河和禁止以色列船只通过运河与蒂朗海峡，向埃及发动进攻，企图重新控制运河和镇压阿拉伯民族解放运动。战争最后在全世界人民声援下，英、法、以于深夜被迫同意停火和撤军。埃军亡1600余人，损失飞机210余架；英、法、以军亡200余人，损失飞机约20架。英、法军于12月撤离。从此，美国便进一步插手中东事务。以军于次年3月撤离加沙地区和西奈半岛（由联合国部队进驻加沙和亚喀巴湾沿岸地区），但取得了通过蒂朗海峡的航行权。

3. 第三次中东战争：1967年安全之战

1967年阿、以矛盾和美、苏对中东的争夺加剧，以色列在美国支持下进一步向外扩张，借口埃及（当时称阿拉伯联合共和国）封锁亚喀巴湾，于6月5日向阿拉伯国家发起突然袭击。以军乘埃军早饭和军官上班前戒备松懈之机，集中使用200架飞机空袭埃及各空军基地，将埃军绝大部分飞机摧毁于地面，4天内占领西奈半岛和加沙地区，继而攻占耶路撒冷东城区和约旦河西岸地区，10日攻占叙利亚戈兰高地。在六天的战争中，埃及、约旦、叙利亚三个阿拉伯国家遭受严重损失，伤亡和被俘达6万余人，而以色列仅死亡983人。通过这次战争，以色列占领了加沙地带和埃及的西奈半岛，约旦河西岸，耶路撒冷旧城和叙利亚的戈兰高地共6.5万平方公里的土地，战争中有100万阿拉伯人和巴勒斯坦人逃离家园，沦为难民。

4. 第四次中东战争：1973—1974年复仇之战

1973年10月，埃、叙为收复失地和摆脱美、苏造成的"不战不和"局面，向以色列开战。此次战争阿拉伯国家不再以消灭以色列为口号。在第三次中东战争中，以军对埃、叙发动突然袭击，占领大片领土，阿拉伯国家蒙受了巨大损失和耻辱。以牙还牙，收复失地，成了埃、叙军政领导人的一项非常紧迫而艰巨的任务。埃及总统萨达特在上任后的第三天，便召集军队高级将领开会。他说："从我上任的那天起，我就知道这一仗非打不可。"萨达特发动十月战争绝不是为了实现阿拉伯民族"消灭以色列"和"解放巴勒斯坦"的伟大理想。萨达特和他的高级将领甚至对收复自己的国土——西奈半岛也没有信心，只是想"根据武装部队的能力，通过军事行动，向以色列的安全理论挑战"，让以色列明白：埃及不会屈服于它强加的条件，不会放弃自己的国家领土和主权。一句话，改变以色列的傲慢姿态，迫使它同埃及进行和平谈判。因此，十月战争是萨达特和平战略的一部分，其基本目标是"以战促和"。

5. 第五次中东战争：1982年安宁之战

1982年6月6日，以色列借口其驻英国大使被巴勒斯坦游击队刺杀，而出动陆海空军10万多人，对黎巴嫩境内的巴勒斯坦解放组织游击队和叙利亚驻军发动了大规模的进攻，只用了几天时间，就占领了黎巴嫩的半壁江山。这是第四次中东战争以来，以色列和阿拉伯国家之间最大的一次战争。黎以战争的起因，总的来说，仍是巴勒斯坦问题争端的继续。以色列入侵黎巴嫩的主要目的是消灭巴勒斯坦解放组织，谋求在黎巴嫩境内建立一个亲以政权，挤走叙利亚在黎巴嫩的驻军。对于巴勒斯坦人来说，1980年是寒冷的年代。他们的阿拉伯兄弟们，正在淡忘"阿拉伯大义"，不再把解放巴勒斯坦当作他们的义务，巴勒斯坦问题已不再是整个阿拉伯世界的问题，而变成了单纯巴勒斯坦人自己的问题。阿拉伯国家纷纷承认以色列，对巴勒斯坦解放组织的支持越来越少。第五次中东战争后，巴解组织实力大为减弱，而阿拉伯诸国对巴解组织的支持也只停留在形式上。在此情况下，巴解组织不得不谋求西方国家的支持，阿拉法特也表示承认以色列的存在，建立巴勒斯坦国。

（四）21世纪中东地区恐怖主义之祸

以也门为据点的"基地"组织活动大致可分为三个阶段：20世纪末至"9·11"事件期间是"基地"组织在也门的渗透阶段；2001—2006年是也门"基地"组织遭受重创的时期；2006—2009年，也门"基地"组织卷土重来，并与沙特的"基地"组织合并成立"基地"组织阿拉伯半岛分支。近年来，该组织利用也门和地区局势动荡，展开了新一轮恐怖主义活动。

目前最为活跃的恐怖组织为伊斯兰国（ISIS）。"伊斯兰国"组织的前身是"基地"组织在伊拉克的分支——伊拉克"基地"组织。近年来，叙利亚内战及伊拉克局势持续动荡为该组织的壮大提供了条件。在合并了其他几支宗教势力后，该组织于2013年4月成立"伊拉克和黎凡特伊斯兰国"，2014年6月，又宣布成立"伊斯兰国"组织。"伊斯兰国"组织与"基地"组织虽然拥有共同的终极目标：要在世界上建立"最纯洁的伊斯兰国"，施行严格的伊斯兰教法，但在战略部署方面，两者存在严重分歧。在获取新的支持者和资金方面，双方也存在激烈竞争。

随着恐怖势力蔓延"全球化"、恐怖分子"本土化"、策划手段"高端化"和袭击形态"独狼化"，全球反恐将面临更多挑战和严峻考验。加强国际合作，以统一的标准共同打击恐怖主义，才能有效遏制直至根除恐怖主义。

三 中东地区的语言体系

大多数阿拉伯国家的通用语言是阿拉伯语，以色列的通用语言是希伯来语，伊朗的通用语言是波斯语，土耳其和塞浦路斯的通用语言是土耳其语，脱胎于古突厥语，此外，在这些国家还有大量的民族，比如说库尔德族、贝督因各部族，这些民族说本民族的语言。而苏丹等东非洲国家通用英语。

四 中东地区的主要国家

中东地区包含的国家有巴林、埃及、伊朗、伊拉克、以色列、约旦、科威特、黎巴嫩、阿曼、卡塔尔、沙特阿拉伯、叙利亚、阿拉伯联合酋长国、也门、巴勒斯坦、塞浦路斯和土耳其，如表3-3所示。

表3-3　　　　中东地区相关国家的国土面积和人口总数

	面积（万平方公里）	人口（万人）（2014年）
巴林	0.077	136.19
埃及	99.55	8957.97
伊朗	162.85	7814.36
伊拉克	43.43	3481.23
以色列	2.16	821.53
约旦	8.88	660.7
科威特	1.78	375.31
黎巴嫩	1.04	585.00
阿曼	30.95	423.61

续表

	面积（万平方公里）	人口（万人）（2014 年）
卡塔尔	1.16	217.21
沙特阿拉伯	214.97	3088.65
叙利亚	18.36	2215.78
阿拉伯联合酋长国	8.36	908.61
也门	52.80	2618.37
巴勒斯坦	0.60	429.47
塞浦路斯	0.92	115.37
土耳其	76.96	7593.23

第四节　中东欧地区

一　中东欧的地理区划

中东欧是一个典型的地缘政治概念，之前被称为"东欧"。"东欧"是一个特定的政治概念。它是指第二次世界大战以后，根据《雅尔塔协定》由苏联影响和控制的欧洲东部地区。这一地区的国家包括：波兰、匈牙利、捷克斯洛伐克、南斯拉夫、阿尔巴尼亚、保加利亚、罗马尼亚和民主德国（1949 年建立）八个国家。1989—1991 年，东欧国家的政局相继发生剧变，民主德国在 1990 年 10 月 3 日与联邦德国实现合并，两个联邦制国家——南斯拉夫捷克斯洛伐克相继解体，并在两国原来的疆界内出现了一些新独立的国家。1993 年 1 月 1 日捷克斯洛伐克和平分家之后形成了两个新的主体国家：捷克和斯洛伐克。1991 年 6 月，南斯拉夫解体之后，塞尔维亚共和国和黑山共和国组成了南斯拉夫联盟，克罗地亚、马其顿共和国、斯洛文尼亚和波斯尼亚-黑塞哥维那则成为新独立国家。政局剧变和新国家的出现，极大地改变了"东欧"地区的政治版图。不仅如此，伴随着中东欧国家"回归欧洲"的进程，这些国家纷纷抛弃了原来政治含义极强的"东欧"概念，开始采用更多地理色彩和带有历史、文明传统的表达：

"中东欧"。目前,"中东欧"包括下列 16 个国家:波兰、捷克、斯洛伐克、匈牙利、斯洛文尼亚、克罗地亚、波黑、塞尔维亚、黑山、罗马尼亚、保加利亚、阿尔巴尼亚、马其顿、爱沙尼亚、立陶宛和拉脱维亚。

中东欧 16 国位于欧洲中东部,总面积 133.6 万平方公里,接近中国的 1/7,面积最大的是波兰,最小的是黑山。中东欧地区连接亚欧两大洲,是连接亚欧大陆的重要纽带。中东欧国家在"丝绸之路经济带"发展格局中,地理位置独特,向西可辐射欧洲,是打通"丝绸之路经济带"西进欧洲的重要桥梁。中东欧 16 国全部是中国"一带一路"倡议的沿线国家,是中国通过海路和陆路进入欧洲腹地的必经之路。

图 3-4 中东欧的地理区划

二 中东欧的历史沿革

在东欧,政教分离过程很不充分,东正教视世俗皇帝为人间上帝,教权隶属于皇权。法制在影响人的思维和行动方面作用不大。在东欧出现的"市民社会"则弱得多,而且始终是"反对统治者—国家"。在西欧市民社会和统治者—国家之间的关系逐渐向合作和一致方向发展的时候,东欧发育不良的"市民社会"与更强的统治者和国家之间的关系更具对抗性。直到今天,中东欧国家的市民社会依然在建设过程中。在东欧,市民阶层人数稀少、长期的异族统治大大延缓多样化自主集团的出现,长期未能形成"中产阶级"。直到东欧国家摆脱异族统治,真正成为拥有主权的民族国家之后,才开始建立西欧式的多党议会制。

在14—16世纪期间,虽然波兰、匈牙利、波希米亚(现捷克)和摩拉维亚等地经历了商业、手工业、采矿业城市和自治的非中央集权活动(市民社会)的重大发展,但东欧没有建立西欧意义上的封建主义,只是引入了封建主义的形式,结果封建主义的实质从来没有融入东欧人生活的社会中。在西欧,很多城镇很快发展为商业和生产中心。而16世纪东欧的城镇依然是行政中心、驿站、收费处、兵营和特许村,是消费点,而不是生产区。除波希米亚和摩拉维亚之外,那时的东欧城镇没能达到西欧城镇所达到的独立水平、政治代表性或市民所享有的自由度。

在14—15世纪中期的100多年间,在绝大多数东欧(波兰—立陶宛大公国是个例外)中,由于劳动力日益短缺,商品价格和生活费用上升,引发封建主强化了对农民权利和流动性的多种限制。危机降低了城市和市民的政治和经济地位。实际上,在15世纪90年代,波兰、匈牙利、波希米亚和俄国等地已经开始在法律上加强农奴制。也正是从这一时期开始,东西欧出现根本性的分歧:当西欧培育资本主义条件时,易北河以东地区迅速远离这一潮流,农奴再次被束缚于土地,并以实物和劳役缴纳封建租金逐渐取代习惯的货币租。

东欧的大部分国家是内陆国家。而且在相当长时间里没有类似西欧的商业中心。在这种条件下,大宗贸易很难发展起来。这反过来导致大城市很少且人口密度低,在18世纪早期布拉格的人口为5万,华沙的人口仅3万。直到1840年,城市中的人口比例也只占总人口的8.6%。加上再版农奴制的影响,进一步限制了商业机会的增长和市场规模的扩大。

外来势力的长期征战与统治是造成东欧地区国家社会经济长期落后于西欧国家的极其重要的外部因素。长期的异族统治延缓甚至改变了绝大多数东欧国家的政治、经济和社会生活进程，致使多数东欧国家，特别是巴尔干国家偏离了欧洲大陆的主要历史潮流方向，与文艺复兴和宗教改革无缘（它们推动了欧洲社会的近代化），也没有沐浴到第一次工业革命的阳光，因而推迟了资本主义在东欧地区的发展。造成多数东欧国家社会发展形态严重滞后，市民阶层不发达，农民占社会主体，长期处于前工业社会。

在地理上，中东欧自然地分为三个部分：维斯杜拉盆地、多瑙河盆地和巴尔干山脉。从很多方面来说，地理对这一地区的人民很不友好。尽管巴尔干的群山峻岭在几个世纪中给帝国和王朝防御边界提供了天然屏障，但欧洲北部平原却给入侵者提供了天然通道，成为来自亚洲游牧部落或瑞典的查理十二世、拿破仑和希特勒入侵这一地区的通道。中欧唯一的亚平宁山脉是喀尔巴阡山，它穿过斯洛伐克和匈牙利北部进入罗马尼亚。历史上，这些山脉没能阻止来自东方或西方的任何入侵。

中东欧的空间位置和地形给它以鲜明的地缘政治功能。在历史上，这一地区构成了基督教欧洲和欧亚腹地之间的"被挤压的地区"。在过去的几个世纪中，它被诸多相互冲突的国家所闯入和占领，成为各列强为其地缘政治目的所捕食的对象，相继分属三个帝国：奥斯曼帝国、奥匈帝国和沙俄帝国。曾经被奥斯曼帝国统治的民族包括：罗马尼亚人、保加利亚人、塞尔维亚人、马其顿人和阿尔巴尼亚人，以及居住在波黑境内的塞尔维亚人、克罗地亚人和穆斯林（到1878年）；曾被奥匈帝国控制的民族包括捷克人、波兰人、斯洛文尼亚人、匈牙利人、罗马尼亚人、克罗地亚人和塞尔维亚人，以及居住在波黑境内的塞尔维亚人、克罗地亚人和穆斯林（1878年以后）；曾受沙俄帝国统治的民族是波兰人。帝国的统治者或是迫使这一地区的国家成为他们的臣民，或在这里建立战略缓冲区。

同时，这个地区又处于欧洲之间的文化交错线上，在历史上一直被认为是欧洲文化的边界。在罗马帝国时期，莱茵河和多瑙河成了防御的自然边界，而帝国边界以东的地区是一个缓冲区。随着中世纪基督教世界的出现，波兰王国、匈牙利王国和波希米亚王国接受了欧洲文明，作为预防来自东方威胁壁垒的鲜明作用日益突出。这个概念一直留在这一地区的人们的脑海里。1990年1月，时任波兰总理塔代乌什·马佐维耶茨基说，"300年来，'作为文明的一部分'的概念一直活在波兰人们心中"。

在第一次世界大战之后，奥匈帝国解体，东欧一些国家获得了新生。然而，两次世界大战期间，却是东欧历史上最动荡的时期。尽管没有人对这些民族国家存在的合法性提出质疑，但一个简单的事实是，他们国家的命运依然处于对东欧有强大影响的德国和苏联两个大国的阴影中。改变德—俄联合统治这一地区的为数不多的方案之一是，将这一地区置于坚实的地区基础之上，或置于唯一的可行的国际组织——国联保护之下，来使这一地区的安全国际化。为此，参加1919年巴黎和会的捷克斯洛伐克外长贝奈斯呼吁，在新的基础上重建"中欧"，这个"中欧"既不是德国的也不是俄国的。但他的这种呼吁无人喝彩。因而，在两次世界大战期间，东欧一直是缺少强有力和有效的欧洲安全框架（无法满足欧洲两个大国地缘政治的胃口）的主要受害者。俄国（苏联）和德国每一次的兵戎相见，都使东欧遭受了巨大的损失。更重要的是，历史表明，即使俄—德和解也没有给东欧国家带来好处，而是两个大国"和平地"划分各自在中欧的势力范围。1922年的《拉巴洛条约》和1939年的《莫洛托夫—里宾特洛甫条约》便是例证。因此，中东欧国家对自己无奈的地理现状有一个形象的比喻：俄罗斯和德国如同草坪上的两头大象，它们无论是相互争斗还是相爱，其结果对东欧国家来说都是一样受践踏，因为中东欧始终在这块草坪上。

第二次世界大战之后，根据《雅尔塔协定》，大多数中东欧国家被纳入苏联的势力范围，组成了所谓的苏联集团。在"冷战"的40多年间，苏联的霸权迫使绝大多数东欧国家实现表面的统一。苏联的控制基于两个制度性的机构：华沙条约组织（华约）和经济互助委员会（经互会）。形式上，它们是多边组织，但实际上，苏联通过与华约成员国共产党（或工人党）领导人的一系列双边条约来发挥其影响，如1956年波兰波兹南事件、1980年波兰团结工会事件。当这种渠道失效时，苏联就进行武装干预，结果出现了1956年匈牙利事件和1968年捷克斯洛伐克"布拉格之春"。这种做法在面对"西方帝国主义的威胁"的环境下，维护了以苏联为首的"社会主义大家庭"的利益，同时，抑制了地区或次地区潜在的冲突（如罗马尼亚和匈牙利之间以及波兰和立陶宛之间因少数民族问题引发的紧张局势）。客观地说，由于苏联集团的存在，绝大部分东欧国家没有真正的国家主权。它们只是意识形态特异的苏联帝国的附庸和战略支点。

东欧剧变以后，中东欧国家的地缘政治参照系不复存在，至少变得面目全非了。在经历了"冷战"后初期迷幻般的"安全真空"彷徨之后，中东欧国家不再面临两难的选择：要么同俄罗斯结盟对付德国（或是相反），要么在俄罗斯和德国之间保持等距离政策，以维持其安全。

中东欧国家地缘政治实质性差异源于欧洲局势四方面的巨大变化：第一，整个欧洲大陆的战略格局发生了重大变化。多年来一直困扰欧洲政治家们的"两个德国"问题在德国重新获得统一后即获解决。这不仅使得雅尔塔体系一个最明显的标志——德国的分裂——不复存在，同时它也标志着以德国分裂为特征的欧洲战后史从此结束。第二，随着华沙条约组织和经互会的解体，以及苏联军队撤出这一地区，中东欧地区缺少足够和有效的多边合作和一体化机制。同时，这一地区的国际合作多边机构显得十分薄弱。因而，国家间的双边关系依然建立在现实的地缘政治考虑基础上，以寻求稳定的地区力量平衡。在绝大多数中东欧国家中，"传统的无政府主义国家体系"在"武力依然在国家间关系中起作用"的情况下发挥作用。这同西欧形成鲜明的对照：西欧存在多边合作机构、行进中的一体化过程、稳定的民主制度和高度的相互依赖。所有这些已经为西欧创立了稳定的和平，在这里，力量平衡不再起作用。第三，随着苏联解体，俄罗斯的西部边界退回到了300多年前它与乌克兰签订的联盟条约（1654年）

以前边界的后面。同时，除波兰同俄罗斯的飞地加里宁格勒接壤外，在历史上，中东欧国家第一次不再同俄罗斯接壤，大大缓解了中东欧国家长期存在的"恐俄"心理。第四，随着苏联、南斯拉夫和捷克斯洛伐克三个联邦制国家的解体，中东欧地区出现了更多的主权国家。中东欧成为多样化和多元化的地区。这不仅给中东欧国家政府更大的外交和政治活动空间，同时使得欧洲大陆国家之间潜在的联盟具有广泛的多样性。这对整个欧洲大陆的地缘政治具有重要的战略和政治意义。

由于这些变化，加之随着中东欧国家政治、经济制度和价值观"回归欧洲"，中东欧的地缘政治角色开始变化。它作为"被挤压地区"的角色逐渐退出历史舞台，代之以"门户区"或国际体系中的"通道"身份出现在欧洲国际政治的舞台上。波兰、匈牙利和捷克斯洛伐克三国（现成员国为四国）组成的维谢格拉德集团国家正日益成为德国和独联体国家之间的纽带；斯洛文尼亚则日益成为"中欧"多瑙河地区和巴尔干之间的纽带。"冷战"后，中东欧地区地缘政治不变的表象是，这一地区依然是拜占庭、奥斯曼土耳其、东正教、拉丁基督教世界、西亚、北欧和德国文化影响的交汇地，不同的实质是，以往处于纷争状态的国家，现在正行进在欧洲一体化的大道上，"门户区"正在成为有助于建立和解的纽带和日益增强的相互依存的纽带。

1989年政局剧变之后，中东欧国家普遍开始了政治和经济转轨。在政治上，普遍修改宪法，放弃社会主义制度，摒弃一党专制和议行合一的集权模式，向西方的多党议会民主制转变；在经济上，从以指令性计划为主的计划经济体制向以市场调节为主的市场经济体制转变。

12年来，中东欧国家的转轨取得了相当的进展。在政治方面，绝大多数中东欧国家相继进入稳定期，多党议会民主制已基本定型，并不可逆转。新的政治体制已开始正常运作，绝大多数中东欧国家均按宪法规定进行了议会和总统选举，且基本实现了权力的正常交接；强调依法治国和尊重人权，尊重少数民族权益和改善其地位。

在经济方面，通过实行限制性的货币和财政政策，对本国货币进行贬值,调整汇率,大幅度削减各项补贴并控制通货膨胀等措施,绝大多数中东欧国家已经实现了宏观经济稳定。绝大多数商品和劳务的价格已经放开,取消了外贸垄断,企业、个人均可从事进出口贸易,进口配额和出口许可证制度逐渐被取消,外贸地理从原经互会国家迅速转向西方,同欧盟的贸易已占中东欧国家对外贸易的55%—75%。绝大多数国家已实现了本国货币的国内可兑换性,正向国际可兑换方向迈进。几乎所有的小企业都已实现了私有化,国营大企业的私有化正处于攻坚阶段。到2001年年底,私营部门的产值在各国GDP中的比重为50%—75%不等。

到2001年,波兰、匈牙利、捷克、斯洛伐克、斯洛文尼亚和阿尔巴尼亚的GDP已经超过了1989年时的水平。目前,各国正在大力改善市场经济环境,制定和完善适合市场经济发展的各项法律法规,并重新界定国家在经济生活中的作用。

应该强调的是,由于大多数中东欧国家提出加入欧盟,因此,欧盟的哥本哈根入盟标准不仅确定了转轨的方向,而且在相当程度上推动着转轨的进程。由此,中东欧国家的转轨也可视为"内驱外推"型的现代化进程。

三 中东欧的语言特征

中东欧的主要语言是斯拉夫语。斯拉夫语见于公元10—11世纪文献的最古老的斯拉夫书面语言。属印欧语系斯拉夫语族南部斯拉夫语支。它的基础是古保加利亚语的一种方言:南部马其顿方言。它包括其他斯拉夫语的一些成分,受希腊语和拉丁语的影响很深。东斯拉夫语支由俄语、乌克兰语和白俄罗斯语组成;西斯拉夫语支包括波兰语、索布语、捷克语和斯洛伐克语;属于南斯拉夫语支的语言有保加利亚语、塞尔维亚—克罗地亚语、马其顿语、斯洛文尼亚语等。

四 中东欧的主要国家

中东欧16国包括波兰、捷克、斯洛伐克、匈牙利、斯洛文尼亚、克罗地亚、波黑、塞尔维亚、黑山、罗马尼亚、保加利亚、阿尔巴尼亚、马其顿、爱沙尼亚、立陶宛和拉脱维亚,如表3-4所示。

表3-4　中东欧地区相关国家的国土面积和人口总数

	面积（万平方公里）	人口（万人）（2014年）
波兰	30.62	3799.55
罗马尼亚	23.00	1991.10
塞尔维亚	8.75	712.94
匈牙利	9.05	986.17
捷克	7.72	1051.06
立陶宛	6.27	292.93
拉脱维亚	6.22	199.04
克罗地亚	5.60	423.64
黑山	1.34	62.18
斯洛伐克	4.81	541.85
爱沙尼亚	4.24	131.36
阿尔巴尼亚	2.74	289.45
马其顿	2.52	207.56
斯洛文尼亚	2.01	206.22
波斯尼亚和黑塞哥维那（波黑）	381.76	5.12
保加利亚	11.10	723.0

第五节　东亚地区

一　东亚的地理区划

东亚，亚洲东部的简称，包括中国、日本、韩国、朝鲜、蒙古共5个国家。位于亚洲东部，太平洋西侧，地形地势为西高东低。有典型的季风气候，雨热同期。渔业资源丰富，多天然良港，利于渔业和对外经济的发展，水力资源丰富。东亚大陆边缘，地质条件复杂，多山，且多火山、地震，夏秋季节常受台风侵袭。东部临海，海岸线曲折，多岛屿和半岛。地形多平原、丘陵。西部远离海洋，地形多高原、山地。大河多自西向东，流入太平洋，主要有长江、黄河、鸭绿江、图们江等。东亚自然资源丰富,以有色金属为最多。东亚是世界上人口分布最多的地区之一,居民以黄色人种东亚类型为主,包括汉族、和族、朝鲜族和蒙古族四个主要民族。沿海和内陆经济差异大,沿海是水稻、茶叶、蚕丝主要产区,工业较发达,西部畜牧业发达。所产稻谷占世界稻谷总产量40%以上,茶叶占世界总产量25%以上,大豆占20%。棉花、花生、玉米、甘蔗、芝麻、油菜籽、蚕丝等的产量在世界上占重要地位。

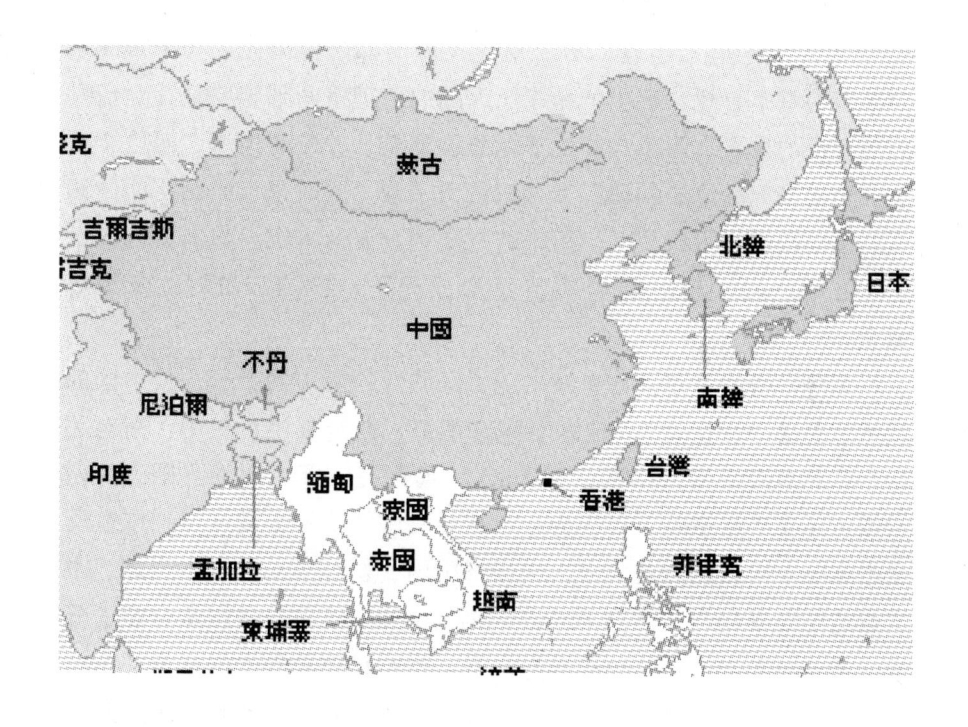

图3-5 东亚的地理区划

东亚是亚洲大陆东部的一个区域;就地理及政治而论,本区包括以下几个次区域和政治区划:

(1)东亚大陆:中华人民共和国(含香港、澳门、台湾地区及其附属的澎湖群岛、金门群岛、马祖列岛和部分南海诸岛)、蒙古国;

(2)日本列岛:日本列岛(主要以北海道、本州、四国和九州四大岛和其他附属岛屿所组成)、琉球群岛；

(3) 朝鲜半岛：韩国（南韩或南朝鲜）、朝鲜（北韩或北朝鲜）。

二 东亚的历史沿革

从历史上重要的经济和文明中心来看，各主要文明区域都有自己的区域意识。东亚区域意识自周代就已经存在，其思想理论渊源一般都追溯到《尚书·禹贡》中的"五服"制度（即甸服、侯服、绥服或宾服、要服和荒服）和九州的划分。儒家经典《礼记》中有天下"方三千里"、《周礼》中有天下"方万里"之说。无论天下"方三千里"、"方五千里"还是"方万里"反映的都是中国人的天下观念和对区域的基本看法，突出的是东亚大陆的地理空间形势特征，对后来区域意识的发展、形成与扩大产生重要影响。"东渐于海，西被于流沙，朔南暨声教讫于四海"是当时的天下观，同时也反映出当时中国人的活动范围和视野所及。后来的《史记·五帝本纪》里有舜划天下为十二州之说，至迟到周代已经形成天下、中国、四海、九州等概念。

秦汉帝国的建立，在东亚出现了区域性的统一的帝国，使中国的疆域范围进一步扩大，"地东至海暨朝鲜，西至临洮、羌中，南至北向户，北据河为塞，并阴山至辽东"，远远突破了九州的界限，开始对周边国家产生影响，可视为东亚社会发展的第一个高峰，把东亚历史带到一个崭新的阶段。海上交通把中国、朝鲜半岛、日本列岛、东南亚诸国联系起来，便利了经济、文化交流，使东亚各国从分裂、分散向相互联系与交往迈出了重要一步。我们必须看到中国在推动东亚区域意识形成过程中的重大作用，有学者指出："中国的文明史是作为过去四千年东亚文明的中心独自展开的，周边的东亚诸民族是以此文明为母胎展开自己文明的。"这反映出中国对周边国家发展的影响实态。汉帝国崩溃后，中国北方陷入了近四百年的分裂与动荡，对外交往受到限制。

隋唐时期东亚区域意识臻于成熟与稳定，构成东亚区域意识的主客观条件已经具备。无论从何种意义上说，隋唐时期东亚是世界古典文明发展的典范，传统的国际关系体——"天朝礼制体系"将朝鲜、日本等国吸收到以中国为主导的东亚国际秩序中来。他们如饥似渴地引进中国的官制、学制、礼制、儒学、田制以及税制、法律、文学、史学、艺术、科技、佛教、建筑与书法，以及天命观念与灾异祥瑞思想，促进了社会的变迁。日本学者认为，"在一般文化摄取方面，日本、朝鲜最为积极"。在遣唐使赴唐最盛时期，许多日本人冒着航海危险最终到达唐都长安，以积极摄取佛教文化为使命，通过使节、留学生、留学僧在唐的国际交流，致力于加入东亚国际社会。更为重要的是以儒学为主体的汉字文化与儒学成为联系域内各国的思想纽带。中国唐朝对东亚世界的影响几乎是全方位的，有学者指出："唐朝是中国诸王朝在东亚世界具有极强世界帝国性格的王朝。"从当时隋唐帝国对周边国家影响来看，日本和朝鲜两国自觉地吸收外来文化以充实自己，表现出博采异域、勇学先进的进取精神，同时他们的自主性也在增强。"唐代的天下观念，是唐王朝实际支配所及的领域"。取古今中外有益之物而用之，兼收并蓄，是促进社会进步的有效途径。

在东亚整体发展过程中，日本总是自觉地在加入区域的联系与互动中寻求发展，始终与东亚形势形影相随，"大陆文化传入日本列岛绝不是偶然的，一定与大陆诸民族的动向密切相关"。朝鲜半岛的情况也大体如此，以期跟上东亚社会的发展步伐。"对于古代朝鲜来说，不仅接受中国文明，也有机会接受经由北方游牧骑马民族文化……与日本一样，吸收汉字，摄取中国佛教，在接受中国统治术的过程中形成了国家"。对于这一点，国内外有比较一致的看法，例如著名汉学家费正清曾经指出，"这个地区深受中国文明的影响，例如汉语表意系统、儒家关于家庭和社会秩序的经典教义、科举制度，以及中国皇朝的君主制度和官僚制度等"。

隋唐时期是中国对外认识与交往空前扩大的时期，我国学者指出，"中国自古以来就是东亚外交圈的中心。东亚外交圈的中心始终是在中国，而西方外交圈则是多中心的，而且其中心不断地转移"。我国学者还指出，"在这个地理范围内，以中华文明为核心，逐步向四周扩散，形成独具特色的中华文化圈"。中国商船可由北路登州赴朝鲜半岛、日本，由南路扬州、明州、温州和福建抵达日本，往来的商船大者长达二十丈，可载六七百人。不仅如此，中国商船还通过广州"通海夷道"远至印度东西海岸和波斯湾沿岸各国。阿拉伯人、波斯人也通过海路来到东南亚、中国沿海各地从事商业活动。东亚与南亚、西亚以至欧洲的交往空前扩大，极大地推动了古代西太平洋贸易网的形成。《唐大和尚东征传》详细记载了唐朝天宝年间广州国外商船云集的情况："江中有婆罗门、波斯、昆仑等船，不知其数。并载香药珍宝，积载如山，其船深六七丈。狮子国（即今锡兰），大石国（即大食，今阿拉伯半岛），骨唐国，白蛮，赤蛮等来往居住，种类极多。"这是当时广州对外交流情况的真实写照。

  从各个国家民族的历史发源来看：华夏是自距今约四千年前的上古时代以来，由发源于黄河流域（中原）的华夏文明所建立的中央集权帝国，即为本区最主要的权威。在古代华夏较强盛的时期创建汉朝和唐朝，华夏与周边各游牧或定居民族经常通过建立朝贡关系，互通有无；有时则以武力加以屠杀或镇压。古代华夏的疆土在前3世纪至前1世纪间往南方及西北方大幅扩张，然后在3世纪、13—14世纪、17世纪等时，与北方的游牧民族进行大幅度民族文化融合，创造更强大的元朝、清朝。这些民族交流及融合的历史，经常充满汉民族单方面残酷的杀戮，但最终扩张了汉民族的文化内涵。此外，东亚其他许多定居的农耕民族，如朝鲜族、大和族等，自古即深受华夏文明的影响；使用汉字是这些民族的传统文化当中最为显著的共同点，因此这些民族活动的领域也被称为汉字文化圈或华夏文化圈。台湾发源于今日台湾中部地区的大肚王国，在17世纪时已存在，是由台湾少数民族的巴布拉族与巴布萨族、巴则海族、洪雅族、道卡斯族所组成的"跨族群准王国"。

  韩国是公元前5000年进入新石器时代，公元前10世纪开始进入青铜器时代。到了公元前4世纪进入铁器时代。公元前194年燕人卫满推翻古朝鲜准王，国号仍称"朝鲜"，司马迁史记中记载的就是卫满朝鲜。西汉元封二年（公元前109年）汉武帝东征朝鲜，设立汉四郡，此后"朝鲜"一词长期消失在华夏典籍中。公元4世纪以后，高句丽在鸭绿江流域兴起，兼并北部的各部落国家及汉四郡。在南部，百济消灭了马韩 54 国。辰韩也由 12 国合并为新罗。朝鲜半岛形成高句丽、新罗、百济三国鼎立时期，史称"三国时代"。

日本发源于今日日本本州中部地区的大和民族，在约 5 世纪时，于今日的近畿一带建立起强大的王国；大和朝廷一面仿效古代华夏的中央集权体制，一面以武力征服岛内其他的民族，逐渐发展成统治日本诸岛的帝国。

早期蒙古是各突厥蒙古民族游牧地区，成吉思汗 1206 年统一各部，从此蒙古各草原民族一律称为蒙古。

三　东亚地区的语言特征

汉字文化圈的覆盖地域与现代地域区分所指的东亚地区有很大的重合部分，包括了中国（汉族）、越南（京族）、朝鲜半岛（朝鲜族）、日本（大和族及琉球族）等。日本的历史学者西嶋定生提出的《东亚世界论（册封体制论）》，成为有关历史学的"文化圈"概念形成的模型之一。

汉语、日语、朝鲜语、越南语中含有大量古汉语起源的词汇，把文言文（汉文）作为书面语。在中国以外的地区，作为书面语被利用的古汉语文言文对没有文字的民族的语言的文字化带来了影响。古汉语的词法和语言生成规则也被应用到这些语言。近代以来，日本利用汉字发明的汉熟语和制汉语在中文也被再借用，中国人大多未意识到那些是日本制造的词汇（类似大量引入古希腊拉丁词汇的英语，按照希腊拉丁系构词法利用罗马字母制造新词又逆输入罗曼语系诸语中）。源自古汉语的词汇的表记用传统汉字（包括汉语〈以及中国的台湾、香港、澳门地区〉，日语〈旧字体〉，朝鲜语有时用汉字表示汉字词），简化的汉字（汉语〈中国、新加坡等〉，日语〈新字体〉），表音文字（朝鲜语，日语有时用假名）以及改良的罗马字（越南语国语字）。

四　东亚地区的主要国家

东亚地区包括中国、日本、韩国、朝鲜、蒙古共 5 个国家，如表 3-5 所示。

表 3-5　　　　东亚地区相关国家的国土面积和人口总数

	面积（万平方公里）	人口（万人）
中国	960	13680（2014 年）
日本	37.8	1260（2014 年）
韩国	10.02	5041.85（2014 年）
朝鲜	12.27	2405（2008 年）
蒙古	156.65	294（2014 年）

第六节　东南亚地区

一　东南亚的地理区划

东南亚（Southeast Asia）位于亚洲东南部，包括中南半岛和马来群岛两大部分。中南半岛因位于中国以南而得名，南部的细长部分叫马来群岛。马来群岛散布在太平洋和印度洋之间的广阔海域，是世界最大的群岛，共有两万多个岛屿，面积约 243 万平方公里，分属印度尼西亚、马来西亚、东帝汶、文莱和菲律宾等国。

东南亚地区共有 11 个国家：越南、老挝、柬埔寨、泰国、缅甸、马来西亚、新加坡、印度尼西亚、文莱、菲律宾、东帝汶，面积约 457 万平方公里。其中老挝是东南亚唯一的内陆国，越南、老挝、缅甸与中华人民共和国陆上接壤。

东南亚地处亚洲与大洋洲、太平洋与印度洋的"十字路口"。马六甲海峡是这个路口的"咽喉"，战略地位非常重要。马六甲海峡地处马来半岛和苏门答腊岛之间，全长约 900 千米，最窄处仅有 37 千米，可通行载重 25 万吨的巨轮，太平洋西岸国家与南亚、西亚、非洲东岸、欧洲等沿海国家之间的航线多经过这里。马六甲海峡沿岸的国家有泰国、新加坡和马来西亚，其中新加坡位于马六甲海峡的最窄处，交通位置尤其重要。

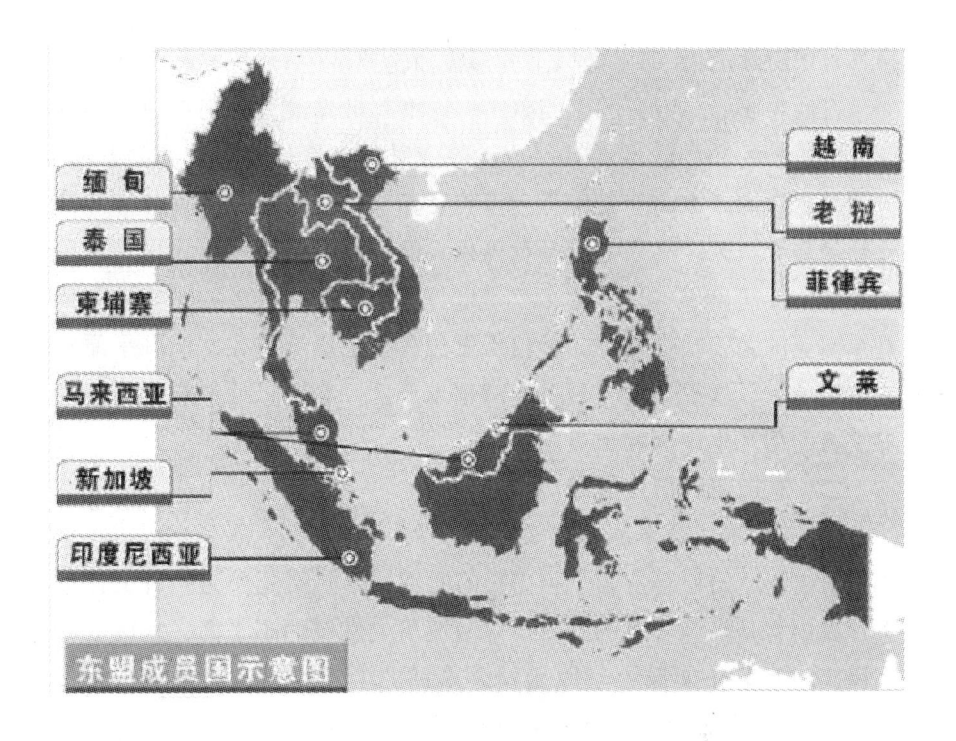

图3-6 东南亚的地理区划

东南亚地理位置非常重要，连接三洲（亚洲、非洲、大洋洲）、两大洋（太平洋和印度洋）。马六甲海峡是东北亚经东南亚通往欧洲、非洲的海上最短航线和必经通道，历来为兵家和商人必争之地。除海峡沿岸国两岸享有12海里领海和海峡内小岛至少也享有12海里领海外，其余为专属经济区；海峡沿岸国对海峡领海水域享有主权，对海峡专属经济区水域享有主权。马六甲是亚洲联系欧洲和中东洲地区的重要海运通道，控制着全球1/4的海运贸易。按照统计，全球每年近一半的油轮都途经马六甲海峡。被日本人称为"海上生命线。"

在20世纪70年代初，每年通过马六甲海峡的船舶有4万艘，其中日本7000艘，英国6000艘。此后，海峡的航运又有了发展，2010—2013年，每年的通航船舶已接近10万艘，尤其是船舶日趋大型化，自日本于1966年建造了世界上第1艘15万吨级巨轮"东京丸"以来，吨位更大的所谓超级油轮成批涌现，2010—2013年，通过马六甲海峡的 18 万吨级以上的超级油轮就多达 1500—1600 艘。

石油和锡是东南亚的主要矿产。这里有世界最大的锡矿带，马来西亚锡矿砂的产量居世界第一位。印度尼西亚是东南亚重要的石油、天然气出口国。东南亚是世界上橡胶、油棕、椰子和蕉麻等热带经济作物的最大产区。马来西亚是世界最大的棕油生产国和出口国，泰国的橡胶生产居世界首位，菲律宾是世界上生产椰子最多的国家。水稻是东南亚的主要粮食作物，种植历史悠久，主要分布在肥沃的平原和三角洲地区。这里是世界最重要的稻米产区，泰国、缅甸和越南是世界重要的稻米生产国和出口国。

二 东南亚的历史沿革

（一）原始社会和东南亚文化的孕育

东南亚原始社会持续了相当长的时期，原始文化作为一种文化形态，其内容是极为丰富的。由于东南亚历史发展的不平衡，东南亚一些民族和部落长期保存了原始社会末期的生产方式、社会组织和文化，直到 20 世纪也还没有完全消失。

新石器时代中国大陆百越民族以及部分百濮族群先民向南迁徙，对东南亚新石器时代文化的形成发展影响极大。从考古发掘及相关研究看，东南亚大陆的原始社会文化遗址大多在各大河的上游，特别是在以这些大河尤其是红河、湄公河的支流为中心的山地与山间平原，大多数居民居住在东南亚大陆的北部山岳地带，海岛地区则以生活在地势较高的洞穴中居多。当地先民最初主要从事采集与狩猎，后来逐渐转变为主要从事粗放农业，完全自给自足。对外交往也非常有限。在精神生活与社会生活方面，主要也是在有限的范围里发展与消亡的。直到原始社会末期，红河、湄公河等大河的下游一部分地区才成为较发达的地区。

（二）东山文化的出现

文明是伴随着国家而产生的。从历史的观点看，只有其影响遍及东南亚的国家或文明，才能代表整个东南亚文明。东山文化虽然代表了史前东南亚文化的高峰，但它也只是具备了文明的一些因素，而没有形成一种文明。由于东南亚地域的广大、分散和东南亚历史文化发展的不平衡性，在史前东南亚甚至整个东南亚的古代历史上，从来没有出现一个可以代表东南亚的国家、王朝的文明。东山文化虽然对周边地区，包括对老挝和印度尼西亚群岛一些地方此后一段时期的文化，尤其是以铜鼓为代表的文化产生了影响，但还不是一种文明的影响。而且，东山文化在进入公元以后就衰落了，它并没有建立起以其为核心的文化体系，从而代表当时的东南亚文化。

（三）东南亚文明的形成

东南亚历史和文化发展的第三个时期，大致始于 10 世纪末 11 世纪，终于 19 世纪的中叶。这一时期可以称为东南亚古代国家的发展和古代文化的成型期。东南亚特色的以某一个民族为主体的古代多民族国家在这一时期形成、发展外来文化影响与各国历史传统民族特点和文化结合，形成了新的统一度较高、明显的民族文化。东南亚国家和古代文化的基本面貌和大多数东南亚国家的民族文化，在这一时期形成或基本成型。

在东南亚大陆东部，越族在 10 世纪建立自己的独立国家后，朝着类似于中国式的封建社会的方向发展，继续主动吸纳中国文化尤其是儒家文化，发展了传自中国而有越南特色的佛教并形成越南的佛教派别（竹林派等），同时发展了本国的语言（越语）、文字（南字）。在中南半岛中南部，泰语系民族大约在 8 世纪前后进入并由北向南发展，在 13 世纪后迅速崛起，先后建立素可泰、阿瑜陀耶、曼谷王朝，形成和发展了以小乘佛教为主而又兼容印度教内容的宗教文化，而中南半岛西侧则有缅族的进入，先后建立了蒲甘、东吁和贡榜这三个以缅族为主体的封建王朝，发展了强大的缅人国家和主要传自斯里兰卡的小乘佛教。缅、泰两国的主体民族缅族、泰族也都发展了本民族的语言、文字，在以巴利文南传佛教三藏为经典的同时，产生了本民族的宗教典籍，建造民族特色的宗教活动中心和场所，发展了作为民族宗教的小乘佛教。泰缅两国还发展了具有自身特色的封建领主制——萨迪纳制和阿赫木丹制。

在东南亚海岛地区，这一时期的文化经历的蜕变，在某种意义上要较半岛地区更为深刻，甚至可以说是又一次突变。印度教和大乘佛教在室利佛逝时期盛行于海岛各地,直到满者伯夷王朝前期还占据主导地位,但在 14 世纪以后,随着海上贸易的兴盛,伊斯兰教影响增强。尽管由于多个世纪的信奉,印度教和佛教在海岛留下了丰富的遗产和深入的影响,但总的趋势还是伊斯兰化的扩大和加深。随着这一文化趋势的发展,东南亚海岛地区与半岛主要国家在制度上和文化上的差异也扩大了。

东南亚历史发展在这一时期的一个重要特点,就是大陆东南亚国家以纵向即南北走向的扩展为主线,横向的即东西走向的联系和相互间的影响虽有所增强,但往往通过战争的方式,缅泰之间的战争尤为频繁。由于高山大河的阻隔,使东南亚大陆东西之间(缅泰之间、泰越之间)交往困难,难以形成一统几个流域的强大国家,实现整个大陆地区的整合,在文化上完全打成一片。因此,东南亚大陆国家和文化扩展的态势上主要还是流域性的,形成了缅人及缅人文化在缅甸沿伊洛瓦底江由中北部向南扩展,泰人及泰人文化由湄南河中上游向南扩展消融了孟人文化,以及越人及其主导的文化由北向南扩展消融了中部的占人文化和南部的孟—高棉人文化的趋势。

三 东南亚的语言体系

东南亚语言氛围三个语系,分别为马来—波利尼西亚语系、孟—高棉语系、汉藏语系。

马来—波利尼西亚语系,又称为南岛语系。有马来语、印度尼西亚语、菲律宾语。菲律宾的主要民族语言是他家禄语,这种语言与马来语相近、是"表亲"语言。印度尼西亚语是在马来语基础上发展起来的,与马来语很相近。文莱人讲马来语。

孟—高棉语系,又称南亚语系。柬埔寨属于此语系。讲此语言的主要是柬埔寨的主体民族——高棉族,还有孟族、佤族。越南语的系属未定,有中国学者从越南语的底层进行研究,发现越南语与佤族语言同源,由此推断越南语属于南亚语系。

汉藏语系。讲此语系语言的主要是缅族、泰族、老族和越南的岱依族、侬族。缅族是缅甸的主体民族,在泰国也有 15 万人。汉藏语系苗瑶语族分布于印度支那,从越南到老挝、泰国,缅甸也有几千苗族人。此外，操与广西壮族语言相近的壮傣语各民族在东南亚分布广泛，他们是泰国、老挝的主体民族。

四 东南亚地区的主要国家

东南亚由中南半岛和马来群岛组成，其中有11个国家，包括：越南（首都河内）、老挝（首都万象）、柬埔寨（首都金边）、泰国（首都曼谷）、缅甸（首都内比都）、马来西亚（首都吉隆坡）、新加坡（首都新加坡）、印度尼西亚（首都雅加达）、文莱（首都斯里巴加湾市）、菲律宾（首都马尼拉）、东帝汶（首都帝力），不包括中国南海诸岛，南海大部分为中国专属经济区，南海诸岛为中国领土，不属东南亚。

世界各国习惯把越南、老挝、柬埔寨、泰国、缅甸五国称之为东南亚的"陆地国家"或"半岛国家"。而将马来西亚、新加坡、印度尼西亚、文莱、菲律宾五国称之为东南亚的"海洋国家"或"海岛国家"。

1967年，东南亚地区出现了一个"国家集团"，这就是"东南亚国家联盟"（以下简称"东盟"），发展至今已有10个成员国，面积约447万平方公里，人口约5.6亿，如表3-6所示。

表3-6　东南亚地区相关国家的国土面积和人口总数

	面积（万平方公里）	人口（万人）
越南	31.01	9073
老挝	23.08	668.93
柬埔寨	17.65	1532.81
泰国	51.09	6772.60
缅甸	65.31	5343.72
马来西亚	32.85	2990.20
新加坡	0.07	546.97
印度尼西亚	181.16	2.54
文莱	0.52	41.74
菲律宾	29.82	9913.87
东帝汶	1.49	121.21

第四章 中亚地区文化特征及其与中国贸易畅通现状

根据霍氏的六维国家文化差异模型，各个国家之间因为历史渊源、文明传承以及国家发展状态的不同，使得国家之间在权力距离、集体—个体主义、阴柔—阳刚气质、不确定性规避以及长期—短期导向、自身约束与放任上存在很大差异。而与权利距离指数、个体主义指数、阳刚气质指数、不确定性规避指数以及短期导向指数、约束指数等国家文化特征除了与历史渊源有关，还能通过因子分析，发现它们与国家人口规模、国家财富状况、地理区位以及国家内部的主导宗教等有密切关系。以下章节中，我们将讨论各个地区的这些与文化指数密切联系的因子对一国文化形成的影响。

第一节 中亚地区的文化特征

中亚地区属于欧亚两大洲的重要结合部，自古都是两大洲交流和沟通的军事和商业要道。自张骞出使西域后，古丝绸之路的开通，极大地提升了中国内陆与欧洲的商贸往来，中亚地区也自此成为中国对外交流的重要枢纽。明代航海技术的提升，古陆路丝绸之路逐渐衰落，中亚地区的战略地位也因商贸的凋零而下降。第二次世界大战后，中亚五国成为苏联的联邦成员，经济发展附属于苏联的经济政策的引导。1991年苏联解体后，中亚五国独立建国，然而经济发展却大大落后，成为欧亚经济发展中典型的"经济洼地"。中亚五国的文化发展比起其他国家和地区有其典型的特征。

一 中亚文化具有复杂性

中亚社会的发展是不同民族和多种文化长期接触、交流、冲突、融合和沉淀的复杂过程。18 世纪左右,中亚的主要社会文明冲突表现为突厥文化与伊斯兰文化,之后俄罗斯势力逐渐进入中亚,中亚之后的历史发展中,伊斯兰文化和突厥文化被人为压制,而俄罗斯文化,以及俄罗斯的社会力量不断加强和深化,直至 1991 年苏联解体。显而易见,这里既有早已融合、同化了古代中亚不同民族文化的本土文化及社会力量,还有新近进入的外来文化因素和社会力量,如西方文化、伊斯兰文化和俄罗斯文化及其引导的社会力量。因而,在中亚各支本土文化力量交流、融合的同时,这里既有可能出现本土文化及社会力量与外来文化及社会力量之间的交流与对话,也有可能出现外来文化及社会力量之间的较量与争夺。由于多种力量间的差异与交叉,使中亚文化呈现出一定的复杂性,这种复杂性是由历史的长期作用所导致的。

(一) 早期游牧民族:战攻为其生业

从公元前 3000 年至前 2500 年间操印欧语的民族在欧亚大陆分为两支系谈起,一支进入新疆成为吐火罗人(the Tokharians)的祖先,另一支亚利安人(the Aryans)则向东进入西伯利亚、蒙古、新疆与巴基斯坦北部。在中亚,操伊朗语的游牧民族被波斯人称为塞人(Saka),希腊人则称之为斯基泰(Scythians)。他们以擅长骑射或使用战车闻名。稍晚从伊朗与吐火罗边境进入蒙古的游牧民族匈奴人于公元前 128 年兴起,并且与南方的秦汉帝国对抗。而在同时期的西方,贵霜帝国(the Kushanempire)与匈人(the Huns)也逐渐形成。贵霜帝国崇奉祆教与佛教,并且大力支持农业、商业与艺术,融合了印度与希腊罗马风格的犍陀罗艺术盛行一时。公元 230—270 年,贵霜帝国衰微并被波斯萨珊王朝(the Sassanids)取代。在公元 4 世纪时,后者受到来自北方的匈人袭击。这个长时段的迁徙也导致了公元 440 年匈人领袖阿提拉(Attila)入侵罗马。但无论是匈奴或匈人,都未能对中国或罗马造成致命威胁。

(二) 天可汗：突厥与其后继者

汉朝与匈奴崩溃后，欧亚新兴了三大势力，包括控制中原的北魏拓跋氏、控制蒙古的柔然（即阿瓦尔人），与控制贵霜旧地的嚈哒。这三个国家对整个欧亚产生了涟漪作用。公元6世纪初，柔然的内乱加上铁勒的反叛成为突厥兴起的背景。学界对于突厥的祖源仍旧不太清楚。不过其统治世族名为阿史那，可能是源自东伊朗语 ashsheina 或吐火罗语 ashna，意为蓝色，这在突厥以颜色命名方位的传统（可能借自中国）中有东方之意。在乙息记可汗科罗与木杆可汗的先后统治下，突厥的版图快速扩张，成为史上第一个东起满洲西至黑海的跨欧亚帝国。而突厥可汗受命于天（Tengri）的意识形态也成为后世游牧帝国效法的对象。

(三) 丝路城市与伊斯兰教的到来

当时控制丝路贸易的商人多半为粟特人（the Sogdians），他们多半以家族公司的形式存在，并且在主要城市与地方聚落中设立据点。在中国，许多粟特人也出任官员和将领，或以农夫与牧马人为业等。其社群领袖被称为萨宝（sartapao，源自梵文 sarthavaha，意为商队领袖）。在当时，诸如塔里木盆地的喀什、焉耆、库车与和阗等是中亚东部的重要绿洲城市。唐朝与吐蕃帝国双方都曾试图控制此处。在中亚河中地区则以花剌子模、撒马尔罕与布哈拉等为主。当时波斯语成为中亚主要的书面语，但是突厥语则成为重要的共同口头语。公元11世纪末编写《突厥语大词典》的麻赫穆德·喀什噶里（Mahmdal-Kashghar）就曾经指出在中亚城市中多数的人口都能使用突厥与粟特双语。

(四) 新月高挂草原：伊斯兰教与突厥民族

不同支系的突厥民族彼此互相攻战，也产生了大量的民族迁徙，例如，公元770年被葛逻禄（the Qarluqs）逐出中亚河中地区的比千（the Pechenegs）后来被迫迁徙到东欧。另外这个时期是伊斯兰教从城市传到草原地区的重要时期，其中波斯的萨曼王朝（the Samanid）起了重要作用。特别是伊斯兰教神祕主义的苏非派（Sufism），由于其形式与突厥萨满信仰类似，因此突厥游牧民较易接受。而突厥人伊斯兰化之后则反而逐渐强大，并且控制了原先的伊斯兰腹地，例如赛尔柱帝国（the Seljukempire）。

（五）蒙古旋风

成吉思汗凭借着伴当之力于1206年统一蒙古各部，并且迫使畏吾儿归顺，征服了西辽、花剌子模，1227年在远征西夏时过世，被穆斯林称为"上帝之鞭"。其后裔延续了其扩张事业，征服了中国、伊朗与俄罗斯。不过后来中亚的蒙古征服者在语言上逐渐被当地的突厥与波斯人同化。蒙古帝国对全球史影响巨大，各种工艺、饮食与商旅都在这个时期产生交流。它作为世界上最大的陆上帝国，欧亚大陆上首次建立了统一的通信管道。部分学者认为这是早期世界体系的开始，也是现代世界的先声。

（六）成吉思汗家族、帖木儿与帖木儿帝国的文艺复兴

蒙古帝国崩溃后，整个中亚在语言上的突厥化与对于成吉思汗家族后裔的忠诚成为重要特征。帖木儿（Temür）巧妙利用察合台汗国内部的部族与氏族倾轧，于1370年掌握大权。受制成吉思汗黄金家族（altanurugh）后裔者不得称汗的原则，他娶了成吉思汗家族的后裔，并且以驸马（küregen）自居，对穆斯林群众而言，他则被视为大异密（the GreatAmr）。他的势力从中亚直达印度北部与小亚细亚。其子沙哈鲁（Shahrukh）与其孙兀鲁伯（UlughBeg）崇奉伊斯兰教，并且奖掖科学与文艺。天文学、数学、波斯与察合台突厥文学和细密画等都在这个时期得到发展。另外帖木儿在与鄂图曼帝国的战争中使用了火炮，这也使得火药在中亚进一步得到传播。但是当周围定居帝国的火器技术日新月异时，中亚却陷入停滞。这也使得中亚逐渐失去武力优势。

（七）火药时代与帝国崩溃

在西方，立基于伊朗的萨法维帝国（the Safavidempire）将伊斯兰教什叶派定为国教，并且切断了以当时信奉逊尼派的中亚与其盟友鄂图曼帝国的联系。在北方，在征服了金帐汗国的后继者之一伏尔加汗国后，1547年莫斯科大公伊凡四世自立为沙皇（tsar），并视自己为拜占庭皇帝与成吉思汗家族的继承人以及基督教的保护者。此后俄国

的势力开始进入中亚，并且在中亚传布东正教。当时中亚牧民正苦于天花与其他疾病肆虐，这也有利于俄国的侵逼。俄国对中亚的入侵一直到17世纪后期遭遇由满洲人建立的清朝才首次受阻。在东方的清朝作为藏传佛教的保护者也正向中亚扩张。另外在这个时代中，蒙古重新信奉藏传佛教的结果则是造成中亚世界分裂为以穆斯林为主的突厥—波斯世界与以佛教徒为主的蒙古世界。在这个时期，中亚与外部世界之间的武力平衡也逐渐打破。17世纪中叶，前者的复合弓与后者的火绳枪之间还算平分秋色。但是到了18世纪中叶，燧发枪已经取得优势。有些游牧民族拒绝使用枪炮，因为这种武器并不适合传统游牧民族的战术；有些则愿意接受枪炮，但是大部分缺乏量产的工业能力或是足够的财力来购置。因此总体来说，中亚游牧民族在军备竞赛上逐渐落居下风。到了19世纪末时，中亚大部都已在沙俄与清朝的控制下。

（八）现代中亚的形成

当时俄国治下中亚的哈萨克与布哈拉、浩罕与希瓦三汗国，清朝治下的新疆与蒙古，人民的生活条件普遍恶劣，疾病与贫穷困扰着中亚人民。苏联成立后，中亚各地纷纷改制为苏联的加盟共和国，并逐渐演变成今日所见的中亚五国。但是在苏联时期所进行的民族识别与国家建构，在中亚传统的部族与氏族身份上，增加了新的身份认同，在苏联解体，中亚五国独立后仍然持续影响至今。至于在清朝治下的中亚，在清朝崩溃后，外蒙古独立，成为苏联的保护国，苏联崩溃后成为民主国家。新疆则被数个军阀所掌握，直到1949年中国重新取得控制，但是仍然存在东突分离运动的隐忧。

二 中亚文化具有很强的地域性

中亚五国地处欧亚大陆腹地，由广袤的草原、沙漠和半沙漠地带构成，在地域上连成一片。由于其特殊的地理特征，决定了中亚文化具有很强的地域性。其文化地域性主要表现为：

第一，游牧文化比较突出。在很多相关的历史书籍上能够看到对中亚游牧民族的描述，游牧文化是中亚文化的重要组成部分。

第二，中亚文化受邻近地区影响较深。东与我国新疆维吾尔自治区相邻，南与伊朗、阿富汗接壤，北与俄罗斯联邦相接，西边与俄罗斯联邦、阿塞拜疆隔里海相望。所以历史上我国及俄罗斯对中亚文化都有很重要的影响。

中亚地处亚、欧、非三大洲结合部和欧亚大陆的中心，特殊的地理位置决定了其特殊的历史际遇。在历史上，中亚曾经是以中国文化为代表的东亚文明、以佛教文化为代表的南亚文明、以伊斯兰文化为代表的阿拉伯文明和以东正教为代表的欧洲文明的交汇处。不同质的文明在各个时期以强大的民族和国家的征服过程为载体，在中亚地区发生了无数次的碰撞、冲突、融合，这一地区也因此成为世界上人文因素最丰富、最复杂的地区之一。美国及西方的战略家们早已将中亚地区视为全球地缘政治的心脏地带。美国利用自身强势文化的地位和雄厚的经济实力，通过教育、广播、影视等途径向中亚进行文化渗透，中亚文化面临很多不安全因素。中亚社会的发展是诸多民族和各种文化长期接触、交流、冲突、融合和沉淀的复杂过程，它并没有根深蒂固的本土文化而是呈现出文化综合体的形态。

三 中亚文化受宗教影响较深

中亚五国是以伊斯兰教为主的多宗教地区。中亚各国主体民族哈萨克、乌兹别克、吉尔吉斯、土库曼、塔吉克族都是信仰伊斯兰教的民族。此外，这里居住的卡拉卡尔帕克人、维吾尔人、东干人、鞑靼人也属于穆斯林民族。这些民族群众普遍信仰伊斯兰教，至今信教人数在其人口中仍占有相当大比重。所以中亚文化受伊斯兰教的影响很深远。虽然在苏联时期，伊斯兰文化受到抑制，但当伊斯兰教阻碍当代复兴的时候，这里是容易受到原教旨主义影响的。

中亚文化由于其自身的复杂性和多元化，之间存在很多冲突。中亚各民族和宗教之间经常发生冲突，对中亚文化的发展有很深的影响。独立以来，中亚国家为巩固本国主权独立而不遗余力推行的若干主体民族化政策虽使主体民族扬眉吐气，却造成主体民族不健康情绪的膨胀和国内民族关系的紧张，使国内其他民族的利益受到损害。他们不仅大多被排斥在各级政府机关、经济管理和文化教育的领导岗位之外，甚至在就业和入学等问题上均遇到困难。由此在中亚国家独立初期，出现了非主体民族外迁的浪潮，加深了民族之间的矛盾。民族间的冲突与战争使得文化的发展变得滞后。由民族问题进一步演变而来的宗教极端主义及其与分裂主义、恐怖主义的合流，对有关中亚国家造成了灾难性的后果，对中亚有关国家的政治稳定、社会秩序和经济发展产生了各种负面影响。

第二节 区域人口及宗教构成分析

一 中亚区域人口构成及变化

2014年统计，中亚地区人口总数约为7046.8万。构成中亚五国的主要民族成分是世居民族即各共和国的主体民族和俄罗斯人。

（一）人口构成分析

因为地区的地形、地貌和经济发展等因素决定了它的人口分布及构成的突出特点为：

第一，人口密度很小，平均每平方公里仅12人。其中哈萨克斯坦和土库曼斯坦平均每平方公里只有6.1人和7.2人，只有乌兹别克斯坦人口较密，达到51.4人。

第二，人口分布极不均匀。山区每平方公里只有1—2人，在卡拉库姆沙漠、克孜勒库姆沙漠及哈萨克斯坦中部的荒漠几乎是渺无人烟，而绿洲及大城市周围密集了大量人口，如富庶的费尔干纳盆地每平方公里高达300—400人。吉尔吉斯斯坦首都比什凯克所在的楚河盆地仅占共和国土的1/12，却集中了共和国35%的人口。

第三，出生率和自然增长率高。中亚各国出生率普遍在30‰以上，自然增长率在25‰左右。这一情况与世界最不发达国家的情况相似，与其经济发展程度是不适应的。

第四，21世纪以来，特别是近二三十年，绝对人口增加迅速。以吉尔吉斯斯坦为例，在21世纪90年代中人口增加了5.6倍，近三十年人口翻了一番，绝对人口增加了200多万。乌兹别克斯坦也是如此，1959年为500万人，1979年翻了一番，达1050万人，1989年接近2000万人，又差不多翻了一番。

第五，21世纪以来城市化有长足发展。城市人口由原先的10%左右增长到40%左右，其中哈萨克斯坦一些地区城市化水平最高，如卡拉干达州、杰兹卡兹甘州、曼格斯套州城市居民已占这些州总人口的80%—90%。70年代以前城市人口的增长主要来自欧洲地区的移民，70年代以后主要是共和国内部的人口流动。然而，在中亚有些地区，如土库曼斯坦、塔吉克斯坦，由于农村人口的自然增长率大大超过城市人口自然增长率以及俄罗斯人迁出，2000年至今城市人口的比例有所下降。

（二）主要民族分析

1. 中亚地区的主要民族构成

20世纪初中亚的主要民族是哈萨克人、土库曼人、乌兹别克人、吉尔吉斯人、塔吉克人、普什图人等世居民族。苏维埃时期，随着中亚地区社会主义经济建设事业的发展，有大量俄罗斯及其他斯拉夫人居民迁入，另外还有一些民族，如塔塔尔人、德意志人、朝鲜人是被政府当局以强行手段迁入中亚的。21世纪后，中亚各共和国都成为多民族国家。据苏联1989年人口统计资料显示，在中亚地区生活的有130多个大小民族。

中亚民族中，人种构成不唯一，以下是主要民族：

哈萨克人：为蒙古人种西伯利亚类型和印度帕米尔类型之间的混血类型（图兰人种）。

土库曼人：图兰人种。

乌兹别克人：图兰人种。

吉尔吉斯人：蒙古人种的西伯利亚类型，混有少量欧罗巴人种血统。

塔吉克人：欧罗巴人种印度帕米尔类型。

普什图人：欧罗巴人种印度帕米尔类型。

2. 主体民族分析

主体民族只在乌兹别克斯坦和土库曼斯坦占绝对多数（2/3以上）。哈萨克族在哈萨克斯坦1959年占30%，1979年占36%，直到

1989年才达到39.7%，成为该国人口最多的一个民族，但仍未达到该国人口总数的简单多数（1/2以上）。哈萨克斯坦独立后，建立的是"自决的哈萨克民族国家"，对哈萨克族不占国家总人口的多数十分忧虑。2001年以来，哈萨克斯坦采取一些措施号召境外哈萨克人"回故乡"，同时有俄罗斯人、德意志人和其他斯拉夫居民迁出，哈萨克族在总人口中所占比例有所提高。但是该国的经济发展状况并不景气，对境外哈萨克人吸引力不大，同时牺牲非哈萨克人特别是俄罗斯人的利益可能迫使这部分人加速流失，这不仅会造成族际关系紧张和社会动荡，而且会对共和国的经济发展带来严重损害。2004年以后，该国正在调整其民族政策以阻止具有技术和管理能力的俄罗斯人出走。据哈官方报道，1996年年初哈萨克族已占该国总人口的一半以上，即达800多万人。这意味着，自1989—1996年8年期间，哈萨克族人口增加了170多万人，即每年增加达20多万人。

俄罗斯人在中亚五国共约1000万人，其中约600万人居住在哈萨克斯坦，尤其是在城市。在哈萨克斯坦北部几个州占有很大比重。近二三十年俄罗斯人在一些国家的绝对人口有所增加，但占共和国总人口比重却逐年下降。如乌兹别克斯坦俄罗斯人由1970年的147.3万增加至1989年的162.4万，但人口比重由12.5%降至8%；吉尔吉斯斯坦俄罗斯人由1959年的62.4万增至1990年的94万，但人口比重由30.2%降至21.5%。中亚五国俄罗斯人占该地区总人口的20%，占苏联解体后居住在俄罗斯联邦境外俄罗斯人的40%。因此，俄罗斯人在中亚各国地位问题，不仅是这些国家中最重要的民族问题，也是俄罗斯联邦与这些国家关系中的最重要的问题之一。

二　宗教构成分析

中亚国家是以伊斯兰教为主的多宗教地区。中亚各国主体民族哈萨克、土库曼、乌兹别克、吉尔吉斯、塔吉克、普什图族都是信仰伊斯兰教的民族。此外，这里居住的卡拉卡尔帕克人、维吾尔人、东干人、塔塔尔人也属于穆斯林民族。这些民族群众普遍信仰伊斯兰教，至今信教人数在其人口中仍占有相当大的比重。中亚地区伊斯兰化差不多有千年的历史。十月革命后，苏维埃政府在实行宗教信仰自由的同时，始终把宗教认定是最保守的社会意识形态，70年来把反宗教宣传、无神论宣传作为共产主义意识形态领域中的一项重要任务。中亚地区究竟有多少教徒还是一个不清楚的问题，官方不曾进行过这样的统计，也从未公布过这类数字。一些社会学家提供了一些数字，但相去甚远（从穆斯林居民中的1/3到1/2到80%）。因为没有科学根据，很难说哪个数字更为准确。值得注意的是，苏联解体后，伊斯兰宗教思想在中亚出现"复兴"，这与剧变信仰发生危机有直接联系，同时也受到来自西亚伊斯兰复兴运动的影响，比较明显的例子是，塔吉克斯坦内战就具有浓厚的宗教色彩。中亚各国政府尽管实行比较宽松的宗教政策，但迄今仍坚持反对宗教干预政治的立场。中亚地区的穆斯林绝大多数是逊尼派，只有哈扎拉族少部分穆斯林属什叶派。此外，在中亚的俄罗斯人、斯拉夫语族居民中有相当数量的东正教教徒，还有部分群众信仰天主教、新教和犹太教，这些教徒的数量不多。

第三节 中亚地区后苏联阶段的国家重塑

一 苏联解体后中亚地区国家认同的艰巨性

1991年随着苏联的解体，作为联邦体制内的共和国，中亚五国顺理成章地成为独立的民族国家，但脱胎于联邦体制的历史烙印、新的民族国家在向现代化国家转型中的重重困扰以及多民族共处的现实，使中亚地区各民族在失去了"苏联公民"政治身份及由此确立的国家认同后，纷纷转向从各自的民族传统及民族的神话中寻求新的认同。在苏联时期隐含在强大的国家认同背后的有关哈萨克人、吉尔吉斯人、土库曼人、塔吉克人、乌兹别克人的记忆、符号、神话、遗产以及本土语言文化被充分地挖掘表达出来，成为新的民族认同要素，它虽然在一定程度上维系了主体民族的凝聚力，使独立之初的国家保持了政治上的统一，但把族裔因素以及群体归属感掺入到国家生活中，不可避免地会滋生排他和褊狭，族裔自闭成为目前使整个世界头痛不已的众多民族冲突的主要原因。中亚各国均为多民族的国家，主体民族在宣扬本民族历史、文化时所体现的唯我独尊的优越感、在关注本民族利益和价值时所表现出的自私与冷漠，已成为导致各主体民族与其他少数民族、各主体民族之间的矛盾的根源所在，如当下中亚地区各主体民族对俄罗斯人在政治、文化上的排拒，使其处境日益维艰，淋漓尽致地显现出民族主义意识形态转向褊狭后的无奈与悲哀。

文化的同一性是认同的基础，近代民族国家的建构实质上是认同的建构，为了完成强大的民族国家的塑造，国家总是努力寻求意识形态的认同，它或者通过强化共有观念（共同语言、宗教、习俗、历史、命运等）将不同的族裔纳入国家认同的范畴，或者通过给人民提供富有吸引力的"公共物品"（公正、自由、民主、平等）来赢得人民对其合法性的认可和支持。20 世纪 20 年代以来，中亚地区是现代民族国家——苏联的构成体，因而中亚各民族的认同是围绕着"苏联人民"这一"新的历史性人们共同体"而建构的，"他们有共同的社会主义祖国——苏联，共同的经济基础——社会主义经济，共同的社会阶级结构，共同的世界观——马克思列宁主义，共同的目标——建设共产主义，在精神面貌上、在心理上具有许多共同特点"。不仅如此，俄语作为共同的语言也大大加强了民族认同的文化同一性，"它实际上已经成为苏联各族人民交际的语言，是他们团结和相互联系的强有力的工具"。但是，由于苏联的解体，连接各民族的心理纽带随之断裂，中亚各国在独立后必然面临着重构文化的同一性的艰巨任务。

二　中亚地区在树立国家认同中需要克服的障碍

在一个多元文化、多元价值取向交互影响的时代，"我们是谁？"的疑问几乎是一个全球性的问题，袭扰着诸多的国家和民族，即便是帝国主义时代的权势中心国家亦不能幸免于此，认同危机由是发生。如果把全球化看作世界各国、各地区在经济发展上不断趋同的进程，那么认同危机恰恰可以理解为各民族国家和民族共同体在这个经济日益一体化时代寻求自己的历史方位、精神家园的过程中出现的困惑。

当人们纷纷从种族、血缘、历史、语言、宗教中发掘认同的精神资源时，民族主义也就进一步显现出其"双刃剑"的特性。

首先，在由领土、人民和具有主权的政府构成所组成的民族国家仍是最合理的存在的当代社会，"民族主义和民族认同话语在这个愈益全球化的世界上看来仍会保持其重要性"，它们仍然是支撑民族国家的不可或缺的意识形态，是民族情感、民族利益和民族尊严的表达平台。但是"什么使公民认同与国家认同保持同一性？什么使公民感到他们属于同一个国家，他们是一个国家的成员呢？"，安东尼·史密斯认为，现代民族国家中的每一个成员实际上具有族裔和公民的双重身份，在民族国家的层面上，个人是一个具有公民权利和义务的公民，并通过体现公平的官僚制获得现代性的利益；但是在族裔共同体的层面上，"个人是建立在其历史和本土文化基础上的、有纽带关系及亲和性的成员，并因为这种原因，他们被赋予了民族国家的公民权利（以及现代性的利益）"，因此，"民族（the nation）表现了族裔和公民的两种要素之间有时不和谐但却是必要的共生关系，这种关系是建立在官僚制以及广泛职业化的社会基础之上。在现代世界中，任何一个国家的成功，都依赖于这种共生关系和这种社会基础"。对多民族的国家来说，如何确立民族（族裔）的文化归属感与公民的政治社会归属感的和谐共生关系的确是一个复杂的问题。

其次，国家主流文化所具有的包容性是形成持久民族凝聚力的重要资源。所谓主流文化的包容性既不是多元文化的简单相加，更不是安德森辛辣地讥讽为"把民族那既短又紧的皮肤撑大到足以覆盖帝国庞大身躯"的文化同化手段，而是民族国家在即便缺乏共同的语言和历史的情形下所建构的文化的公共性和共享性，"所有的公民都可以享有它的公共性，并因此赋予它们一种成员之间的文化亲和的感觉，以及一种显著区别于外人的感觉"。这就是为什么无名英雄纪念碑和诗歌、音乐、雕塑等民族文化的象征物，总能唤起一种超越时空、语言、种族界限的情感力量的原因所在。

此外，民族国家的经济政策以及参与国际经济竞争的能力也是增强国家认同感的主要因素。从19世纪末资本主义的全球竞争到当代的经济全球化，民族国家（特别是像中亚这样的"后发型"国家）始终面临着生存、竞争、发展的巨大挑战。那些成功应对挑战的国家，通过为国内一切社会阶层（包括族裔）提供良好的福利，使其因国家的强盛而获得尊严，感到自豪，进而会更坚定自己的国家认同。

最后，重视公民教育在培养国家认同中的重要作用。在多民族国家中，公民教育一般有双重功能——它在每个组成民族的群体内部培养一种以共同语言和历史为特点的民族认同，并且还谋求培养一种能把国家中的各个民族群体结合在一起的超民族认同。

三 中亚地区各个国家公民意识的觉醒

中亚地区各国虽然崇尚单一的伊斯兰文化，但因经历了苏联时期的国家意识的培养，在苏联解体后，并没有像其他伊斯兰国家那样，迅速归于政教合一的情况。因此虽然具有文化上的唯一性，但同时在国家制度建设中充分关注公民意识及自由的关心和培养，因而其对公民教育的开放度及自由度是其他伊斯兰国家不能比拟的。正因为如此，中亚国家有其他伊斯兰国家所没有的强大的对外来文明和文化的包容性，其自身对先进文明的吸纳能力，远远超过其他伊斯兰国家。这也充分体现在中亚五国稳定的政治形态上。当然，其中的阿富汗是个特例，因其更临近中东、南亚这些政治军事极不稳定的地区，导致阿富汗沦为了自身文明及外来文明激烈冲突的牺牲品。而阿富汗的不稳定，也相应地给中亚其他国家的国家安全及开放带来了一定的挑战。

第四节 区域权利平等性分析

一 世俗国家体制建立

1991年八一九事件后，中亚国家的共产党相继宣布退出苏共，更名为社会党，而各国总统们都不再担任共产党的领导人，有的还与原共产党划清界限。可以说，中亚国家的独立，无论是各当事国还是外界都几乎没有任何思想准备。中亚国家在放弃了共产主义理想和告别了苏维埃社会主义制度后，极端主义、民族主义、无政府主义、虚无主义泛滥，选择什么样的国体和政体，是摆在各国人民面前的首要问题。

须看到，中亚国家都是多民族国家，其居民大多数是穆斯林。与中亚毗邻的西亚、南亚的一些伊斯兰国家政体不一：土耳其应是最世俗化的共和国，沙特是君主制的；伊朗自1979年"伊斯兰革命"以后由君主制变成政教合一（什叶派）的神权政权；巴基斯坦是伊斯兰共和国；阿富汗也是伊斯兰共和国，后来一度成为政教合一（逊尼派）的塔利班政权。也就是说，这些相邻的地区大国，除土耳其外，不是伊斯兰共和国，就是神权国家。新独立的中亚国家政体的第一选择是世俗，还是伊斯兰化？历史表明：它们都无一例外地坚定地选择了前者，即"世俗"的民主政体。

哈萨克斯坦宪法规定：哈萨克斯坦是民主的世俗的法制社会的国家。乌兹别克斯坦宪法规定：乌兹别克斯坦是主权的民主共和国，以发展人道、民主和法制为宗旨。吉尔吉斯斯坦宪法规定：吉尔吉斯斯坦是按照法制和世俗原则建立起来的民主共和国。塔吉克斯坦宪法规定：塔吉克斯坦是主权的、民主的、法制的单一制国家。土库曼斯坦宪法规定：土库曼斯坦是民主的、法制的世俗国家。

总之，独立后，中亚五国的国家政体采用"三权分立"的民主共和制、单一制、总统制、多党政治，而不是像苏联那样的苏维埃联邦制，强调国家发展的民主和立法原则。

1993年《自由之家》（Freedom House）年刊中根据各国的政治权利和公民自由采取七分制为各国民主程度打分，1分表示权利和自由程度最高，7分为最低。以权利低于2分，自由低于3分为民主的临界之上的"高"；以权利达到或超过4分，自由达到或超过5分为民主临界之下的"低"；而在这两者之间为"齐平"。如表4-1所示，对中亚五国的民主评价是非常之低的。

表 4 – 1　　　　　　　　　　中亚五国的民主评价

	政治权利	公民自由	民主临界分数 "高"、"低"、"齐平"
吉尔吉斯斯坦	5	3	8 低
哈萨克斯坦	6	4	10 低
乌兹别克斯坦	6	6	12 低
塔吉克斯坦	7	7	14 低
土库曼斯坦	7	7	14 低

　　总的来看，在西方眼里，民主程度的顺序为：中东欧诸国、波罗的海诸国、俄罗斯和高加索诸国，前南各国、中亚国家。中亚国家除吉尔吉斯斯坦外完全垫底。

　　二　国家治理普遍采取"总统集权制"

　　中亚国家虽然从苏联解体后获得独立，但由长达 70 年的苏联统治所决定，它们在政治、经济、文化上与俄罗斯有着割舍不断的联系。20 世纪 90 年代，中亚各国的政局也与俄罗斯非常相似，因而政治转型也大体与俄罗斯同步并行。在这个转型最初的时期，在试图仿效西方民主政治的同时，却面对着总统与议会的激烈争斗，并引发大面积政治动荡。1993 年，俄罗斯总统下令攻打与之叫板的白宫（议会大厦）。结果是，俄罗斯确立了总统"集权制"。其实，中亚国家中乌兹别克斯坦和土库曼斯坦两国总统一直处于集权地位。乌兹别克斯坦总统一直兼共和国内阁主席，"总统权力的垂直系统，它集中了作为国家元首和行政权力首脑的总统权力，系新乌兹别克斯坦国家制度的大厦的承重结构"。土库曼斯坦总统集国家元首和政府首脑于一身，并有效控制国家立法权和司法权。1993 年炮打白宫事件后，哈萨克斯坦和吉尔吉斯斯坦通过修宪也实现总统"集权制"。其特点是：总统"集权"，即"强总统、弱议会、小政府"的政治格局。实际上，中亚国家实行的总统"集权制"，在具体内容上还是有一定差别。吉尔吉斯斯坦在民主道路上走得最快，号称"中亚的瑞士"；哈萨克斯坦和塔吉克斯坦有了一些多党政治的雏形；乌兹别克斯坦和土库曼斯坦则不存在真正的多党政治和反对派。中亚国家政治体制的转轨，是从苏联传统的苏维埃社会主义政治模式向西方民主政治模式的转变过程，是社会制度的根本转变，而总统"集权制"实质上是一种具有俄罗斯—中亚特色的仿西方的政治模式。

三 无政府思潮在涌动

2001年9月11日，恐怖主义袭击美国，美国由此拉开"反恐"的阿富汗战争。作为这一重大事件的副产品，那就是美军空降中亚，这是西方军队史无前例地部署在中亚国家。撇开其军事意义，此次美军的空降对于中亚国家社会的冲击，意味深长。玛莎·布瑞克2007年写道："像中亚国家第一次努力一样，它们至今还不太可能弄明白建国的真正含义。苏联时期的领导人仍在这些国家执掌政权，他们并没有比以前表现出更多（有时更少）地推动民主政治过渡的倾向"，"'9·11'事件之后，的确存在一个重新调整中亚发展方向的机会。但是中亚各国和国际社会都没有充分利用好这'第二次机会'"。这里，玛莎·布瑞克显然是为2005年"颜色革命"在中亚的受阻而沮丧。

"颜色革命"最大的"后遗症"就是国家失去了法制和基本秩序，就是无政府状况泛滥。2010年4月吉尔吉斯斯坦再次发生非正常政权更迭，6月奥什和贾拉拉巴德地区甚至发生了骇人听闻的种族冲突事件，正是这种无政府状态的恶性发展所致。2010年6月27日，吉尔吉斯斯坦临时政府以"全民公决"确立了吉尔吉斯斯坦将走完全彻底民主的西方议会制道路，以为这可以既讨好西方，又可使自己"合法化"，但以此种方式求得"合法化"，让人匪夷所思，因为"公决"设题只是"宪法改制"，无助于"临时政府""合法身份"的确认。问题是这在本已病入膏肓的"民主病"体中，再下更"民主"的"议会制"这一方剂，是下毒药。

吉尔吉斯斯坦4月政变和6月民族冲突，对中亚政局的影响应予充分评估。一位西方学者指出的"在这10年里，许多国家，特别是那些在非殖民化运动中诞生的国家，暴露出它们不过是'虚式国家'的本质。它们不是缺乏稳定的政府机构，就是缺少内在的凝聚力或民族意识。在这10年里，国际关系紧张的主要来源是国家内部（和国家体制）的分裂与经济、文化和政治一体化进程即全球化之间的冲突"。哈萨克斯坦资深专家瑟罗耶日金也指出："吉尔吉斯斯坦的局势，让人觉得，任何政权都是可以更替的，任何权力更替都是自发的。我认为其他四个中亚国家也会得出同样的结论。这相当重要。"2010年9月10日，俄罗斯总统梅德韦杰夫说："民主在俄罗斯名声不好"，"例如议会制民主，我们的吉尔吉斯斯坦朋友已经走了这条路，但我可以告诉你，对俄罗斯而言，与对吉尔吉斯斯坦一样，这恐怕会是一场灾难"。的确，如有不测，中亚其他国家也有可能陷入同吉尔吉斯斯坦那样的无政府状态，那时的中亚地区就可能一片大乱。总之，吉尔吉斯斯坦目前的局面，对中亚各国有着不祥的示范效应。

第五节 中亚地区与中国的贸易畅通现状

2013年9月，习近平总书记访问中亚国家时提出建设"丝绸之路经济带"的战略主张，强调相关各国要打造互利共赢的"利益共同体"。中亚五国处于亚欧大陆的结合部，既是中亚经济带的核心区，也是"丝绸之路经济带"的重要战略节点。共建"丝绸之路经济带"有助于中国西部大开发和中亚五国经济发展，深化中国与中亚地区的能源资源合作，并促进该区域和平稳定和繁荣发展。近年来，中亚国家经济增长较快，多数国家经济保持持续增长：2008—2015年，哈萨克斯坦、吉尔吉斯斯坦、塔吉克斯坦、土库曼斯坦、乌兹别克斯坦等中亚国家经济增长较快，经济增长率分别达到4.5%、4.9%、6.3%、9.9%、8%，远高于全世界2.1%的增长水平。从经济总量上看，哈萨克斯坦是最大的经济体，2015年度其GDP达到1834.02亿美元，在中亚五国中地位最高，超过其余四国的总和；土库曼斯坦、乌兹别克斯坦经济规模处于中间层次，2015年GDP处于511亿—677亿美元；吉尔吉斯斯坦、塔吉克斯坦经济规模较为接近，2015年GDP处于65.72亿—71亿美元，处于最低层次。同时，中亚五国资源丰富，包括铀、铜、铅、钨、金、银等资源，其中原油储量、石油和天然气可采储量都居于世界前列。近几年来，中国已成为中亚五国的重要经贸合作伙伴，通过密切合作中国对中亚五国的影响力愈加增大。

一 中亚五国与中国的贸易总量分析

自中亚五国独立以来，中国与中亚国家的经贸合作不断深入，尤其 2001 年上海合作组织成立以来，双边贸易联系日趋紧密，中国目前已成为中亚国家最主要的贸易伙伴和投资伙伴。如表 4 - 2 所示，从贸易总量方面来看，自 2000 年，双方进出口总额呈现大幅增长的趋势，虽然 2008 年受全球金融危机的影响，进出口贸易额出现了小幅回落，但总体增长的趋势未受影响，截至 2014 年，中国对中亚五国的进出口贸易总额从 2000 年的 108.36 亿美元增长到 2825.67 亿美元，增长了 25 倍。从进口和出口方面来看，2010 年之前，中国对中亚五国的出口大于进口，处于贸易顺差，然而 2011—2013 年，中国对中亚五国的进口显著增加，超过同期出口额，主要因为近几年中国从中亚五国进口的初级产品数量增多。从所占的份额来看，2000 年中国对中亚五国的进出口额所占中国当年进出口总额的 0.47%、0.3%，截至 2014 年这一份额达到 1.07%、0.8%，由于中国是进出口贸易大国，贸易额基数大，但中国与中亚五国所占总额的比例是增加的，说明双方在不断加强进出口贸易的合作。

表 4 - 2　　　　中国对中亚五国的进出口贸易状况　　　　单位：亿美元

年份	出口总额	进口总额	贸易总额	贸易差额
2000	43.69	64.68	108.36	-20.99
2001	33.27	66.54	99.81	-33.27
2002	50.20	86.50	136.69	-36.30
2003	103.73	129.23	232.96	-25.49
2004	164.27	195.67	359.93	-31.40
2005	277.28	231.94	509.22	45.34
2006	438.66	270.80	709.46	167.86
2007	693.37	442.61	1135.97	250.76
2008	1277.08	532.26	1809.35	744.82

续表

年份	出口总额	进口总额	贸易总额	贸易差额
2009	1038.32	394.63	1432.95	643.69
2010	985.14	840.85	1825.99	144.28
2011	1090.41	1311.72	2402.13	-221.31
2012	1248.30	1498.71	2747.01	-250.41
2013	1426.60	1759.32	3185.93	-332.72
2014	1428.89	1396.78	2825.67	32.12
2015	1089.61	1039.17	2128.77	50.44

资料来源：中国海关总署。

2015年中国进口中亚五国商品总金额累计1039.17亿美元，其中，哈萨克斯坦累计进口380.5亿美元，土库曼斯坦565.80亿美元，位居中亚进口金额前两位，占总进口金额的比重都约为91%。其他三国进口量相对较小。

出口方面，2015年出口到中亚五国商品总金额累计1089.61亿美元，其中，哈萨克斯坦最多为538亿美元，占总金额的49.4%，排名第二、第三位的分别为吉尔吉斯斯坦和乌兹别克斯坦。

比较贸易差额，中国和中亚五国在不同年份表现差异很大，大部分年份，中国表现为贸易逆差，且逆差额在2011年、2012年和2013年有所放大；而有些年份中国属于贸易顺差，比如在2008年，中国贸易顺差累计达到744.82亿美元，中国向中亚出口完全没有受到2008年金融危机的影响，说明中国与中亚五国相互贸易方面具有较强的产品差异度，竞争优势不断变换。

从2000年至2015年，中国与中亚五国贸易总额增长速度非常快，尤其是2008年金融危机后，除了2015年有所放缓外，中国与中亚五国的贸易发展非但没有受到剧烈影响，反而快速扩张，这说明中国与中亚五国的贸易发展潜力巨大，有进一步融合的趋势和动力。

二 中亚五国与中国的贸易结构分析

2014年，中国进口哈萨克斯坦前十的商品合计金额为96.25亿美元，占总进口额的99.15%。进口商品主要以矿物和矿物制品为主，进口额最大的是矿物燃料、矿物油及其蒸馏产品；沥青物质类，45.74亿美元，占总进口金额的47.52%；其次是无机化学品；贵金属、稀土金属、放射性元素类，进口金额16.57亿美元，占总金额的17.2%。出口方面，中国出口哈萨克斯坦前十商品金额为99.74亿美元，主要为纺织、服装及日用品和机电产品，化工产品类，占总出口商品金额的78.47%。出口额最大的商品类别为鞋靴、护腿和类似品及其零件，金额为22.33亿美元，占总金额的17.57%。第二大商品类别为核反应堆、锅炉、机器、机械器具及零件，出口金额为17.19亿美元，占总金额的13.52%。土库曼斯坦和中国地理位置不接壤，与土库曼斯坦的贸易主要以进口为主，出口量较小，为中亚五国出口量最小的国家。进口方面，主要进口土库曼斯坦的矿物和矿物制品，2014年进口矿物燃料、矿物油及其蒸馏产品、沥青物质类，94.41亿美元，占总进口金额的99.21%；出口方面，第一类是核反应堆、锅炉、机器、机械器具及零件；第二类是钢铁制品，量都较小，发展空间较大。吉尔吉斯斯坦与我国新疆接壤，出口贸易相对活跃，进口相对较弱。出口以纺织、服装及日用品和机电产品为主，金额最大类别为针织或钩编的服装及衣着附件，为14.7亿美元，占28.04%；进口方面相对较弱。其他两国目前和中国进出口贸易均较弱，有较大的发展空间。

从出口相似度来看，中国和中亚五国在世界市场上的出口产品结构相似度较低，竞争程度较缓和，双方的商品贸易存在更大的互补性；从贸易结合度来看，双方贸易联系都非常紧密并有进一步加强合作的趋势；从产业内贸易、边际产业内贸易、水平和垂直型产业内贸易来看，中国与中亚五国初级产品的产业内贸易较低，产业间贸易占优势，但工业制成品存在产业内贸易。总体来看，双方以垂直型产业内贸易为主，而水平型产业内贸易发展水平较低；从显示性比较优势来看，中国传统的劳动密集型产品优势仍然存在，同时随着国内产业结构优化升级，工业制成品优势也日愈凸显，而中亚五国以原材料、矿产品、能源产品为代表的初级产品竞争力显著，双方呈现出极强的贸易互补性特征。

在"一带一路"的建议进程中,在国内外互助友好的意愿下,促进政策的支持下,中国和中亚五国的贸易都将得到长足发展。"一带一路"多赢政策,既是中国的福音,也是中亚五国经济得到快速发展的"顺风车"。

第五章 南亚地区文化特征及其与中国贸易畅通现状

第一节 南亚地区的文化特征

南亚文化以印度吠陀文化为基础，其典型的文化特征表现为多民族、多语言、多宗教。同时因为南亚的各国基本上是在英治印度的基础上独立出来的，因此，大部分国家承袭了印度的文化传统。因此，印度文化对南亚文明的形成影响极为深远。

印度的主体民族和主流文化都是外来的，不是发源于印度本土。雅利安人在公元前20世纪中叶从西北面开始入侵，逐步占领印度次大陆的北部和中部，称为"雅利安区"。次大陆的南部一直是原住民达罗毗荼人的国土。雅利安人带来口诵的《吠陀经》；前7世纪形成婆罗门教；从西亚阿拉马文脱胎出印度的婆罗米文，后来发展成为5个语系30多种语言的60多种文字。

佛教在东汉传来中国的时候，印度文化达到了接近西欧文艺复兴前叶的科技水平。印度有因明学（逻辑学）："因"（推理），"明"（知识）；通过"宗"（论题）、"因"（理由）、"喻"（例证），进行论辩和推理，包含逻辑学和认识论（直觉知识、推理知识）。印度有轮回说：众生在"六道"（天、人、阿修罗、地狱、饿鬼、畜生）之中，生死循环，如车轮回旋；人做坏事来生变狗，狗做好事来生变人。轮回说打破生物一成不变说，开辟了生物变异和进化的思路。

印度的宗教活动十分活跃。婆罗门教产生佛教和耆那教，后来又演变为印度教。佛教传到中国、越南、朝鲜和日本；印度字母传到印度的北方、南方和东南亚。外来民族一浪接着一浪地入侵印度。雅利安人成为印度主人之后，伊斯兰教大举进入，德里苏丹统治 320 年，莫卧儿帝国统治 332 年，后来英国又统治 349 年。

第二次世界大战后，英国退出，印度独立（1947），分裂出巴基斯坦和孟加拉国。印度跟巴基斯坦：宗教不同，语言相近，文字不同（印地文用印度式字母，乌尔都文用阿拉伯字母）。印度跟孟加拉国：宗教不同，语言相近，文字相近（都用印度式字母）。

多民族、多语言、多文字、多宗教，是印度的特色。印度喜欢言语异声、文字异形，独立后规定 1 种国语印地语、2 种通用语文、11 种"邦用"语文（后来又加 4 种），还有法律不承认的全国纽带语言英语。一张钞票上印 15 种文字。印度有强烈的宗教排异情绪，不断发生宗教暴乱。印度的主体民族印地族只占全国人口的 1/3。印度传统，人民分成几个"种姓"（阶级）：婆罗门（僧侣）、刹帝利（武士）、吠舍（农工）、首陀罗（奴隶），还有最下贱的贱民：身份世袭，隔离压迫，独立后禁止，但是积习难除。1997 年，一位贱民纳拉亚南当选总统，说明印度尽力破除传统弊政。一国三分之后，印度文化仍旧保持着传统的影响。现在，印度以外用印度式字母的还有不少国家，如尼泊尔、不丹、孟加拉国、缅甸、泰国、柬埔寨、老挝、斯里兰卡等。

第二节　区域人口及宗教构成分析

一　南亚人口及民族分析

截至 2014 年，南亚地区约有 24.56 亿人口，是世界上人口稠密的地区之一。其中印度是人口第二大国，已经超过 12 亿人，占世界总人口的 17.5%，同时印度人口不断持续增长，劳动力不断扩大，人口相对年轻。

南亚裔族群是一个由两千多个不同种族构成的多元族群。南亚裔人口的组成主要有来自以下地区的人口：巴基斯坦、印度、马尔代夫、尼泊尔、不丹、孟加拉国、斯里兰卡。这两千多个种族包括有小至数十人的部落，又或多至上亿人的庞大族裔。这很可能与这历史上多次受到邻近的外族入侵有关。这个地区上最早的民族都属于达罗毗荼人，之后受到雅利安人和伊朗人的入侵，并与当地的土著民族混合成为多个新的混血族群，继承了各自的传统及信仰。

南亚地区包括印度民族及其周边各国的民族，南亚地区民族主要有从中亚迁入的雅利安各民族、当地原住民达罗毗荼语系各民族以及从东南亚迁入的汉藏语系各民族和南亚语系各民族，由于语言分化，民族相当复杂，主要民族有：

（一）使用印欧语系语言的民族

（1）印地族（Hindi）；（2）乌尔都族（Urdu）；（3）马拉他族（Mahratta）；（4）孟加拉国族（Bengali）；（5）古吉拉特族（Gujarati）；（6）旁遮普族（Panjabi）；（7）拉贾斯坦族（Rajasthani）；（8）奥里亚族（Oriya）；（9）比哈尔族（Bihari）；（10）阿萨姆族（Assamese）；（11）克什米尔族（Kashmiri）；（12）信德族（Sindhi）；（13）廓尔喀族（Gurkha）；（14）僧伽罗族（Sinhala）；（15）马尔代夫族（Maldive）；（16）普什图族（Pashto）；（17）俾路支族（Baluchi）；（18）吉普赛族（Gypsy）。

（二）使用达罗毗荼语系（David）语言的民族

（1）泰卢固族（Telugu）；（2）泰米尔族（Tamil）；（3）坎拿达族（Kannada）；（4）马拉亚兰族（Malayalam）；（5）图卢族（Tulu）；（6）贡迪族（Gondi）。

（三）使用汉藏语系语言的民族

（1）菩提亚族（Bhutan）；（2）雷布查族（Lepcha，又称锡金族）；（3）喇户里族。

二 南亚宗教分析

南亚是印度教、佛教、耆那教、锡克教的发源地。印度居民多数信奉印度教；巴基斯坦、孟加拉国居民多信奉伊斯兰教；斯里兰卡居民多信奉佛教。

南亚的主要宗教有印度教、佛教、耆那教、锡克教、巴哈依教、琐罗亚斯德教、基督教、天主教、正教和原始的精灵崇拜等。1990年的统计，目前世界上印度教徒约有7.5亿人，约占世界总人口的13.3%，分布在94个国家和地区，占印度人口的82.6%，占斯里兰卡人口的16%，占尼泊尔人口的89.5%；佛教徒在世界上约有3.3亿人，约占世界总人口的6%，散布在92个国家和地区，占印度人口的0.7%，占斯里兰卡人口的0.9%，占尼泊尔人口的5.7%；目前全世界有穆斯林9.5亿人，约占世界总人口的17%，分布在104个国家和地区，约占巴基斯坦人口的79%，印度人口的11.4%，孟加拉国人口的86.7%，斯里兰卡人口的7.6%；耆那教徒在全世界有370万人，约占世界总人口的0.1%，分布在10个国家和地区，占印度人口的0.5%；锡克教徒在全世界有2000万人，约占世界人口的0.4%，散布在21个国家和地区，占印度人口的2%；基督教徒在全世界有17.5亿人，占世界总人口的33.7%，分布在223个国家和地区，占印度人口的3.9%，占斯里兰卡人口的8.3%，占巴基斯坦人口的0.3%。

从以上宗教分布的情况可以看出：南亚的传统宗教印度教、佛教和伊斯兰教仍然占有主导地位。地区宗教如锡克教、巴哈依等虽然在南亚不占主要地位，但在世界上却有着广泛的影响，西方的宗教如天主教、新教、正教等虽然在次大陆有着长期传播的历史，但是一直处于微弱地位，只在城市少数知识分子中间和原始部族之间有着影响。此外，在次大陆的边远地区还保存着大量的、繁杂的原始宗教或精灵崇拜，这些信徒的数量没有完整的统计，估计约占印度总人口的0.4%。

（一）传统宗教的复兴

自第二次世界大战后特别是20世纪80年代以来，南亚次大陆的传统宗教和地区宗教如印度教、佛教、伊斯兰教、锡克教、耆那教等都掀起了复兴的热潮，这些复兴不仅表现在教徒绝对数上，还表现在相对教专业人才上。宗教学校由1976所发展到3427所，学生从375250名发展到638926名，到1988年清真寺已达到131600所，另外，还正在扩建4000座附属于寺院的宗教图书馆。

印度是佛教的发源地，但佛教在13世纪初就已衰退。印度现有的新佛教是在1891年由斯里兰卡僧人达摩波罗推动下逐渐复苏的。1956年在纪念佛陀涅槃2500周年之际，印度宪法起草人、贱民运动领袖安培克等发起了贱民集体改信佛教运动，参加这次改宗的贱民据说有50万人。1951年印度只有佛教徒18万人，1958年增至325万人，至20世纪90年代约有4719900人，其发展速度是惊人的。

尼泊尔在近代也掀起了佛教的复兴和改革运动。目前全国有寺庙2700余所。1986年世界佛教联谊会在加德满都召开了第15次大会。联合国教科文组织正在致力于佛陀诞生地兰毗尼的重建工作。

锡克教的近代复兴运动始于1873年建立起来的辛克大会运动，其目的是要抑制印度教与基督教在锡克教徒中的改宗活动，嗣后，锡克教徒建立了自己的政党——阿伽利党，这个党一直在为争取建立独立的自治邦而斗争。

(二) 教派冲突日益激烈，诉诸武装斗争

第二次世界大战后在世界范围内所爆发的以民族和宗教为诱因的20多次地区冲突中，南亚一直是热点，其中规模最大、持续最长的是印巴在克什米尔地区的武装冲突，这个冲突后来发展到二次规模巨大的正规战争；其次是斯里兰卡信仰佛教的僧伽罗人与信仰印度教的泰米尔人的武装冲突，这个战斗愈演愈烈，一发不可收拾；最后是阿富汗内部之间各派的武装斗争，这场斗争旷日持久，把印度和巴基斯坦都卷了进去。

南亚教派纠纷大致可以分为三类：第一类是不同宗教之间的冲突，如印度教与伊斯兰教的冲突，印度教与锡克教、佛教的冲突等；第二类是某个宗教内部不同派别之间的冲突，如逊尼派和什叶派之间的冲突，逊尼派和阿赫美地亚派之间的冲突，印度教中正统派与改良派之间的冲突，佛教大小乘之间的矛盾与冲突，佛教的显教与密教之间的冲突等；第三类是原教旨主义与改良主义、世俗主义之间的冲突，外来的宗教与本地宗教之间的冲突，东方宗教与西方科学、理性主义思想的冲突等。

从穆斯林以剑与火征服南亚次大陆之时起，印度教徒与穆斯林就开始了斗争，这种斗争一直没有中断，在英国统治印度的长期过程中，殖民当局采取"分而治之"的政策，因而加深了这两个派别之间的隔阂，最终导致1947年的印巴分治。分治前夕，南亚次大陆发生了大规模的互相残杀，造成了50余万人的死亡和数百万人的流离失所；连竭力主张印回联合的甘地也惨遭印度教内部右派分子杀害。印巴分别建国后，大约有15年的时间没有发生大规模的冲突，从1964年尼赫鲁逝世到1976年，印度教徒和穆斯林的冲突开始呈上升趋势。1969年在努尔克拉持续15天的冲突中有2000人被杀。1965年印巴战争使两者处于剑拔弩张的状态。据印度内政部统计，印巴冲突从1968年至1969年共发生865次，从1970年至1971年共发生842次。从20世纪80年代到90年代，教派斗争愈演愈烈，武装冲突成了主要斗争形式。从1988年起，印度教的极端分子在世界印度教大会、国民志愿服务团和印度人民党的鼓动下，一再发起有数十万印度教徒参加的"寺庙之争"，狂热的印度教徒拆毁了北方邦阿约提亚（阿逾陀）的巴布里清真寺，并在原地上重建4世纪时被毁的印度教大神罗摩庙。这场冲突使数千人丧生，并在国际上引起了巨大的反响。此后，印度教徒和穆斯林又在孟买等地挑起血腥的仇杀，余波迄今尚未彻底平息。

印度教徒和锡克教徒、佛教徒的冲突由来已久，近年来日益激化。20世纪80年代以来，锡克教的激进派一直在为建立独立的"伽利斯坦"而斗争。1984年他们发动了"不合作运动"，遭到印度军队执行所谓"蓝色计划"的镇压，印军攻入锡克教的圣地和行政中心金庙，打死锡克教徒300余人，金庙遭到破坏。这次行动伤害了锡克教徒的宗教感情，加深了隔阂。同年10月30日印度总理英·甘地被她的锡克教徒卫兵杀害，此后在锡克教徒集中居住的地区又爆发了多次流血事件，在德里一地就有数千名锡克教徒被杀害，大量的商店、房屋被焚毁。

佛教是在反对婆罗门教的三大纲领（种姓分立、祭祀万能、婆罗门至上）中创立的。在印度历史过程中一直与印度教处于若即若离的状态。佛教 13 世纪衰亡后，很多寺庙为印度教所占据，有的还被改成了印度教寺庙。佛教徒在近代觉醒后一直在为归还自己的寺产而斗争。这些斗争在近年来有了重要的发展。例如，1992 年 5 月佛陀成道日，全印少数民族协会和马哈拉施特拉邦佛教协会曾联合发起"夺回圣寺运动"，数千名佛教徒冲入菩提伽耶被印度教徒占领的大圣寺内，砸坏印度神像，殴打印度教僧侣，并与警方发生严重的冲突。嗣后，佛教徒又在菩提伽耶、德里等地发动了多次静坐示威活动。

近年来，在印度边远的少数民族地区，基督教徒和印度教徒为了争夺信徒也时有冲突。南亚宗教冲突频繁出现，除了各种宗教自身的原因外，还有着深刻的社会经济原因和历史根源。宗教的原因一般是：在不同宗教、不同地区中有着不同崇拜的对象，各种教义分歧，仪式迥异，而且教徒本身还有着种姓、职业、家庭、生活方式等不同的背景。例如印度教徒和穆斯林对待牛的态度不同，因此常常发生龃龉。南亚的宗教纠纷都是由特定的社会力量所支持和驱动的，这些特定的社会力量出于自己的目的，一方面对广大教徒进行欺骗和压迫；另一方面又策动与其他宗教的纠纷，因此只有消除宗教纠纷的社会经济原因，才能彻底解决这些纠纷。

（三）宗教日益世俗化与政治结下了不解之缘

在当前南亚社会中，宗教作为一种意识形态和有组织的活动，呈现出十分矛盾的现象：一方面，宗教的神秘主义、唯心主义仍然弥漫在社会生活的各个角落，宗教神权继续以神奇的力量向人们展示着自己的威力；另一方面，在现代科学技术推动下，南亚社会正以快速的步伐，适应现代政治和经济发展的需要，日益朝着世俗化的方向发展，从而极大地影响着信仰群众。南亚宗教的世俗化首先表现在与政治结下了不解之缘。第二次世界大战后，南亚国家相继从殖民主义桎梏中挣脱出来，取得了独立，当时在穆斯林的意识形态中处于主导地位的是民族主义、世俗主义和社会主义。巴基斯坦的创立者真纳最早的构想是要把巴基斯坦建成一个在伊斯兰指导下的世俗共和国，但 1956 年巴基斯坦制宪会议正式改巴基斯坦为伊斯兰共和国，从此确立了伊斯兰作为国家政策的指导原则，要求国家法律与伊斯兰教的原则精神相适应，1977年齐亚·哈克执政后更进一步推行伊斯兰化。孟加拉国独立后，由人民联盟执政，它主张民族主义、社会主义、民主、世俗主义四项原则，实行政教分离、排斥宗教势力的世俗主义政策，但1975年发生政变由齐亚·拉赫曼执政后，改国体为伊斯兰共和国，摒弃了世俗主义和社会主义的政策，1988年正式确认伊斯兰为国教。马尔代夫1966年赢得独立后，宪法明文规定伊斯兰为国教，实行伊斯兰教法，公开宣称："法律不允许一个非穆斯林成为一名马尔代夫公民。"

在巴基斯坦、孟加拉国，所有的政党几乎都与伊斯兰有关。有些政党、教派不是以宣教而是以参政、议政为主。例如，巴基斯坦参加1997年2月全国和省议会选举的14个主要政党——巴基斯坦穆斯林联盟、巴基斯坦人民党、移民民族运动（1947年印巴分治时迁入巴基斯坦的穆斯林为主的政党）、伊斯兰党、伊斯兰贤哲会、巴基斯坦贤哲会、巴基斯坦加德里运动（什叶派激进派的政治组织）、巴基斯坦圣贤军等几乎都以伊斯兰为自己的旗帜。

在印度教复兴中，印度在中央和地方涌现出了一批直接以宗教为旗帜的政党和社会政治团体。有的政党虽则标榜世俗主义，如国大党等，但与印度教势力仍然有着千丝万缕的联系，有的地方性的政党和团体基本上是一个同种姓的集团。1980年建立起来的人民党公开号召恢复"罗摩盛世"，宣称："在印度文化和传统的基础之上把印度建成一个政治、社会和经济民主的国家"，它的基本原则是"一个国家、一个民族、一种文化和法治"，该党利用阿约提亚"寺庙之争"，印度教徒与穆斯林对立的情绪，散布教派主义舆论，扩大自己的力量，在议会中占有众多议席，成为仅次于国大党的第二势力。

印度教的教团近年来一般都从事广泛的社会活动和文化教育活动。例如梵社一直在为提高妇女地位、摆脱种姓藩篱而进行斗争。罗摩克利希那教会长期在群众中从事扶贫救济和文化教育活动，这个教会在国内外有很多分支，办有90余所大专院校、研究所、出版机构和医院等，在国内外有良好的声誉和广泛的影响。

佛教素以出世的宗教闻名。印度的佛教战后在政治上表现十分活跃,积极参与地方选举和公众事务,随着教徒的日益增多和政治觉悟的提高,他们在1957年建立了自己的政党——共和党,建党宗旨是改善佛教徒的贱民地位,争取平等的权利,他们在马哈拉施特拉邦议会中拥有多名议员,是该邦最主要的反对党之一。此后,在共和党中又分裂出了另一个组织围豹党,该党主张"全面革命",要以暴力推翻现政权,1974年遭镇压,影响逐渐减小。此外,佛教徒在印度创办了很多福利事业,建立了自己的国际佛教组织,与国际佛教界有广泛的联系。他们关注国际和平、社会改革、妇女平等和公共环境等问题,努力"迈向人间净土"。

(四)普世化与本色化

简单地说,宗教普世化即国际化,本色化即民族化。这两个范畴在世界上很多地区是对立的,但在南亚地区则是相辅相成的。印度教徒在20世纪随着英国殖民主义在亚非地区的扩张、远洋经商等原因移居世界各地,至20世纪60—70年代达到高潮。根据1996年测算,全世界有印度教徒793075000人,约占世界总人口的13%,分布在世界上94个国家和地区。佛教徒有326056000人,占世界人口的6%,分布在92个国家和地区,耆那教徒和锡克教徒也分散到世界很多地区,后者在印度以外的人数约占其教徒总数的8%。随着以上这些教徒的迁移,东方宗教的信仰、哲学、道德伦理、瑜伽修持等都传播到了世界各地,在当地产生重要影响。印度教、佛教不但为迁居国外的南亚侨民所信仰,而且越来越多地为侨居国当地的居民所信仰,这几年白种人和黑种人教徒的数字一直在直线上升,印度教徒在数量上已升至世界第3位,佛教徒为第4位。印度教和佛教已成为普世的宗教。

目前南亚几个传统宗教都有国际组织或分支。印度教有世界印度教大会、国际黑天意识协会、超觉禅定派、国际雅利安联盟、罗摩克里希那协会、吠檀多中心等;佛教有世界佛教徒联谊会、摩诃菩提会、世界僧伽大会、世界佛教华僧大会、欧洲佛教联盟等;在伊斯兰教中,南亚国家参加的泛伊斯兰组织有世界穆斯林大会(第三、第四、第十届大会在巴基斯坦召开)、世界伊斯兰联盟、伊斯兰会议组织（第二届大会在巴基斯坦召开）；耆那教有耆那教协会、英国耆那教兄弟会；锡克教有锡克教协会等。以上这些组织在传播南亚宗教，使之日益全球化的过程中起到重要的组织和宣传作用。

  在英国统治印度的二百多年中，印度教中的一批先进分子在基督教和西方科学文化的熏陶和影响下于20世纪掀起了一场声势浩大的宗教改革和社会革新运动，建立了梵社、圣社和罗摩克里希那教会等，这些组织迄今还存在并发生着作用。印度教的改革者们大力批判了印度教中的偶像崇拜、动物崇拜和种种社会陋习，如种姓分离、宗教对立、寡妇殉葬、童婚等，并且以西方理性主义、人道主义和平等、自由的精神对印度教进行了改造。在宗教上，他们用一神论代替传统的多神论，以崇拜理性的实体代替人格性的实体（神），用内心的崇拜省却烦琐的祭祀仪式，有的还仿效基督教实行集体礼拜制度等。印度梵社的创始人、著名的宗教改革家凯沙布·钱陀罗·孙宣称："广大的宇宙是神的庙宇，智慧是巡礼的净土，真理是永久的圣典，信仰是一切宗教的根底，仁爱是真正的精神文明，破私是真正的苦行"，为此，他们还主张宗教要为穷苦的人民服务，宗教之间要和睦亲善等。

  对于西方宗教基督教传入南亚地区的年代众说纷纭。一般认为，约在公元4世纪，印度次大陆已出现了基督教堂，在葡萄牙、英国等西方殖民主义者相继侵入后，天主教、新教又以新的姿态在南亚地区传播，但影响一直不是很大。西方基督教会为了在次大陆扎下根来，力图把基督教信仰和印度文化传统结合起来。为此，他们杜撰了《基督教往世书》、《基督教吠陀》，宣传基督教的神话，但这些均未奏效。第二次世界大战后，随着英国殖民主义当局退出印度，基督教的本色运动或民族化运动蓬勃发展起来，不少印度传教士力图使基督教植根于印度传统文化土壤之中，强调基督教和印度教有着很多共同的方面，有的用印度哲学来阐述基督教的教义，有的要求摒弃不符合印度传统的仪式和习俗。如印度特里维尼地方的基督徒对基督教的仪式进行了改革，公开废除婴儿受洗礼的仪式。当然也有不少人反对把基督教印度化或者使印度的基督教纯然西方化。

(五) 东方宗教与西方思想的融合

随着当代东西方交通、经济的频繁接触，信息的高速传递，东西方文化的交流、融合已蔚为当今时代总的趋势。在东亚文化交流中，宗教、哲学思想的融合是一个重要的组成部分，而南亚宗教在这个方面尤显突出。南亚传统的宗教哲学在传入西方后对西方的宗教、哲学、科学、文艺、医学、体育等方面都产生过重要影响。印度教、佛教的信仰、人生哲学、价值观、伦理道德观、思维方式和瑜伽术等几乎都被逐渐融入西方社会生活之中。印度的宗教哲学思想在古代就已传入西方，印度最古老的宗教哲学文献《奥义书》在 1801—1802 年被译成拉丁文，其中一些哲学思想远在古代就通过新柏拉图派创始人普罗提诺（公元 204—274 年）、奥古斯丁（公元 354—430 年）传入西方，影响了当时的基督教。印度佛教大概在基督教诞生以前就传入巴勒斯坦和希腊本土，基督教中的轮回、隐遁、灵智等思想无疑受到过佛教的影响。基督教的不少仪式直接来自东方宗教。因此，黑格尔说："欧洲人的宗教属于超越部分，来自一个很远的渊源，从东方特别是叙利亚；但是属于此地的目前的科学与艺术凡使一切生活满足，使生活优美的我们皆直接、间接得自希腊"。叔本华也说："所有基督教中真实的东西，均可断定为和婆罗门教、佛教一样，这好似从遥远的热带原野所吹来的花香，在新约全书中，竟可以看出印度圣贤的痕迹"。1896 年印度著名的宗教改革家辨喜在美国芝加哥召开的世界宗教大会上发表了关于东方宗教的演讲，从此引起西方宗教界和学术界对东方宗教、哲学的重视。印度教和佛教的哲理对近现代西方的基督教、新兴宗教和某些哲学、科学派别和人物都有过直接的影响。例如，早期生物进化论者拉马克、达尔文，唯意志论者叔本华，实用主义者杜威，现象学派的雅斯贝尔斯，人格主义者布美特曼等，都乞灵和求助于印度的宗教和哲学。雅斯贝尔斯在论证他的哲学本体"无所不包者"时曾借鉴印度教"梵我同一"的理论。他写道："对我成为对象的万物，我觉得是从'无所不包者'而来的，而我作为主体也是从那个'无所不包者'而来的。对象对我来说是一个确定的存在……因此'无所不包者'是仅仅在客观现实与视野中宣示自己的那个东西，但它从来不能成为对象和视野"。他对"无所不知者"的描述，和印度教中对最高实体梵我的描述是同样的。布莱特曼认为，印度毗湿奴派的理论家罗摩奴阁是人格主义历史经验的"显著"例子。现代量子波理论物理学的奠基人薛定谔在解释量子理论时也求助于印度教吠檀多不二论。他在阐述作为物质基本结构的量子与无垠宇宙的关系时说："我们所感知的多样性仅仅是一种表面现象，它们并非实在"。"吠檀多哲学用水晶石来比喻这一原理：看上去似乎有千百个小图像，实际上只是反映出同一物"。

目前值得注意的是，基督教的某些派别已直接把印度瑜伽融合到他们的修持体系中。佛教的禅宗正在和西方心理学说相汇合。1980年在美国兴起的印度教改良派拉杰希尼教团的思想家们以吠檀多"梵我同一"的理论为基础，力图融汇强调个性解放的弗洛伊德主义和存在主义等西方现代思想，另外，印度甘地的"非暴力主义"和"坚持真理"也常常被美国黑人民权运动用作反对种族主义的政治武器。

南亚宗教在西方的兴起和盛行，东西方宗教、哲学思想的相互融汇，有着深刻的社会和历史原因。自20世纪下半叶以来，西方科学技术突飞猛进，物质生产力的提高带来了社会的空前繁荣，但是物质生活的提高，却使人们精神上滋生了困惑。在资本主义市场经济激烈的竞争下，有人为了追求无限的利润，竟然丧失了理智和道德，社会在一定程度上陷入了病态；另外有一些人在东西方"冷战"结束后，感到社会矛盾重重，危机四伏，因而对固有的信仰——民族主义、社会改良主义和社会主义等——都失去了信心。也有人认为，科学虽然日益昌明，但未能解决一切问题，特别是社会贫困和苦难的问题。随着科学的昌盛，人的理性逐渐占了上风，但理性以外的非理性世界仍然是一个谜，有待探索。与此同时，人们对基督教和西方文化的种种没落现象也感到失望，因之憧憬东方古老的文明，力图从东方宗教哲学思想中寻求精神上的支撑和慰藉。他们认为东方宗教强调人的内在精神的自我解脱，可以启迪人的直觉智慧，抑制人的各种世俗欲望，亲证人与神、人与自然和人与社会的和谐统一，从而达到"普遍之爱"理想社会的实现。

第三节 南亚传统文明与西方式政治制度的融合

南亚传统文明以印度文化圈（又称南亚文化圈、梵文文化圈）为主要标志，主要指自古以来在文化、语言、政治、宗教等方面受印度影响的国家和地区。主要位于南亚次大陆、东南亚及附近地区。其中印度的文化传承、特点与演变最具代表性，进入工业文明时期，其与西方式政治制度的交融，也给该地区的发展带来了其他亚洲地区所没有的文化和政治特色。印度这个有几千年文化传统的国家几乎在没有什么排斥的情况下全盘接受了这种新的政治制度，表现出印度文化传统的特点与近代西方式的政治制度之间存在一定的"亲和性"。

一 印度的文化传统具有复合、多元和分散的性质

（一）政治层面

长期的分裂、中央政府对地方力量控制能力的相对弱小，与现代西方政治制度体现的"权力分散"原则相吻合。印度历史上长期缺乏统一，大部分时间处于分裂状态。一个时期内常常有多个权力中心存在。印度历史上除了孔雀王朝、岌多王朝和莫卧儿王朝出现了试图统一全印度的努力外，大都是诸王国为"生存"而竞争。即便是在统一时期，也没有一个王朝的版图囊括整个印度。温德亚山以南的地方一直保持着相对的独立。印度历史上的大部分王朝不仅是短命的，而且就每个王朝的政治控制能力来看也远不能与中国的王朝比。类似中国的"郡县制"的建立是很晚（13—14世纪）的事，并且一直没有发展到中国那样的完备程度。这就影响了王朝对社会的控制力。即便是在一个权力统治之下的统一时期，王权对社会的影响也是较弱的。以与中国的秦王朝大体同一时代的孔雀王朝为例，帝国对地方上的统治在很大程度上只是象征性的，因为帝国当时并没有发行统一的货币，也没有像秦王朝那样采取"车同轨、书同文"的统一措施。真正的权力重心仍在地方王公。其他几个较大的王朝，也都没有实行像中国那

样的彻底的中央集权制，皇帝只不过是个"众王之首"罢了。政治上的分裂以及国家政权对社会相对弱小的控制能力，常常使印度出现"政治权力真空"。这使外来民族较容易地建立统治成为可能。由于没有足够的力量抵抗外来民族的挑战，历史上异民族像走马灯一样征服并统治印度。当西方殖民主义者来到印度的时候，遇到的就是这样一个四分五裂、政治上患"虚脱症"的对手。英国人采取各个击破的策略征服了印度。另外，长期分裂和异民族的一次次征服，又钝化了人们的国家意识，从民族心理上说，印度人对于受哪个民族的统治远没有中国人那样敏感。这就使英国人在印度推行其政治制度时受到较小的抵抗。西方式的政治制度是建立在地方政权有较大权力和自治的基础上，英国人的统治并没有触动几百个土邦（约占印度国土的2/3，人口的1/3），即便是英国人直接统治的"英属印度"，也不是"一杆子捅到底"的统治方法，省（管区）、县地方政府仍有较大的自治。而对于社会生活，英国人采取的是行政与社会分离的原则，只要无碍殖民统治和殖民掠夺，没有太多地干预宗教、风俗和村落事务，至少在其统治的早期是如此。从这一点上说，英国人的统治与古代异民族对印度的征服没有什么两样。这样，印度人对西方式的政治制度出现了一种顺应的趋势。当然，对西方式政治制度的顺应同对殖民统治的顺应不是一回事。英国人的殖民统治遭到印度人民的强烈反抗，高涨的民族独立运动不断打击并最终结束了英国的殖民统治。但除了少数提倡复古倒退者（如圣雄甘地）外，反对的只是"英国的统治"，而不是英国人确立的西方式政治制度本身。英国人被赶走了，而西方式的政治制度却在印度扎下了根。

（二）社会制度层面

种姓制度制约着国家权力，由此形成的权力模式与现代西方政治制度体现的"利益分享"、"权力平衡"原则相接近。从社会制度上看，传统的印度社会与中国社会最大的不同点是，印度社会是一个等级森严的社会。它分割成许许多多的种姓集团。这是一个以婆罗门僧侣为顶端、以广大"不可接触者"为底层的等级体系，每个种姓又进一步分化为许多亚种姓。这些集团以相同的出身和世袭职业为基础，相互隔离，自我维持。不通婚，不来往。

种姓以不平等为基础。这当然与现代西方式政治制度体现的"平等"思想格格不入。但这一制度与现代西方式政治制度有某种亲和性。首先，种姓是一种利益集团，具有现代利益集团的某些潜质。种姓与中国的宗族集团都是以血缘资格为基础缔结的集团，但种姓与宗族的不同在于，前者有共同的职业、共同的宗教信仰。即它既基于血缘关系又超越血缘关系之上。共同的职业使种姓大体处在一个相同的经济地位上，有共同的利益追求。共同的宗教信仰使同一个种姓的人保持了共同的生活方式。因此，同中国的宗族集团相比，种姓是一个比较划一的集团，更接近现代西方社会的"阶级"。"种姓评议会"等组织为维护本种姓的经济利益，或为争取在种姓体制中更高的礼仪地位，常常动员本种姓成员同其他种姓作针锋相对的斗争，这一点同现代西方政治制度的重要因素——政党的作用有些相似。婆罗门僧侣主要从事圣职工作，但一些大婆罗门贵族也窥视政治权力，与王族阶级（按规定他们应属刹帝利种姓）发生矛盾。刹帝利种姓也分成许多亚种姓集团，这些集团为争取更多的政治权力和经济利益也总是争斗不已。这样，在世俗和僧侣势力、国家统治者内部各集团以及高种姓与低种姓之间，形成了一个相互争夺、相互牵制的体制。维护种姓次序、使社会不因过度的争斗而破坏，在印度一直被认为是国家最重要的职能。国家政府不能不在各利益集团之间"走钢丝"。与此相对照，中国的皇族阶层对国家政权是绝对垄断性的，缺乏像印度僧侣势力和世袭贵族集团的竞争和制约。在亲属集团和国家之间，也缺乏中间性的利益集团。我们知道，现代西方式的政治制度建立的一个基本前提是各利益集团的权力分配和利益平衡。例如，农场主与机器制造商发生了矛盾，工人和雇主发生了利害冲突，便由政府来调整（包括采取镇压措施）。从一定意义上说，政府是作为各利益集团之间的平衡器出现的。从这一点上看，毋宁说种姓社会的政治传统与近代西方式政治制度更接近，另外，种姓有很强的自律性和自我维持的能力，种姓有自己的法规，"种姓评议会"负责种姓的执法、司法、治安和行政事务，有审批婚姻、解决争端、对违反种姓法规者罚款乃至开除种姓、调节同一种姓中的职业竞争等权力。种姓评议会由种姓中的长者组成，具有较大的权威，他们做出的决定对种姓成员有很大的规范力。显然，它发挥着地方政府的作用，替代了政府的某些职能。由于这一特点，印度社会在"有政府"状态之下种姓内部事务不受什么干涉，在"无政府"状态之下也能照常运行。

（三）文化（狭义上的）层面

语言、宗教信仰、哲学流派的极其多样性，与现代西方政治制度体现的多元价值观、言论信仰自由原则相吻合。与政治上长期分裂、缺乏绝对专制主义传统相一致，印度在思想意识层面表现出极大的多样性。印度教本身就是一个十分庞杂的体系，在这个体系中，有数不清的派别，信奉数不清的神祇，有数不清的礼拜仪式，有完全不同甚至完全对立的教义。在印度教之外，更有许多宗教，说印度是"宗教博物馆"一点也不过分。各个宗教和哲学流派都有一定的信者群，都有悠久的历史，都没有吞掉其他流派的企图，所以也都没有被消灭的危险。孔雀王朝时代可以说是个例外。阿育王在统一印度的过程中，曾试图用佛教取代当时各地方的信仰。但即便这时，佛教也未能完全取代旧的信仰。印度文化上的无比多样性是一种常态，定于一尊的情况只是例外。文化上无比多样性既是政治上长期缺乏绝对专制制度造成的，又可解释为后者的基础，因为在一个像信仰、价值观和行为方式极其多样的社会里，成功的政治统治都必须以较宽容的政策为前提。这种情况下的权力形式很难想象是绝对专制主义的。

二　超自然中心主义的文化传统冲淡了独裁者的权力

超自然中心主义的文化传统冲淡了独裁者的权力，使印度缺乏拥戴绝对专制君主的文化思想基础，这同近代西方政治制度的"非权威化"特点相吻合。在传统的印度思想中，"至尊"、"至强"和"至富"从来就不是一回事。至尊者未必至强至富，至强者未必至富至尊。与中国社会生活的"泛政治化"特点不同，印度教文化传统具有高度精神化、宗教化的特点，追求宗教上的"解脱"是每个有教养的印度教徒的生活目标。这一目标的重要性，常常使对政治上的"功名"和经济上的"利禄"的追求降至次要地位。在实际生活中，具有至高无上地位的是婆罗门僧侣而非国王,婆罗门即便是一个乞丐(实际生活中这种情况非常之多),也会受到很高的礼遇。国王有很大的权力却未必有至尊的地位。"国王与婆罗门相比,后者为尊。在路上一个100岁的国王与一个婆罗门小孩相遇,国王应给婆罗门让路,因为大地属于婆罗门"。《摩奴法典》规定,"国王于黎明即起,应当向通晓三典和伦理知识的婆罗门教致敬,根据他们的教益立身行事"。有的国王的权力实际上非常有限,如有的法典规定国王的任务是遵照神的旨意保护婆罗门和牛。印度的佛教文化也没有给世俗统治者的国王什么地位,例如有时甚至走到极端的地步,如佛典中把国王与盗贼相提并论,说人民是很可怜的,白天遭国王官吏的掠夺,夜晚受盗贼偷窃,所以当有国王或盗贼来到举行宗教仪式的地方便应立即中止仪式。这在中国是完全不可想象的。由于国王地位不高,印度历史上主动放弃王位、过隐修生活者大有人在。释迦牟尼本人的参悟得道正是由于放弃王位,鄙弃世俗权力而告成。印度教传统中也有许多这样的例子。这就是说,在印度教文化传统中,"一国之君,皇帝只是凡人一个,没有什么了不起"。这与"皇权至上"、"朕即国家"、至尊的地位与最高的权力集于皇帝一身的中国形成对照。当不崇王权的佛教传入王权至上的中国时,沙门与皇帝孰为尊贵曾有一个旷日持久的争论,一些书生气十足的沙门振振有词地主张不应跪拜皇帝,这显然是权威十足的中国皇帝们不能接受的。南朝的皇帝宋孝武下令,对于不跪拜皇帝的和尚一律用鞭子抽脸,然后杀掉("鞭颜皱面而斩之")。从此再没有人敢提及此事,佛教只好乖乖地作了适合中国国情的改变。孟子曾说,"天无二日,人无二王",中国拥有绝对专制君主的文化传统,人们深信君主为至尊至强至富者。在我们的民间故事和传说中,皇帝通常神圣无比,并具有神的一些特点,如皇帝"金口玉言",具有超自然力量,而僧侣没有什么地位。但在印度,具有超自然能力的人通常不是国王而是婆罗门祭司、苦行者、星象家等,国王却没什么地位。在我们的文化传统中,我们趋向于接受这样一种观念:至尊者必至强,至强者必至尊,至尊至强至富是一个东西。印度文化传统中,这是几个完全不同的东西。也就是说,印度人在这方面的认识比中国人更丰富、更复杂。印度教文化传统中的这一思想非常重要。法国社会学家 Louis Dumont 在分析了印度种姓制度后,强调了这一思想对于现代人的启示,他指出,印度社会"差不多早在基督之前的 8 个世纪,传统便将权力作了绝对的区分,而这正是当代研究未能以自己的方法阐明的重要之点"。现代西方式的政治制度的一个重要特点,就是权力、地位和财富的相对分离。譬如,在美国,总统有很大的政治权力,但其受尊敬的程度未必赶得上一个知名科学家,富有程度未必赶得上一个商人和一个球星。西方人是到了近代以后才明白这个道理的,中国人至今还未完全明白,而印度人几千年前就明白了。印度教文化传统的这一遗产,使印度社会在接触近代西方式政治制度时有一种"似曾相识"的感觉。今日印度人对政治领袖的轻慢令人吃惊。既然君主与凡人无异,从理论上说便不再有决定一切的权威。皇权不是至高无上,评价和监督君主的决策过程便成为可能。

同中国的君主相比,印度的君主至少在两个方面受到更大的制约。第一,超自然力量的制约。在人人笃信宗教、追求解脱的文化氛围下,国王的行为也不得不受到更大的约束。《摩奴法典》告诫国君:"将恶德和死亡比较,恶德被认为是最可怕的东西;因为,多行恶德的人堕入地狱最深处;无恶德的人死后升入天界。"对神明的崇拜以及对死后能否解脱的担心,像一把悬在头上的利剑,制约着国君的政策制定、权力行使和日常行为;使他们无论在好的方面还是坏的方面都不至于走得太远。第二,受婆罗门顾问、大臣等辅佐者们的制约。在印度教神话传说里,甚至强大无比的神明也不是专制暴君,如传说中的诸神之王因陀罗(帝释天),下有 100 名圣仙组成的组织,这大约是一个类似美国社会的"总统顾问委员会"的智慧班子,负责向决策者提供各种信息、建议并帮助作决定。因陀罗神又称"千眼神",其实并非真的有 1000 只眼睛,而是指有 1000 个圣仙做耳目、助手。有的经典还对国王作决定的程序做了规定,例如,《政事论》中说,"王权依助力者而完成。一个车轮无法转动,所以,应该任命大臣,听听他们的意见"。国王"应该不轻视任何人,听取所有人的意见。贤者即便是对孩童之言,只要合理,也应采用"。《摩奴法典》明确规定,"应当经常和这些大臣们考究需要共同讨论的问题、和平与战争、国势、岁入、人身与国家安全,以及确保既得利益的方法"。国王必须尊敬婆罗门,听取他们的意见。这些规定是作为国王的行为规范写入法典的,因而具有法律上的约束力。中国人也把是否能"纳谏"、"举贤"当作评定皇帝好坏的一个标准,但缺乏法律上的保证。所以对中国皇帝来说,是否"纳谏"、"举贤"是一种选择,而在印度则是必需。这种决策上的"非权威化"无疑更接近现代西方式政治制度中决策的"民主化"原则。

第四节 南亚地区的民主文明

南亚地区是非常罕见地在自身有很久远的文化历史的背景下,全盘接受西方的政治体制的地区。正因如此,南亚地区的代表国家印度、巴基斯坦等在独立后,所发展起来的民主文明,是发展中国家的非常重要的代表。正因为其政治体制及法律构建与西方十分类似,同时因在英国殖民统治时期,语言上积累的优势,使该地区成为西方发达国家进行文化和经济入侵的最容易的缺口。而南亚因其连接欧洲和中东地区,该地区传统文明与西方自由政治体制杂交出来的南亚民主文明对中东等国家具有极强的示范和吸引力。

然而,在南亚,尤其是在印度开出民主文明之花的时候,我们又必须客观和冷静地去观察这种民主是否真正落实到每一位公民身上,是否是真实的民主,是否有推进印度社会经济的进步。通过分析,发现印度式的民主因其先天缺陷,而导致只有其表,没有其里。在南亚,尤其是印度,我们尚无法看到社会环境和人文素质的大幅度提高,是否存在民主水土不服,是我们当下需要考虑的问题。而在中国推进丝绸之路经济带建设的过程中,如何与这种特异的民主进行融合,将极度挑战中国投资者的决心和耐心。

一 印度的三个世界与不公平下的和谐

与其说印度是一个国家,不如说它是由三个不同的世界组成的社会。印度的第一个世界可以说是"西方的世界"。印度的星级宾馆、大学和政府机构是英语的社会，新德里的政府区和使馆区也俨然是一个中等发达国家的城市。从财政部、国会大厦到印度凯旋门一带的建筑相当气派，充分体现了西方建筑的雄伟、庄重和优雅。

印度的第二个世界是古老的世界。德里附近有很多莫卧儿王朝以及更早的王朝留下来的古迹，经过岁月的冲刷，充分显示出历史的沉重。穿行在马路上的年轻男女，表现出典型的雅利安人特征，棱角分明、鼻梁高耸、浓眉大眼，颇有古希腊雕塑般的风韵。

第三个世界是贫穷的世界。初踏印度土地，立刻会感到这还是一个非常落后的发展中国家。新德里国际机场的建筑水平顶多相当于中国一个中等城市的火车站，一出机场尘土飞扬，停车场上基本没有柏油路面，机场外面人山人海，有很多在寒风中瑟瑟发抖的流浪汉，只披着简单的布料以御寒。马路上的出租车大多数是印度产的 Bajaj 三轮车，还有自行车和牛穿行其间，道路相当拥挤。也许是经济发展水平还不算高的原因，新德里的堵车程度跟北京相比似乎还差很多。

印度有 30% 以上的文盲人口，贫困率也高达 30%，但印度的城市，至少是新德里，实际上非常安全，抢劫、偷窃以及其他暴力犯罪事件都非常少。在全球有统计的 62 个国家中，印度的犯罪率处于倒数第二，谋杀率也处于中位数，低于泰国、波兰与美国，和芬兰差不多。可见，一个社会的安定和谐与否并不完全取决于收入水平，也不完全取决于收入分配的公平程度。仔细想来，其中一个重要因素也许是民众的心态，这与印度几千年的宗教背景是密不可分的。印度教教义提倡忍耐，这对于印度社会的和谐是有帮助的。

二 没有自由的民主

印度以世界上最大的民主国家自居。但是在经济水平非常低的情况下，她的民主并没有带来自由，反而带来了更多约束。由于大部分人处于愚昧和贫穷状态之中，实际上印度的民主是由少数精英阶层和利益集团所左右的。

最近一个时期，印度各大报纸的头条新闻讲的是新德里和孟买两个机场的扩建工程受阻的消息。原来印度各界早就对这两个机场的破旧怨声载道，于是政府进行招标，希望扩建这两个机场。但在由谁来承包这个工程的问题上就争执不下了，因为各个政党和派别都有自己的关系户。为了达成一致，政府组成了一个工程技术小组对投标的各个公司展开技术鉴定。然而在此过程中，由于各党派争持不下，6个投标者纷纷落马，以至于没有一家能够进入下一轮投标，使这两个机场的扩建工程又大幅度推迟。

印度的电力部门也是一个典型的例子。各地政治家为了拉选票，拼命讨好农民，以至于很多地方用电的边际成本是零，或者说超额用电是免费的，农民在交纳一定的费用后，可以无限量地使用电力来进行浇灌。这产生了两个直接结果：第一就是发电厂和电网没有动力进行扩建，因为它们是连年亏损的。中国曾经有一家公司参加了印度一家电厂的扩建工程，结果铩羽而归，因为电费收不上来。第二是电力需大于供，产生紧缺，所以在印度停电是经常的事情。在我们会议召开的两天中，至少出现了10次断电现象。因此，印度的各个机构都自备发电机。

从这两个问题上可以看出，"民主"体制的运行，剥夺了旅客使用先进设施和一般居民在交费之后享受电力资源的自由，也剥夺了投资者按照正常投标程序获得工程和投资于印度电厂的自由，从而阻碍了印度经济进一步发展的自由。

低水平民主最为经典的例子，就是印度中央政府长期的财政赤字。这完全是政客们为了讨好选民博弈的均衡，其结果就是公务员工资的低下，诱发大规模的腐败。所以，印裔政治学家法瑞德·扎凯瑞尔（Fareed Zakaria）在其最近的畅销书中就提到，不恰当的民主是没有自由的民主（Illiberal Democracy）。他的主要论据就来自印度。

三 有限效力的法制

印度不仅标榜民主，而且以法制为骄傲。的确，印度的法律建制是比较健全的，从中央的最高法院到省级的高级法院再到各个地方法院，都沿袭了英国殖民时代的建制。但是印度的经济者们异口同声地表示，地方上发生纠纷时，一般不会轻易找法院，因为法官的腐败众所周知。印度法院系统的效率也是非常低下的。有人说，要处理完印度法律系统的积压案件需要350年的时间。

当然，印度的法制还是有一定效力的，最近德里市治理污染一案可以证明。印度的环保局由于没能在环境污染问题上和德里政府达成共识，便怂恿一位环保斗士以个人名义在印度最高法院上状告德里政府控制污染不力，侵犯了德里公民享有清洁空气的权利。在环保局暗中提供的大量数据支持下，此人奇迹般地胜诉了。德里政府不得不花费大量资金重新装配公共汽车和三轮出租车，同时建立了一个液化天然气的加油站网络。但这样的案例少之又少，大量的案例是其法律系统所无法解决的。

不难理解，在经济发展水平低下的社会，法律体系并不像有些人所认为的那样高效。俄罗斯的情况就证明了这一点。事实上，美国20世纪初的进步运动也是为了弥补其法律体系的不足，由此才完成了美国经济的起飞。

四 可畏的人才优势

印度的初等教育系统效率十分低下，很多学龄儿童得不到应有的教育，但是印度在高端人才的培养上是十分成功的。

以经济学为例，活跃在国际上的顶尖经济学家中就有一大批是从印度完成本科教育后走出去的，其中包括诺贝尔奖获得者阿玛蒂亚·森，还有一批完全可能获得诺贝尔奖的顶尖经济学家，包括哥伦比亚大学的巴格瓦蒂（Bhagwati）、普林斯顿大学的迪克森（Dixit），还有英国剑桥大学的达斯噶普塔（Dasgupta）。

更重要的是，在当今国际组织和跨国公司的最高领导层中活跃着一大批在印度接受本科教育，可以说是印度培养出来的高级人才，如麦肯锡公司前CEO拉雅·古普塔（Rajat Gupta），国际货币基金组织现任首席经济学家、副总裁拉古拉迈·拉詹（Raghuram Rajan），美国《时代》杂志社的总编、《外交事务》杂志的主编、前面提到的政治学者法瑞德·扎凯瑞尔等。在世界银行和国际货币基金组织的高层管理者中，也有大量印裔的专业人才，其数量远远超出任何其他国家。

在高科技领域，印度的优势更是有目共睹。在高端专业人才上的优势，无疑有助于印度经济的进一步发展。

五 严重的社会不平等

根据世界经济论坛在瑞士发表的2012年全球性别报告，印度男女不平等程度在135个国家中名列第105名，远远低于众多非洲国家、中东国家。而中国则是第69名，名列亚洲最佳五强行列（该指数都分列各洲前五名国家），优于欧洲的意大利、捷克、斯洛伐克、希腊和匈牙利等国。

印度首都新德里的强奸案之所以引发全国愤怒和抗议浪潮，重要的原因之一就是对女性长期所受歧视不满的总爆发。根据路透社的调查显示，对女性而言，印度是全球危险程度第四高的国家，比索马里还要糟，略好于战乱不断的阿富汗。新德里更是以"强奸之都"而臭名昭著。

当然印度除了严重的男女不平等，还有更触目惊心的种姓制度。目前印度低种姓超过全国人口的一半，也就是说一半以上的群体无时无刻地遭遇到全方位的歧视，再加上广大受歧视的妇女，这等于是说在印度，绝大多数公民是二等公民。

第五节 南亚地区国家与中国的贸易畅通现状

南亚共有八个国家，其中印度、巴基斯坦、孟加拉国为临海国，斯里兰卡、马尔代夫为岛国，尼泊尔、不丹、阿富汗为内陆国。巴基斯坦、印度、尼泊尔、不丹和克什米尔地区同中国相邻；南亚北部为喜马拉雅山脉，东、西和南三面为孟加拉湾、阿拉伯海和印度洋所环绕。起源于我国的印度河和发源于喜马拉雅山脉的恒河流经南亚人口稠密的地区，汇入孟加拉湾。

南亚地区因其自身政治及文化冲突剧烈，局部战争频繁，加之地理环境恶劣，虽然与中国接壤，但因中国西南地区经济发展也落后于中国东中部，因此与中亚的经贸往来不论是频次还是贸易总额相对于东南亚地区都低很多。"一带一路"倡议的提出，本着合作开发、贸易互融互通的原则，我们需要打通南亚次大陆的贸易通道，保障亚非欧的陆路贸易的繁荣。被长期遗忘的南亚，应再次被关注，焕发出南亚古老的活力，增强中国与南亚地区国家与人民的互动，互通有无，取长补短，带动我国西南地区经济腾飞的同时，获得中国与南亚地区的互利共赢局面，提升中国和南亚地区的社会福祉，为两地区人民带来收入增长及更加幸福和富足的生活品质。

南亚地区虽然经济基础薄弱，但后发优势明显强于其他大洲和地区的相关国家，该地区凭借长期的积累和强大的内需成为世界上经济增长第二高的地区。2000—2014 年，印度、巴基斯坦、孟加拉国、斯里兰卡、马尔代夫、尼泊尔和阿富汗平均 GDP 增长率分别达到 7.03%、4.21%、5.94%、5.56%、6.62%、4.21% 和 9.54%。除阿富汗因战乱经济持续动荡外，其他国家均保持较快的稳定增长，经济发展潜力巨大。

中国和南亚各国是重要的合作伙伴，中国与南亚合作符合中国和南亚各国社会和人民的切身利益。近几年来，中国与南亚各国的贸易与投资不断增长，彼此的贸易伙伴地位不断上升。

一 中国与南亚地区国家的贸易总量分析

2000—2015 年，中国与南亚各国的贸易总额从 339 亿美元上升至 7035 亿美元，15 年间，贸易总额增长近 20 倍（见表 5 - 1），中国与南亚各国的贸易一直处于贸易顺差状态，但贸易顺差同比增幅不断收窄，2015 年中国与南亚各国贸易顺差增幅仅为 24%，属于自 2000 年来增幅较低的年份（见表 5 - 1）。随着中国与南亚各国经贸往来不断深化，中国已经一跃成为印度等国的第一大贸易伙伴；与此同时，南亚各国在中国贸易中所在地位也不断攀升，2015 年中国与南亚的贸易总额占中国对外贸易总额的 0.4%，比 2000 年增加了 0.2%，2015 年印度还成为中国第十大贸易伙伴国，经贸联系日益频繁。这些贸易方面的变化不仅与南亚经济近 10 年的强劲增长有关，也与中国不断加强与南亚地区的合作，增加对南亚的基础设施投资，打通中国西部与南亚地区交通联系有关。

表 5-1　　　　　　　中国与南亚进出口贸易状况　　　　　单位：亿美元

年份	出口总额	进口总额	贸易总额	贸易差额
2000	114.00	225.48	339.48	111.49
2001	153.09	260.67	413.77	107.58
2002	172.92	323.56	496.49	150.64
2003	301.11	424.86	725.97	123.75
2004	557.41	643.66	1201.06	86.25
2005	719.06	949.70	1668.76	230.63
2006	736.55	1383.44	2119.99	646.88
2007	985.44	2098.61	3084.05	1113.12
2008	1616.01	2833.25	4449.26	1217.24
2009	935.85	2510.21	3446.05	1574.36
2010	1539.96	3484.44	5024.40	1944.48
2011	1743.47	4393.31	6136.77	2649.84
2012	1602.63	4356.86	5959.50	2754.22
2013	1333.52	4728.73	6062.25	3395.21
2014	1388.26	5248.32	6636.58	3860.06
2015	1116.55	5919.16	7035.71	4802.61

资料来源：中国海关进出口统计数据。

二　中国与南亚地区的贸易结构分析

中国对南亚各国贸易总额虽不断攀升，但始终处于贸易顺差国地位，且中国在南亚各国贸易伙伴国排名中逐年上升，引起了相关国家的忧虑和不满。但是不可否认，由于中国与南亚各国经济发展及生产要素的差异，中国与南亚各国经贸的互补性远大于竞争性，互利合作仍将在很长一段时间占据双方经贸发展的主流。

从贸易结构分析，中国从印度进口的商品主要为棉花、铜及制品、矿产品、有机化学品、矿物燃料、动植物油、塑料制品、机械设备、树胶和钢铁制品等；中国出口至印度的商品主要有机电产品、机械设备、有机化学品、文物制品和肥料，此外，还有珠宝及贵金属制品、钢材、船舶、光学仪器制品、塑料制品、家具和纺织品等。在印度的十大类进口商品中，中国生产的纺织品、机电产品、家具、金属制品、光学仪器和陶瓷等在印度进口的同类商品中占有较明显的优势地位。从中印进出口贸易结构来看，印度对中国出口的商品多为资源密集型或劳动密集型产品，而中国对印度出口的商品主要为附加值较高的工业制成品，劳动密集型产品所占比重较小。

中巴处于产业发展的不同阶段，贸易产品互补性强。巴基斯坦对华出口产品主要为原材料和初级产品，如棉纱、大米、毛皮、矿石和鱼产品等。根据巴方数据，2014年，巴基斯坦对华出口最多的五类产品分别是棉花和棉制品（15亿美元，占比68%）、谷类（1.37亿美元，占比6%）、矿石（9200万美元，占比4%）、动物饲料（6500万美元，占比3%）以及毛皮（5500万美元，占比2%）。而巴基斯坦自中国进口的产品主要为工业制成品，根据巴基斯坦商业委员会（PBC）数据，2013年，中国向巴基斯坦出口前位的产品分别是电子电器设备、机械设备、有机化学品、合成纤维、钢铁及钢铁制品、塑料、化肥等。

2014年，斯里兰卡对中国出口最多的商品为植物纤维及制品、茶叶、非针织和非钩编服装、鞋类制品、橡胶及制品。上述五大类商品的出口额依次为3475万美元、2701万美元，非针织及非钩编服装与鞋类制品的出口额同为1950万美元，1808万美元，合占斯里兰卡对中国出口总额的68.5%。斯里兰卡其他对中国出口的商品还有烟草、塑料制品、机电产品和水产品等。斯里兰卡自中国进口的商品品类繁多，主要有机械设备、机电产品、矿物燃料、针织产品和棉花。2014年，斯里兰卡进口的上述五类商品合计16.0亿美元，占斯里兰卡自中国进口总额的46.5%。除上述产品外，斯里兰卡自中国进口的其他主要商品还有交通工具、肥料、塑料制品、家具、新鲜蔬菜、鞋类制品和光学仪器等。2014年中国在斯里兰卡出口贸易中位居第15位和仅次于印度的第二大进口来源地。在斯里兰卡的十大类进口商品中，中国出口的机电产品、纺织品、家具、鞋类制品和陶瓷器皿处于较明显的优势地位；但中国出口的运输设备、化工品、光学仪器和金属制品等仍面临着来自印度、日本和欧美等发达国家的竞争。

随着中国建设"一带一路"倡议的提出，中国加大了对南亚各国的投资，南亚各国对中国的态度也开始转变，以印度为核心的南亚经贸发展的向东战略与中国向西开放战略不谋而合，彼此往来日益密切和频繁，相信本着互利互惠的态度，中国与南亚各国具有的互补性贸易关系将不断挖掘和深化，将给南亚各国和中国带来更多的利益，进一步保持南亚经济高速发展的水平，成为贯通亚欧的另一个战略制高点。

第六章 中东地区的文化特征及其与中国的贸易畅通现状

第一节 中东地区的文化特征

一 中东文化的三大力量

中东文化以阿拉伯文明为核心,被三大力量所相互牵制,也形成了独特的中东地区阿拉伯商业文明。这三股力量分别是部落制度、全球化和伊斯兰教。其中,全球化代表着纯粹的外部力量,其影响着其他两个内部力量,即部落制度和伊斯兰教。部落制度是指前伊斯兰教时代,当时中东人民拥有的包含信仰和仪式的自身文化,后因伊斯兰教的复兴而不同程度地改变。

(一) 部落制度

当今,在伊斯兰国家内部,阿拉伯文化和部落制度的化身影响着一切,从家庭关系到治理,再到冲突(Salzman,2008)。

中东主要由阿拉伯种族构成,而其社会传统上又由不同的部落组成。由部落组成的地区势必继承其特征和结果。理解部落制度对阿拉伯文化乃至伊斯兰教发展的影响,需要承认中东部落制度的基本作用和动力(Salzman,2008)。其主张每个社会必须建立秩序,以便能够生存与兴旺发达。阿拉伯文化通过"平衡的对立"应对安全问题,每人都是一组嵌套的亲属群体的一员,这些亲属群体呈现出不同的规模系列,并有责任保护每个成员,预防外人对其潜在的伤害。平衡的对立是一种部落型组织,这是一种基于分权与自助的防御性区域组织,因为部落职能不同于国家,而国家则是通过政治等级和专业机构进行集权,维持社会控制与防卫。Haliday（2000）指出,"传统上阿拉伯人自认为,在整体上是一个民族,而在地方层面则是一个部落"。根据特定的情境,这两种自我认定动态地相互影响。进言之,阿拉伯文化的民族和部落这两个特征,有助于成为服务于个人政治利益的一个工具。

(二) 伊斯兰教

对宗教激进主义的关注,也统称为伊斯兰主义或"政治的伊斯兰教",是一种全球性的伊斯兰教共同体或一种伊斯兰教国家。伊斯兰教是其基础和明确特征。它倡导强化伊斯兰教法,即伊斯兰法律,或者回归政教合一的哈里发统治、对教育和社会中妇女"传统的"角色的宗教监管。它以神圣的宗教戒律作为政治合法性的基础,通过伊斯兰解决方案应对当代问题。阿拉伯的民族主义政府滥用权力已使其政治合法化蒙上阴影,并给其人民特别是阿拉伯民族中的少数族群带来了苦难。

虽然阿拉伯主义曾是联合所有阿拉伯人的一句口号,但当今已经不是一种政治现实,而仅仅是试图团结业已分裂的阿拉伯国家少数知识分子的理想。目前,现代阿拉伯民族主义不再是传统的阿拉伯民族主义,而是阿拉伯国家跨越国界的一种新的伊斯兰认同（Stonescu,2005）。

就伊斯兰教和其语言家穆罕默德的作用而言,穆罕默德根据部落体系设计了一套独一无二的构造,据此所有部落具有一个共同的、上帝给予的穆斯林,即为各个部落提供了一个共同的目标。运用平衡的对立原理对实现穆斯林部落之间统一是必需的。通过穆斯林对抗异教徒,通过伊斯兰地区即伊斯兰国家和融洽,对抗敌对地区即异教徒国家和敌意,穆罕默德实现了穆斯林部落之间的统一。当穆斯林部落联合应对异教徒敌人之际,他将平衡的对立提升到了一个更高的结构水平。

(三) 全球化

就全球化与中东而言,可以认为殖民主义时代已对该地区产生悖论性的影响。像剥削、帝国主义等词汇长期渗透政治话语之际，像与试图控制领土而谋求强权国家相关的再领土化概念显现于科学文献之际，也需要考虑其他影响。在历史进程中，当中东成为各种外来文化、经济和政治势力潮流的目标时，它对形形色色的影响已经扮演了一个"熔炉"角色，在那里存在新近来自中国的影响（Radtke，2007）和通常令人生疑的西方势力。

从历史角度观察，包括巴林、科威特和阿联酋在内的昔日英国"休战海岸"殖民地国家，曾是中东最传统和最贫困的地区，但如今该地区作为具有国外旅游、零售业以及世界级贸易机构的大规模商业中心，已从全球化收获最丰硕成果。进言之，该地区甘愿进一步依靠西方，全球化已促使获益于全球主义政策的财富用来复兴波斯湾的历史性建筑遗产（Fox et al.，2006）。

二 中东文化的五大冲突

文化可被描述为一种根本上共享复杂性综合现象，它包含各种不同的悖论性价值观和信仰，并体现行为和仪式。就中东文化而言，其有五大显著特征，它们密切的相互影响方式并存于中东文化之中，同时又在特定的时间特定的情境下形成自我对立。

（一）咨询协商与家长式统治

"有组织的混乱"是描述阿拉伯组织的概念。在阿拉伯组织中，等级制度是陡峭的，组织上层与底层之间存在很大的权力距离。领导风格以独裁专制和家长式统治为特征。然而，事实上阿拉伯人不希望成为贱民，即使是独裁的管理者也要在不同问题上寻求共识，这就导致一种矛盾。作为社会参与度高水平的一种结果，阿拉伯人在纵向等级森严的组织结构中形成了各种非正式的横向水平关系（Bjerk，1999）。

按照 Hofstede（1984）的观点，阿拉伯的管理心智包括：（1）为了确保每一个人的地位，当今世界中的不平等秩序是必需的；（2）每一个人都受到这种不平等秩序的保护；（3）对于大众来说，依附是有益的，但少数人应该独立；（4）等级制度需要不平等；（5）上级和其部下属于不同种类；（6）作为一个基本的社会学事实，权力是一种先于善恶的既定事实；(7) 权力的客观存在与权力是否合法无关。

这些管理心智的存在导致如下的潜在和现实结果：(1) 他人是对自我权利的一种潜在威胁，因此是不可信的；(2) 当权者与争权者之间存在潜在冲突；(3) 废黜强权者是替换当局的唯一途径；(4) 收益存在很大差距；(5) 组织底层资质较低；(6) 严密监管必需大量监管者；(7) 下级宁愿被监管。

阿拉伯人家长式统治导向的固有属性，容易成为相互冲突的推动力，也相当敏感。当遭遇反对时，包括阿拉伯在内的中东管理者被认为是基于情绪采取行为的。这种情绪性极易引发冲突和争论。当谋求解决纷争时，为了努力达成共识，阿拉伯人使用调解者。Bjerke (1999) 认为，"阿拉伯管理的家长制特性鼓励人情味和促进'家庭'传统。当然，变革也许会发生，但仅仅实在'父亲'行动之际"。

与家长式统治相对照，咨询协商是另一种文化特征。其功能为作为应对下述情势的一种有效的社会网络覆盖工具：通过消除社会障碍以及赋予被咨询者以地位，以求避免冲突、请求他人疏通路径。显然，咨询协商充当着适应并构建关系的一种工具，其与阿拉伯组织中独裁领导的一种强力对比，是需要情境化使用的。

(二) 长期规划/未来导向与宿命论

根据《古兰经》教义，人在神定的边界之内是自由的。人的潜能虽然有限，但他们没有被决定。按照这种自由意志和选择，人可以发挥其潜能并允许犯错误。因此，伊斯兰教促进人权以实现其自由意志，但须在神定的边界之内，其表现为根本的宿命论。

但是，阿拉伯中东文化也拥有对长期规划特别是商业情境的倾向和重视。虽然早期阿拉伯商界特别是中小型企业，似乎相对忽视考虑战略问题和长期规划，但近些年明显变得更为重视。对未来导向和长期规划的一个促进因素是通过新技术，适应并消化吸收新知识。

根据技术利用的发展水平和坚持程度，地区之间也存在不一致和不平衡。据此也可以说明不应将阿拉伯中东国家视为一个同质群体。根据互联网人口使用率，诸如伊朗和海湾地区国家高达35%，也门则低于2%。在决定阿拉伯的过去导向或未来导向问题上，阿联酋的全国取向和也门的实践努力是不同的。

（三）世界主义与宗教心态

世界主义或世俗的现代主义者试图通过采纳西方的技术和思想，复兴和更新伊斯兰教。为解决现今难题，阿拉伯国家的世界主义面向外部特别是西方世界。世界主义聚焦于一个特定的阿拉伯民族群体，例如埃及人或约旦人。虽然阿拉伯民族主义利用伊斯兰教，但基本上是世俗地采用其科学主张作为政治合法性的基础。

作为形塑阿拉伯中东文化的力量，宗教心态直接与种族制度相联系，先于伊斯兰教和全球化，是对世界主义所代表的现代导向的一种直接对抗因素。宗教心态是一种传统方式，阿拉伯人根据给定的社会环境，自认为整体上是一个民族和地方上是一个部落，这两者互不相同但又紧密联系，并根据特定的形势和情境，以动态方式整合自我认同相互影响的类型。部落心态与世界主义并肩随行，并根据特定背景和各自存续条件，其中一个会主导另一个。

（四）理性与顺从

鉴于中东社会中的伊斯兰教及其法律已重要地影响商业行为和思维，从社会规则中可以发现其内在的文化冲突。尽管伊斯兰的持续增长来自与不同文化和影响的碰撞，但伊斯兰法律仍保留其核心地位。在扩张其能力以抵御外部影响的早期阶段，它所具有兼容外来因素的倾向和习性，仍保留其基本的价值观。它不仅与显著不同的社会经济结构并存和体现为形形色色的经济政策，而且通过历史持续地缔造与再缔造。全面理解经济中的伊斯兰价值观，需考虑处于特定情境中的社会、宗教和历史因素复杂的相互影响和通过植根于上述特定情境之中的权利关系的调节作用（Adas，2006）。

由于中东社会强烈依附于伊斯兰教哲学，伊斯兰教的理性与顺从的冲突已经直接影响到阿拉伯管理者坚持伊斯兰教义，以及在决策中将其作为判断依据的一个商业规范。因此，依据伊斯兰法律进行决策，并不排斥根据事实和主导环境运用逻辑进行决策，而是为了维护稳定性而采用一种富有成效的方式，进而在全球化努力过程中提升中东。

(五)道德虔诚与双重标准

虔诚作为受到高度尊重的美德,来源于伊斯兰教义,是当今阿拉伯社会也要争取的优点。但是在虔诚受到高度尊重的社会中,也存在双重道德标准的空间。在 Zaharna(1995)看来,与努力坚持事实的西方惯例不同,当主要重心是通过生动的形象化描述以吸引情绪化反响时,一个熟练的阿拉伯工作者会采用特定方式描述事实或一个事件。在这种情境下,从阿拉伯视角来看,保留面子和社会联系,要胜于坚持事实和"真理"。

第二节 区域人口与宗教构成分析

中东地理位置重要,素有"五海三洲之地"之称。中东地区是亚欧非三洲的结合部,且正好位于东半球大陆的中心。中东周围环绕着黑海、地中海、红海、阿拉伯海、里海和波斯湾等国际海域,这些海域大大便利了中东与世界各地的联系。沟通上述海域的博斯普鲁斯海峡、达达尼尔海峡、苏伊士运河、曼德海峡和霍尔木兹海峡等,既是重要的国际航道,也是扼守这些航道的重要门户。中东地区这种适中、临海的地理位置,使之成为沟通大西洋和印度洋、东方和西方、欧洲经西亚到北非的联系纽带和十字路口,从而在世界政治、经济、军事方面具有十分重要的战略地位。

一 中东地区的三大宗教

中东地区的人们主要信仰犹太教、基督教和伊斯兰教,大多数居民信仰伊斯兰教。伊斯兰教、基督教和犹太教都把耶路撒冷看作圣城,对该地区的宗教中心的争夺以及三大宗教的教义差异成为中东文化差异为根基的动荡因素之一。

(一)伊斯兰教主要教义

伊斯兰教产生时,已经是公元 7 世纪即基督诞生 700 年前后,伊斯兰教认为,穆罕默德是真主的最后一位封印使者,《古兰经》是真主通过穆罕默德宣示给人类的最后一部最完整的经典。伊斯兰教诞生于公元 6 世纪以后，伊斯兰教的教义与经典《古兰经》等，接受了犹太教和基督教的一些东西。比如，犹太教常年宣传的天主（安拉）、启示、复活、末日、天堂、火狱，伊斯兰教均予承认。

伊斯兰教的基本教义中有信使者一条，就承认真主向人间派遣了包括穆罕默德在内的 28 位使者，其重要的有人类始祖阿丹（汉译犹太教与基督教的经典中称为亚当）、造就大方舟拯救人类的努海（挪亚），以及易卜拉欣（亚伯拉罕）、穆萨（摩西）、尔萨（耶稣）、伊斯玛仪（以实马利）等。伊斯兰教承认基督教《圣经》中的《旧约》与《新约》，都是真主传于人间的经典，只是强调穆罕默德是真主的最后一名使者（也叫封印使者），《古兰经》是真主传于人间最完备的一部经典。

伊斯兰教的基本信条为"万物非主，唯有真主；穆罕默德是主的使者"，这在我国穆斯林中视其为"清真言"，突出了伊斯兰教信仰的核心内容。具体而言又有五大信仰之说：

1. 信安拉

要相信除安拉之外别无神灵，安拉是宇宙间至高无上的主宰。《古兰经》第 112 章称："安拉是真主，是独一的主，他没生产，也没有被生产；没有任何物可以做他的正敌。"据《古兰经》记载，安拉有 99 个美名和 99 种德性，是独一无二、永生永存、无所不知、无所不在、创造一切、主宰所有人命运的无上权威。信安拉是伊斯兰教信仰的核心，体现了其一神论的特点。

2. 信使者

《古兰经》中曾提到了许多位使者，其中有阿丹、努哈、易卜拉欣、穆萨、尔萨（即《圣经》中的亚当、挪亚、亚伯拉罕、摩西、耶稣），使者中最后一位是穆罕默德，他也是最伟大的先知，是至圣的使者，他是安拉"封印"的使者，负有传布"安拉之道"的重大使命，信安拉的人应服从他的使者。

3. 信天使

认为天使是安拉用"光"创造的无形妙体，受安拉的差遣管理天国和地狱，并向人间传达安拉的旨意，记录人间的功过。《古兰经》

中有四大天使：哲布勒伊来（Jibra'il）、米卡伊来（Mikal）、阿兹拉伊来（Azral）及伊斯拉非来（Israfil），分别负责传达安拉命令及降示经典、掌管世俗时事、司死亡和吹末日审判的号角。

4. 信经典

认为《古兰经》是安拉启示的一部天经，教徒必须信仰和遵奉，不得诋毁和篡改。伊斯兰教也承认《古兰经》之前安拉曾降示的经典（如《圣经》），但《古兰经》降世之后，信徒即应依它而行事。

5. 信末日审判和死后复活

认为在今世和后世之间有一个世界末日，在世界末日来临之际，现世界要毁灭，真主将作"末日审判"，届时，所有的死人都要复活接受审判，罪人将下地狱，而义人将升入天堂。

此外，伊斯兰教还信仰"前定"，认为世间的一切都是由安拉预先安排好的，任何人都不能变更，唯有顺从和忍耐才符合真主的意愿。

（二）犹太教的主要教义

犹太民族产生于闪米特族的一支弱小的牧羊部落——希伯来人，首领亚伯拉罕将自己部落的神耶和华尊奉万能的神主，将希伯来人视为耶和华的"选民"，神同他们订有契约。这是亚伯拉罕创立的较为模糊的一神信仰，而犹太教便是从这个时候，在这种特殊的神学观念中"种下胚胎"的。

摩西是纪元前十三世纪的犹太人先知，旧约圣经前五本书的执笔者。带领在埃及过着奴隶生活的以色列人。到达神所预备的流着奶和蜜之地——迦南（巴勒斯坦的古地名，在今天约旦河与死海的西岸一带）。摩西在带领以色列人出埃及的过程中，逐渐统一了以色列人的思想与步调，并假托神耶和华于西奈山上给他受戒之说，为以色列人创立了一整套法律，称《摩西十诫》。初步形成了犹太教的教规、教律与礼仪。这也是人类最早的法律之一。标志着犹太教的正式形成。《旧约》是犹太教的主要经典，旧约的意思，是指上帝与人之间的，以摩西戒律为主体的约定。

犹太教的基本信仰主要有：（1）崇拜独一神雅赫维。（2）信仰以色列民族是与神立约的特选子民。(3) 除信仰《圣经·旧约》外，认为律法书代表了神的旨意，集中体现在摩西十诫中：第一，除了上帝雅赫维外，不信别的神；第二，不敬拜或雕刻偶像；第三，不可妄称主神的名字；第四，当守安息日为圣日；第五，要孝敬父母；第六，不可杀人；第七，不可奸淫；第八，不可偷盗；第九，不可作假证；第十，不可贪恋他人所有的一切。(4) 相信救世主弥赛亚将拯救以色列人和全人类。

12 世纪以后，经迈蒙尼德总结的犹太教信仰十三条款被后人广泛接受，列举如下：(1) 创始主创造并管理一切受造之物；(2) 创始主为独一真神；(3) 创始主无形无体无相；(4) 创始主是最先的，亦是最后的；(5) 除创始主，不敬拜他物；(6) 相信先知的一切话皆真实无误；(7) 摩西是最大的先知，其预言真实可靠；(8) 犹太教的传统律法是神最初传给摩西的，并无更改；(9) 律法永不改变，也不会被取代；(10) 创始主能洞察世人的一切思想和行为；(11) 创始主对遵守律法者赐予奖赏，对践踏者给予惩罚；(12) 救世主弥赛亚终将会再来；(13) 最终，死人将复活。

(三) 基督教的主要教义

公元 1 世纪前期，基督教作为犹太教的一个重要分支，起源于地中海东部地区。其教主是耶稣，30 岁开始传教，自称是上帝之子，是预言中的那位救世主。耶稣在旧约的基础上，代表上帝与人们立新约，于是圣经有了后半部分的新约，基督教从而诞生。

基督教的教义主要来自《圣经》，基本的信条有以下内容：

(1) 十诫。除了我（上帝）以外你不可有别的神；不可为自己雕刻和敬拜偶像；不可妄称耶和华你上帝的名；当守安息日为圣日；当孝敬父母；不可杀人；不可奸淫；不可偷盗；不可作假证陷害人；不可贪恋别人妻子和财物。

(2) 三位一体。这是基督教的基本信条之一。相信上帝唯一，但有三个"位格"，即圣父——天地万物的创造者和主宰；圣子——耶稣基督，上帝之子，受上帝之遣，通过童贞女玛利亚降生为人，道成肉身，并"受死"、"复活"、"升天"，为全人类作了救赎，必将再来，审判世人；圣灵——上帝圣灵。三者是一个本体，却有三个不同的位格。

（3）信原罪。这是基督教伦理道德观的基础，认为人类的祖先亚当和夏娃因偷食禁果犯的罪传给了后代子孙，成为人类一切罪恶的根源。人生来就有这种原罪，此外还有违背上帝意志而犯种种"本罪"，人不能自我拯救，而要靠耶稣基督的救赎。因而，原罪说以后逐渐发展为西方的"罪感文化"，对欧美人的心理及价值观念影响深远。

（4）信救赎。人类因有原罪和本罪而无法自救，要靠上帝派遣其独生子耶稣基督降世为人做牺牲，成为"赎价"，作了人类偿还上帝的债项，从而拯救了全人类。

（5）因信称义。人类凭信仰就可得救赎，而且这是在上帝面前成为义人的必要条件。

（6）信天国和永生。人的生命是有限的，但人的灵魂会因信仰而重生，并可得上帝的拯救而获永生，在上帝的国——天国里得永福。

（7）信地狱和永罚。人若不信或不思悔改，就会受到上帝的永罚，要在地狱里受煎熬。

（8）信末世。相信在世界末日之时，人类包括死去的人都将在上帝面前接受最后的审判，无罪的人将进入天堂，而有罪者将下地狱。

二 中东地区的民族与人种

生活在西亚地区的穆斯林主要属于四个民族，即阿拉伯人、土耳其人、库尔德人和波斯人。阿拉伯人有很多国家，如伊拉克、沙特阿拉伯、科威特、叙利亚、约旦、也门、阿曼、埃及、卡塔尔、巴林等。土耳其人只有一个国家土耳其。作为阿拉伯民族英雄的萨拉丁的直系后代族人库尔德人分布在许多国家，如土耳其、伊朗、伊拉克、叙利亚、黎巴嫩、阿塞拜疆和亚美尼亚。波斯人只有一个国家伊朗。另外还有犹太族（信犹太教），黎巴嫩的阿拉伯人信天主教与基督教的占多数。

中东地区人口总数约为4.9亿，人口过千万的民族包括：

（1）阿拉伯人人口约有2.8亿，主要分布在阿拉伯国家，即阿拉伯国家联盟22个成员国。

（2）土耳其人人口约5500万，主要分布在土耳其和塞浦路斯。

（3）波斯人人口约3600万，主要分布在伊朗，在阿联酋、科威特、卡塔尔、巴林等海湾阿拉伯国家也有一定分布。

（4）库尔德人主要分布在土耳其、伊朗、伊拉克和叙利亚，缺乏确切的人口统计，不同的统计数字相差悬殊，较高的统计数字为2600万。

（5）阿塞拜疆人是伊朗的第二大民族，占伊朗总人口的25%，约为1600万。

（6）普什图人是阿富汗人口最多的民族，约为1200万，占阿富汗人口的40%以上。

（7）柏柏尔人，"柏柏尔人"是外族对他们的称呼，他们自己并不使用这个称呼，而是自称"阿马齐格"（单数）或"伊马齐根"（复数），意为"自由人"。柏柏尔人是伊斯兰征服北非地区前的土著，被伊斯兰征服后皈依了伊斯兰教。由于柏柏尔人与阿拉伯人长期融合，人口在1400万到2500万。主要分布在北非，包括摩洛哥、阿尔及利亚、利比亚等国。

人口以非穆斯林为主的民族包括：

（1）犹太人根据以色列中央统计局的最新统计数字，全球犹太人为1298.6万人，其中在以色列的犹太人为516.5万人，占以色列总人口的77%。

（2）科普特人埃及的少数民族，信奉基督教。其占埃及人口的比例，最低的估计是3%，最高的估计是15%—20%，其人口数也有从200万到1500万的不同估计。

此外，中东还有一些民族，如希腊人、亚美尼亚人、土库曼人、乌兹别克人、塔吉克人等。

三 中东地区的语言构成

（一）阿拉伯语

简称阿语，即阿拉伯民族的语言，属于闪含语系闪米特语族，使用阿拉伯字母，主要通行于中东和北非地区，现为19个阿拉伯国家及4个国际组织的官方语言。以阿拉伯语作为母语的人数超过

2.1亿人，同时阿拉伯语为全世界穆斯林的宗教语言。阿拉伯语在全球范围使用者总计目前已经突破4亿人。阿拉伯语因分布广阔，因此各个国家地区都有其方言，而标准阿拉伯语则是以伊斯兰教经典《古兰经》为准。阿拉伯语是阿拉伯民族的母语，也是全世界近十五亿穆斯林履行宗教功课所使用的语言，每天在世界任何一个角落都能听到用阿拉伯语诵读"安拉呼艾克拜尔"（真主至大）的同一声音。在中世纪的数百年期间，阿拉伯语曾是整个文明世界学术文化所使用的语言之一。

（二）希伯来语

希伯来语是犹太人的民族语言，是世界上最古老的语言之一，主要保留在《圣经》、死海古卷之中。希伯来语最令人惊叹的地方在于，现代希伯来语和两千年前的希伯来语几乎相同，变化不大。

（三）波斯语

波斯语属于印欧语系伊朗语族，是伊朗和塔吉克斯坦的官方语言，也是阿富汗境内两种主要语言之一（另一种是普什图语）。波斯语还分布于中亚其他地区，中亚又称为"塔吉克语"。全世界说波斯语的人口约1亿。波斯语是世界上古老的语言之一。随着移民从这些国家流入到周边国家，很多国家现在都有说波斯语的社群。

第三节 中东地区的民族与宗教异同与冲突

一 中东地区三大宗教的异同

中东的三大主要宗教出现时期顺序排列为犹太教、基督教、伊斯兰教，三大宗教的本质信仰是一致的。

犹太教、基督教、伊斯兰教，即"亚伯拉罕诸教"，都起源于古老的犹太教。是犹太教，最先发展了宇宙中间独一真神的信仰，记载于《圣经》的《旧约》。在其信仰中，人类犯了悖逆上帝的原罪，上帝最后会派来救世主"弥赛亚"拯救人类。

此三宗教的传统均奉《圣经》旧约中的亚伯拉罕为先祖圣徒，且均发源于中东沙漠地区，伊斯兰教称呼其信徒为"经典之民"。

《圣经》旧约中的创世纪和《古兰经》中皆记载亚伯拉罕的嫡子以撒是犹太民族的祖先、庶子以实玛利是阿拉伯民族的祖先。在基督教信仰中，亚伯拉罕（易卜拉欣）是信心的楷模，他愿意服从神、把自己的独生子以撒献祭。在伊斯兰教里，易卜拉欣（亚伯拉罕）同样是信仰之楷模，顺服神把儿子以实玛利献出。

（一）三大宗教的相同之处

（1）共同的源头：犹太教、基督教、伊斯兰教均源自同一个原始宗教——古犹太教。基督教是古犹太教的一个新兴教派，而伊斯兰教则是在吸收了犹太教与基督教的经典和教义思想的基础上创立的。

（2）共同的一神：犹太教、基督教、伊斯兰教信仰同一个神祇，分别称为"雅威"、"耶和华"和"阿拉"，但是三个宗教对于这个神的诠释有很大的不同。

（3）共同的祖先：犹太人和阿拉伯人都认为亚伯拉罕（易卜拉欣）是他们的祖先。

（4）共同的圣地：耶路撒冷是上述三大一神教的共同圣地。犹太教的圣殿哭墙便在此处，圣经曾多次述及此城是上帝祝福的城市；作为先知穆罕默德的升天之地，耶路撒冷也是回教三大圣地之一，是全世界最美丽的回教寺——金顶回教寺所在地；对于基督教（天主教）来说，这里是耶稣传福音、背十字架受钉以及复活的圣地。

（二）三大宗教不同之处

（1）犹太教，犹太教认为亚伯拉罕和摩西是先知，直接受命于唯一神上帝"雅威"，上帝通过摩西和以色列人订立约定《十诫》，只要以色列人遵守约定，只崇拜唯一上帝，上帝将保佑以色列人。信仰上，犹太教只承认《圣经》中的旧约部分，即希伯来圣经或叫希伯来手稿。犹太教不接受圣子论，他们并不认为耶稣基督是他们的弥赛亚（救世主），并继续等待弥赛亚的来临。

（2）基督教，基督教（基督宗教）脱胎于公元1世纪左右一个新兴犹太教派。该教派认为犹太人违背了上帝（雅威的拉丁化名称为"耶和华"）和以色列人定的约（即旧约），所以派他的儿子耶稣作为弥赛亚（救世主）以自己的生命为人类赎罪，不仅和以色列人而且和全体人类订立"新约"。

（3）伊斯兰教，伊斯兰教（在中国又称为回教）里不接受圣子论，他们认为基督宗教内的三一神（圣父、圣子、圣灵）是三个神而非一神，所以在回教里面，他们不相信上帝会生儿子。他们认为上帝（阿拉伯语尊称至高无上者为"安拉"）每隔一段时间选出一位先知，赐予一部经卷，亚伯拉罕、摩西、大卫王、尔萨（耶稣）都是先知，穆罕默德是上帝选出的最后一位先知，所谓"封印至圣"。信仰上，伊斯兰教相信上帝给人类的启示，一共有104部，现在已经大部分失传，剩下在世界上的只有四部：第一部叫作 Torah，即旧约中的律法书；第二部叫作 Zabur，即旧约中的诗篇；第三部叫作 Injil，即新约中的福音；第四部叫作 Koran，即《古兰经》。"旧约"和"新约"《圣经》都是上帝赐予的经卷，后赐的经卷对以前的经卷进行修正和补充，《古兰经》是上帝发出的最后一部最完善的经卷，是众经中最权威的。

二 中东地区的宗教与民族冲突

民族与宗教交往问题，历来是中东文明交往史上的最核心内容。民族与宗教矛盾是当代中东地区动荡不安的主要内在原因。当代中东的民族与宗教矛盾之所以表现得特别突出和持久，还在于它是世界各种矛盾集中的焦点和各种文明交往的聚散地区。中东民族与宗教矛盾的复杂性，从内部交往而言，主要表现为五大民族和三大宗教的错综交织。阿拉伯民族、土耳其民族、波斯民族、库尔德民族这四大民族，都信奉伊斯兰教；而伊斯兰教不但教派林立，库尔德族也毗邻伊拉克、伊朗、土耳其和叙利亚，并兼有社会和国际因素。信仰犹太教的犹太民族在人数上虽不是大民族，但它建立的以色列国却使之成为强势民族。

中东民族与宗教之间的矛盾激化为冲突的，大致可以分为三大类型：第一类型是不同民族和不同宗教之间的交往类型。这一类型交往有的成为中东问题核心，如阿拉伯民族与以色列的犹太民族之间的长期冲突；有的成为久悬不决的问题，如塞浦路斯的希腊民族与土耳其民族之间的争执。第二类型是不同民族的同一宗教信仰之间的交往类型。这一类型的最突出和有影响的事件，是产生在巴勒斯坦问题之前的库尔德民族和阿拉伯、土耳其、波斯民族之间的广泛而持久的争端；还有阿拉伯民族和波斯民族之间的纠纷，以至于发生了伊拉克和伊朗两个国家之间的战争。第三类型是同一民族同一宗教信仰之间的交往类型。阿拉伯国家之间的多次纷争与和解，都属于这一类型。

中东的民族与宗教交往过程中出现的种种矛盾和冲突，有历史上形成的积淀因素，其中不乏交往活动中诸多负面遗留。但最重要的和最直接的外部因素是西方殖民体系统治的"分而治之"政策所造成的恶果。这种殖民政策或加深，或引发，或制造了民族和宗教之间的矛盾，成为西方列强维持中东霸权的手段。

20世纪50—60年代，中东民族独立国家体系在西方殖民体系崩溃的废墟上建立起来。这本是中东走向复兴和发展的大好时机，不幸的是，曾经在建立中东民族独立国家体系中起了前导和推动作用的民族主义，独立以后，却向大民族主义、狭隘民族主义、地区霸权主义的方向发展。这种非理性的极端性，也在教派之间蔓延，并且和民族冲突相结合，表现为宗教价值系统的强烈政治归属性。本民族利益至上的利己和排他性，民族和宗教负面作用的情绪化、盲动性、狂热性，被政治集团或大国干涉行动所利用，导致问题的复杂化、国际化。新建立起来的中东民族独立国家体系，由于内外诸多因素的相互作用，特别是在全球化的大环境下，它成为一个不稳定的、政局经常变动的脆弱体系。

三 中东地区冲突与动荡的国际关系因素

长期以来，中东地区一直是当今世界最为动荡不安的热点地区之一。导致这种结果的原因是多方面的。除中东国家内部存在的部族和宗教冲突外，绝大部分涉及中东民族国家与外部世界的关系问题。对这一问题进行深入考察，有助于深化我们对中东民族主义的认识，洞悉纷繁复杂的中东政治表象背后的本质性内容。就现实来看，中东民族主义所涉及的对外关系，主要包括中东国家间关系和中东国家与西方世界的关系两个部分。

(一) 中东国家间关系：一个渐趋理性化的过程

当代的中东民族主义就源头而言，应该从19世纪末、20世纪初算起。当时，由于欧洲殖民列强的鲸吞蚕食，庞大的奥斯曼帝国日渐分崩离析。为救亡图存，土耳其青年党人开始倡导民族主义思想，采取了"土耳其化"的内外政策。

这对从普适性宗教出发把奥斯曼苏丹视为效忠对象的阿拉伯人来说，不啻是当头棒喝。在此背景下，中东地区的主体民族——阿拉伯民族也改弦易帜，强调民族与国家边界同一的阿拉伯民族主义。然而，第一次世界大战后，中东阿拉伯地区作为奥斯曼帝国的遗产，被西方殖民列强以委任统治的形式进行了瓜分。其中，法国控制了叙利亚、黎巴嫩、阿尔及利亚、摩洛哥，英国占据了伊拉克、巴勒斯坦、约旦、埃及，意大利控制了利比亚。此后，中东国家争取民族解放的斗争，基本上都是沿着殖民主义时代划定的政治疆域展开的。这样，以实现阿拉伯统一为政治理想的阿拉伯民族主义，所面对的是小国林立的现实政治。因此，在中东国家间关系问题上，究竟是应该改变现实用阿拉伯民族主义来实现民族统一，还是应该承认现实强调以现行国家为认同对象的国家民族主义，一直是个纠缠不清的重要问题。

没有明确的理论就没有明确的实践。从中东政治实践来看，长期以来，中东国家，尤其是阿拉伯—伊斯兰国家，一直在国家民族主义与跨国民族主义之间徘徊，并由此导致了中东国际关系的极度混乱。在20世纪五六十年代，阿拉伯民族主义思想在中东盛极一时。在这一理论的影响下，阿拉伯国家掀起了一次次旨在实现整个阿拉伯统一的合并浪潮，如1958年2月1日，埃及与叙利亚合并组成"阿拉伯联合共和国"；1958年2月约旦和伊拉克宣布组成"阿拉伯联邦"；1963年4月，伊拉克、利比亚和埃及宣布分阶段建立"阿拉伯邦联"等。虽然这些合并因种种缘故未能成功，但实现整个阿拉伯民族统一的余响至今犹在。然而，这种跨国民族主义理论作为一种对外关系准则，与中东地区的政治现实尤其与现行国际关系基本准则是直接相悖的。这种在处理国家间关系基本准则问题上出现的混乱，使当代中东国家间的关系极不稳定，从而给某些阿拉伯强国谋求地区霸权提供了可乘之机。正如德国学者哈拉尔德·米勒所指出的，叙利亚和伊拉克的泛阿拉伯主义曾经是而且至今仍然是服务于两个国家的地区性霸权的要求。这其中，尤以1990年伊拉克入侵科威特最为典型。从国际关系准则的角度看，伊拉克的行为明显属于弱肉强食的侵略行径。然而，萨达姆在海湾危机前后的外交宣传中所强调的种种理由，如抨击阿拉伯世界贫富悬殊、唤起宗教和阿拉伯民族主义、解决阿以冲突、强调阿拉伯事务应由阿拉伯内部自己解决等，居然赢得了相当大一部分阿拉伯人的认可。这充分表明了中东跨国民族主义在该地区国家现实生活和民众中所造成的消极影响。

(二) 中东国家与西方世界的关系：一个有待调整的整体性问题

对中东奉行民族主义的政权来说，它们如何处理同西方世界的关系，在很大程度上是与西方世界如何对待中东国家联系在一起的。从历史事实来看，自近代以来，中东与西方世界的交往从一开始就处于一种极度的不平衡状态。一方面是西方列强虎视眈眈，不断侵犯中东国家的政治、经济权益；另一方面是中东各国积弱积贫，处于任人宰割的弱势地位。即使在中东国家独立后，在相当长一段时间内，如何摆脱帝国主义和殖民主义的政治、经济控制，依然是新生政权的基本任务。对西方世界来说，新生的民族国家政权伸张自身合法权益的过程，同时也就是西方国家在中东的既得战略利益遭受威胁的过程。因此，西方国家对新兴的奉行民族主义的政权采取了疏离和敌视的政策。如埃及纳赛尔政权领导的苏伊士运河国有化导致了英、法联合入侵埃及的苏伊士运河战争，伊朗摩萨台政权因推行石油国有化运动而被美国中央情报局颠覆、瓦解。就中东民族主义方面来看，民族主义之所以能成为当代中东政治的主流力量，在很大程度上正是由于它是反帝、反殖的产物。这一背景决定了新兴民族国家的基本政策走向必然是反西方的。直至现代乃至当代，这一反西方立场又因西方世界对中东民族国家的围堵和敌视政策而进一步强化。特别是西方国家（主要是美国）对以色列的政治、军事支持，更是令众多中东国家义愤填膺。以色列在政治、经济方面与西方的密切联系，以及犹太教在信仰体系上与基督教的亲缘关系，使伊斯兰国家以及以色列和西方都把以色列看作西方文明的前哨战和堡垒。因此，在某种意义上，反对以色列的斗争就意味着反对西方势力在中东的存在。第二次世界大战结束以后，美国逐渐取代英、法成为在中东事务中发挥主导性作用的力量。尽管美国以"良性霸权"自居，自以为有别于传统殖民主义的统治方式，但在久受西方殖民压迫的中东广大穆斯林看来，美国在中东的政治、军事存在无非是欧洲殖民统治的延伸和继续。事实上，美国在中东政策上的种种做法并没有软化乃至改变整个阿拉伯世界对西方的敌对态度。相反，美国出于自身利益考虑，不惜冒天下之大不韪，公然偏袒以色列。正如以色列前总理佩雷斯所说："52年以来，美国从未拒绝过以色列的任何愿望。"正是这种偏袒导致了阿拉伯国家在几次中东战争中一再失利。而这种失利给阿拉伯国家民众造成的心理创伤是难以用言语表达的；同时，当和平与发展已成为当今世界的主题，中东和平成为大势所趋时，在巴勒斯坦一方一再妥协、让步的情况下，美国仍没有及时有效地阻止以色列得寸进尺的种种做法。凡此种种，进一步强化了中东广大民众对西方国家的仇视。在中东穆斯林看来，"西方确是在试图羞辱我们，占领我们的土地和通过取消伊斯兰教法和传统来摧毁伊斯兰教。在做这些事时，西方是受教会的指使。教会的权力在确定由英美领导的西方世界内政外交政策的方向上发挥作用"。

从政治现实来看，在"冷战"期间，中东国家在对西方关系问题上明显分化为两大阵营：作为中东政治进步力量象征的埃及、叙利亚等世俗体制国家，表现出明显的亲苏联倾向；而与西方国家交好的反倒是类似沙特阿拉伯、伊朗这样的传统君主制国家。当然，中东各国对西方国家的政策因时局的不断变化也处于不断的调整之中。如埃及在纳赛尔时期采取了坚定的反以、反西方的政策，而萨达特上台后，埃及对外政策出现了180度的大转弯，由亲苏转向亲美，由反以转向与以色列实现地区和解。反过来，巴列维时期的伊朗一直是美国在中东的战略支柱之一，而霍梅尼掌权后，伊朗顿时成为妨碍美国在中东战略利益实现的眼中钉、肉中刺。不过，总的来讲，中东奉行民族主义的国家与西方世界尤其是同美国的关系是十分紧张的。在当今世界上，被美国视为"无赖国家"的敌对国家一共有7个，其中有5个是深受伊斯兰文化熏陶的中东国家，即伊朗、伊拉克、叙利亚、苏丹和利比亚。在这些中东国家看来，美国乃至西方是霸权主义和强权政治的集中体现，这是导致中东地区贫困、动荡的总根源。而美国也不遗余力地开动宣传机器，对这些国家的内外形象进行妖魔化宣传，同时动用经济制裁和军事打击的双重手段来压制这些国家的发展。这种根深蒂固的敌对观念和敌对行为，使双方间业已存在的政治—文化矛盾愈加尖锐。这一充满了化约论色彩的对外政策观念，严重妨碍了双方间关系的改善，并成为导致世界政治不稳定的重要因素。就中东国家而言，与美国采取直接对抗的政策严重妨碍了国内社会经济的发展进程。最典型的例子是萨达姆领导下的伊拉克，由于发动海湾战争，伊拉克招致了以美国为首的西方世界长达十多年的经济制裁，结果是伊拉克从一个中等发达国家沦落为一个极度贫困的国家。而美国对中东部分国家一再采取打压政策，激化了中东部分民众的反美情绪。在某种意义上说，"9·11"恐怖袭击事件的发生以及之后一系列的恐怖主义事件及恐怖集团的逐渐壮大正是部分中东穆斯林对美国极度怨愤情绪的极端化体现。这种长期敌对给双方造成的伤害不可谓不深，给世界和平乃至人类社会生存带来的威胁不可谓不大。因此，对双方来说，它们的对外政策在很多方面都需要进行不断的调整和反思。

四 中东地区民族宗教冲突的文化认同与文化整合困难原因

文化现代化既是一个国家现代化进程不可或缺的组成部分，又是推动现代化向深度发展的精神动力。就中东奉行民族主义的政权而言，它在培植与现行国家体系相适应的共同政治文化方面，同样面临着艰巨的任务。

首先，从中东民族主义思想体系自身来看。中东地区的民族国家体系作为当前中东的基本政治体系，并非当地社会、政治发展的自然结果，而是由英、法殖民统治者人为制造出来的。这种"不光彩"的历史出身，以及政治疆域与民族疆域、地理疆域的不对称，使民族国家本身是否应当存在，也成为在法理上极具争议的问题。正如德国学者贝萨姆·梯毕所说："主权作为现代民族国家的逻辑基础，乃是一种舶来品。这种全新的国家模式完全是从外部强加到一个缺乏支撑它所必需的基础性结构的环境中的。"中东民族国家的先天不足决定了与之相配套的政治文化的发育迟缓。一般来说，在欧洲是民族形成国家，而其民族主义的形成、发展又是建立在对公民个人权利的充分保障基础之上的。在此基础上形成的现代民族国家，很自然地被广大民众理解为与自身利益休戚相关的政治共同体，因而能够赢得广大公民的普遍效忠和广泛支持。而在第三世界，由于社会发育迟缓，公民权利意识的形成和民族意识的觉醒往往滞后于国家的形成，在很多情况下，往往是直到民族国家建立后，作为国家精神凝结剂的政治文化才刚刚开始培育。"在中东，民族国家是在没有民族的情况下建立起来的"。因此，中东现行的世俗政权需要不断从理论上进行自我开掘，论证民族国家体系存在的正当性。这一特定的历史背景与中东各国国情上的巨大差异相叠加，使中东民族主义在意识形态问题上表现出明显的脆弱性和混乱性。这种意识形态的贫困可以通过中东国家主导意识形态的频频易帜表现出来。从社会主义到资本主义，再到"不要东方，不要西方，只要伊斯兰"的伊斯兰主义；从倡导阿拉伯统一的阿拉伯民族主义到强调本国利益的国家民族主义，再到具有原生政治形态的部族主义，中东国家几乎试遍了当时所能找到的所有意识形态。然而，没有一个国家能有一种包括所有阶级和集团的占支配地位的意识形态。总的来看，在地区或外部范围内，以理想化的泛意识形态（如阿拉伯主义或伊斯兰主义）情感归属为一方，以未明确表达、未曾理论化的对疆域国家的认同为另一方，二者之间存在不断的摇摆。"缺乏进行统治的基础性意识形态，正好表明了对发展前景的茫然。当代阿拉伯领导人没有显示出对历史影响的深刻理解、对当前能力的洞悉，或对未来偶然性的预见"。而中东国家的很多领导人为适应某一时期的政治需要，以机会主义的态度对待意识形态，结果人为地加剧了意识形态领域的混乱和危机。例如，萨达姆在两伊战争期间曾大力宣扬伊拉克的阿拉伯主义者身份；其后，在1990—1991年占领科威特的海湾危机时期，他又轻而易举地抛弃了世俗主义者的标签，转而强调国家的伊斯兰身份；但是，当1991年海湾战争的转折性失败后，随着国际制裁导致的经济剥夺，使觉醒了的中产阶级对他的支持日渐式微时，萨达姆便更多地依赖部族身份来巩固他的权力基础。造成中东国家认同危机的原因是多方面的。归根结底，这与中东民族主义自身形象的不稳定有极大关系。美国学者凯马尔·H.卡尔帕特就认为："（造成中东思想危机的原因）首先是捉摸不定，二是即兴发挥，三是缺乏理性，四是缺乏思想自由和自我批评，五是崇古。"

其次，从中东民族主义文化整合所处的环境考察。从中东国家所处的文化环境来看，中东奉行民族主义的政权着力培育的以国家为认同对象的文化重建过程，还遭到来自部族主义和伊斯兰主义的双重挑战。从内部来看，在中东，"作为一个共同体成员的觉醒与公民社会无关，而与同种族或教派等亚共同体和非国家的次级认同相关"。在中东，真正的认同是与更小的、属于同种文化的种族和（或）教派亚团体联系在一起的。在当代中东，很多正在掌权的政治集团或为寻求权力而结成的利益共谋团体，往往就是以部族或教派为划分单位的。这些利益集团的共同特点是，他们的成员都是以一种部族式的团结一致精神结合在一起，并相互忠诚，而这种忠诚又优先于范围较广的对整个民族国家的忠诚。这种根深蒂固的部族主义思维方式，从内部妨碍了中东新型政治文化的形成。从外部来看，如何处理同伊斯兰传统文化的关系，始终是困扰中东文化整合的重大问题。一般来说，第三世界国家的民族主义与宗教之间有着千丝万缕的内在联系。由于宗教文化构成了有宗教信仰民族的主体文化，在那些宗教势力占主导地位、宗教影响极深的民族中，民族意识的觉醒从一开始就同宗教传统有着血肉联系。中东民族主义也不例外。它在发展、壮大过程中曾一再受益于伊斯兰传统文化所提供的文化土壤和群众基础。正如阿拉伯语言学家和历史学家 Zein N. Zeine 所说："伊斯兰与阿拉伯民族主义不可能被彼此分开。阿拉伯民族主义既是一场政治运动，也是一次宗教复兴；它既是世俗的也是神权的；它既是致力于所有阿拉伯国家统一的现实的建设性力量，也是一种毫不妥协的反对西方的力量。"问题在于，民族主义与伊斯兰主义所体现的毕竟是两种截然不同的发展路向。因此，当新兴的奉行民族主义的政权推行世俗化发展道路时，宗教力量便开始与民族主义政权分道扬镳，并以批判者的姿态介入现实政治。针对现代民族国家理论，伊斯兰主义者主要从四个方面进行了诘难和攻击。第一，他们认为把人类分成较小而相互对抗的单位，否定了《古兰经》所说的人类的整体性和普遍性。真主只有一个，他的子孙也应同属一家。第二，民族主义之所以错误，不仅因为它划分人类，而且因为它分裂由忠实信徒组成的社会团体——乌玛。人们依据民族主义感情建立了现代国家，但却破坏了穆斯林世界的统一性和它的国际主义传统，使其成为犹太复国主义和西方帝国主义的牺牲品。第三，民族主义建立起新的崇拜目标，即物质主义国家，它使现代国家成为"安拉的一个伙伴"，亵渎了真主安拉对国家的绝对统治地位。第四，最要不得的正是"西方"特点的民族国家，它是西方的产物。在许多伊斯兰主义者看来，民族主义是诡计多端的欧洲人恶意输入的思想，旨在使他们中间出现对抗，使他们变得四分五裂，为人利用，成为容易到手的战利品。穆斯林兄弟会的学者穆罕默德·阿里·盖哈扎里就认为，提倡民族主义无异于回归到过去的"贾比利耶"（即伊斯兰之前的部族主义时期）。伊斯兰纽带要比基于共同血缘的血亲关系强烈得多。他质问道："我们怎么可能为民族主义政府而放弃伊斯兰呢？"多种彼此竞争的思想体系的存在，使中东意识形态领域因互相侵蚀而充满了混乱，这无形中增大了世俗国家政权进行文化整合的难度。而自20世纪六七十年代以来，作为中东民族主义的替代性政治—文化范式即伊斯兰复兴运动在中东舞台的崛起表明，现存的奉行民族主义的政权至今仍没有解决好文化整合和文化认同问题。

第四节　华夏文明和阿拉伯文明间的共性分析

中阿文化同属东方文化，在处于文化系统最上层的精神文化理念上存在共性，这是中阿文化交往的重要基础。

一 和平友爱思想

长期以来，每当人们谈及中东，就会想到战火不断、硝烟四起，在西方媒体控制话语权的情况下，它被描述成好战的恐怖主义文明。事实上，伊斯兰文明与中华文明都酷爱和平。据艾奈斯传述，穆圣说："你们任何人都不会得到完善的信仰，直到他为穆斯林同胞喜爱自己所喜爱的一切。"阿卜杜拉·本·阿慕尔传述，穆圣说："欲远离火狱，进入天堂者，当始终不渝地归信安拉和后世，并待人如己。"《古兰经》中提到："善恶是不一样的。你应当以最优美的品行去对付最恶劣的品行，那么，与你相仇者，忽然间变得亲如密友。""你们应当饶恕，应当原谅。难道你们不求真主赦宥你们吗？真主是至赦的，是至慈的。"可见，伊斯兰教主张化解仇恨，对人友爱仁慈，希望培养穆斯林谦和内敛的性情。伊斯兰文明是崇尚和平、厌恶战争和暴力的。中华文明讲究"以和为贵"，和平的前提就是人与人之间的互爱。《尚书》说："协和万邦"。《论语·学而》说："礼之用，和为贵"。《孟子·公孙丑上》说："天时不如地利，地利不如人和"。孔子说："克己复礼"，只有克制自己的私欲，爱天下的人，才能使自己的行为符合社会规范，才能实现社会和谐、天下太平。可见，崇尚和平，厌恶战争和暴力，是中华文明和伊斯兰文明的共同点。

二 多元和谐思想

世界上存在多种宗教、文明与社会制度。中华文明和伊斯兰文明主张以"多元共存"、"和而不同"的原则来处理不同主体之间的这种差异性。

《古兰经》中提到："未曾因你们的宗教而对你们作战，也未曾把你们从你们的家园驱逐出境者，真主并不禁止你们怜悯他们，公平对待他们。"《古兰经》中论及穆罕默德的使命时提道："我派遣你，只为怜悯全世界的人。"伊斯兰教要求人与人和谐相处，人与社会和谐共融，人与自然和谐发展。中国更倾向于在顺应天时、符合客观规律基础上发挥人的主观能动性，这种思想在涉及正确利用自然资源、保护生态平衡等问题上发挥了重要的指导作用，"不违农时"、"谷不可胜食"、"材木不可胜用也"都反映了人类与大自然和谐相处的正确思想。中国传统文化的精髓是"和而不同",倡导不同文化间的对话,主张在尊重差异的前提下追求和谐统一。"'和'的主要精神就是协调不同,达到新的和谐统一,使各个不同事物都能得到新的发展,形成不同的新事物。这种追求新的和谐和发展的精神,为多元文化共处提供了不尽的思想源泉"。

中阿两种文明关于人人平等、公正处事、公道行事、与人为善、以邻为伴、和谐共处的理念对于霸权主义的种族优越感和文化优越感是一种有力的冲击。中国坚持以多元文化观为文化认同的价值取向,其目的是帮助人们理解自己的民族文化,享有应有的文化尊重,并在认同本民族文化的基础上,包容、理解与尊重其他民族的文化,并从中吸取精华,以便获得参与未来多元文化社会所必需的价值观念、情感态度、知识与技能,有和平共处及维护文化平等和社会公平的意识和信念。

三 宇宙观

宇宙观,又称世界观,是指人们对世界总的根本的看法。由于人们的社会地位和观察问题的角度不同,所形成的世界观也不尽相同。

宇宙观,尤其是宇宙生成理论是任何哲学和文化体系必须回答的首要问题。明清时期的中国穆斯林学者利用自身优势,率先开展了"以儒诠经"的活动,将伊斯兰文明与中华文明的丰富资源加以有机整合,进行了文明对话和沟通的最早尝试。穆斯林学者刘智在坚持伊斯兰文明基本内核和根本原则的基础上,吸纳了中华文明尤其是儒学的思想资源,创造性地发展了宇宙生成理论。他承认《易经》中的"太极"、周敦颐的"无极"和老子的"道"为这个物质世界的总根源,创造性地发展"无称"是先天世界的总根源,这便是"真"、"造化之原主"。王岱舆在构建回族宗教体系时将回族宗教的"数一"与理学的"太极"进行沟通,形成了与儒家相近或相通的宇宙生成论,他的宇宙生成理论除与朱熹的宇宙生成次第有部分差异外,几乎一致;此外,他认为"体一"也极为重要,其"体一"意义的论述与《大学》极为相近。

中阿文化在宇宙观上具备相似性,各自区域内人们的知觉和经验都处于宇宙观框架的影响下，知识、政治、经济、宗教、文化、科学和道德等各社会层次也受其宏观影响。

四 伦理道德：天道"五功"与儒家"五常"

前者是指伊斯兰教的基本宗教功修即念、礼、斋、课、朝；后者是指儒家的"仁、义、礼、智、信"。"五常"贯穿于中华伦理的发展中，成为中国价值体系中的最核心因素。穆斯林学者也将二者相对接，发掘伊儒在伦理道德方面的共性。热爱和平、理性宽容、崇尚科学、鼓励求知的伊斯兰精神与中华民族传统文化精神是相通的。因此，宣传两者间的共有观念，有利于中阿在文化传播和交往过程中规避冲突、和谐共融。

第五节 中东地区国家与中国的贸易畅通现状

中东是一个有着海外贸易传统且拥有巨大石油财富的地区。但近几十年因为民族冲突和外来势力的干扰，中东地区战乱频繁，近几年国际经济持续下滑，国际需求乏力，导致国际油价持续下滑，对中东过去富裕的产油国带来了巨大的经济压力，经济转型迫在眉睫。中国经济发展中对能源的需求愈加旺盛，中国与中东贸易之间天然的互补关系，以及中东地区的战略地位，使得双方越来越重视彼此的经贸往来和政治互信。中国国家主席习近平 2016 年 1 月对中东三国的国事访问中特别提出中东地区是"一带一路"框架下，中国重要的贸易伙伴，愿意与中东国家在基础设施建设、互联互通、产能、能源等领域加强合作，中国与中东地区的贸易发展的前景也会越来越广阔。

一 中国与中东地区贸易总量分析

自 20 世纪 70 年代末中国实行改革开放以来，中国的对外贸易不断发展，其中，和中东地区双边贸易发展迅猛并逐年深化。2000 年，中国与中东贸易总额达到 958.30 亿美元，到 2015 年就已经增长到 14135.95 亿美元，16 年间增长了近 14 倍。中东富有石油资源，是全球重要的石油供给基地，也是中国石油进口的最大地区。中国与中东地区在 16 年中，多数年份的贸易表现为逆差，2014 年逆差额达 3013.72 亿美元之巨，2015 年则实现小幅顺差，这也是因为 2015 年世界原油价格大幅下跌所致。中国和中东地区贸易日益密切，2000 年与中东贸易总额占中国进出口贸易总额的 15.5%，而到了 2015 年，占比增长至 35.7%，说明中国与中东地区的贸易关系十分密切，中国已经成为中东地区的最大贸易伙伴，前景发展非常广阔。

表 6-1　　　　　中国与中东地区双边贸易状况　　　　单位：亿美元

年份	出口总额	进口总额	贸易总额	贸易差额
2000	572.27	386.02	958.30	-186.25
2001	599.79	437.07	1036.85	-162.72
2002	536.55	567.14	1103.70	30.59
2003	878.94	760.02	1638.97	-118.92
2004	1274.28	1009.88	2284.16	-264.40
2005	1868.84	1351.88	3220.71	-516.96
2006	2589.53	1795.77	4385.30	-793.76
2007	2812.00	2736.39	5548.40	-75.61
2008	5103.99	3637.18	8741.17	-1466.80
2009	3188.17	3229.06	6417.23	40.89
2010	5232.44	3958.05	9190.49	-1274.39
2011	8241.31	4919.77	13161.08	-3321.54
2012	9343.09	5416.16	14759.25	-3926.93
2013	9894.44	5990.68	15885.12	-3903.76
2014	10640.35	7626.64	18266.99	-3013.72
2015	6709.44	7426.52	14135.95	717.08

资料来源：中国海关总署。

二　中国与中东地区的贸易结构分析

中东进口依赖性较强的产品主要是轻工、机械装备等工业制成品，而这些正是中国具有国际比较优势的产品。中国与中东之间大部分类别的商品贸易以产业内贸易为主。除了类目 SITC5（化学品及有关产品）突出表现为产业内贸易特征以及 SITC2（非食用原料、燃料除外）类商品、SITC4（动物油、植物油、脂肪和蜡）和 SITC9（未分类的货物及交易）在个别年份表现为产业内贸易外，其他类目的商品均表现为明显的产业间贸易形态，这说明中国和中东的双边贸易在整体上互补性比较强。分析中国与中东地区的要素禀赋可以发现，两地表现为产业间贸易特征的互补性正是源于两地自然资源、资金和技术要素的比较优势不同而形成的价格比较差异。从贸易的商品结构数据也可看到中国与中东两地产业间贸易特征显著，中国对中东的出口主要集中在 SITC7（机械及运输设备）、SITC6（按原料分类的制成品）和 SITC8（杂项制品）三类商品，2014 年三类商品占比依次为 36.30%、29.61% 和 26.40%。中东对中国的出口最主要的是 SITC3（矿物燃料、润滑油和相关原料）、SITC5（化学品及有关产品）和 SITC2［非食用原料（燃料除外）］，2014 年其比例依次为 85%、12% 和 3%。可预计在未来一段时间内，中国与中东的这种要素禀赋的差异恐难改变，两地仍有较大的贸易潜力。

第七章　中东欧地区的文化特征及其与中国的贸易畅通现状

第一节　中东欧地区的文化特征

一　地缘因素导致的该地区文化交汇和冲突显著

中东欧之所以可以成为一个单独区域，还在于这个地区地理位置和地缘政治上的重要性，在于大国在这里没完没了的角逐。

地理位置是一个民族、一个国家或一个地区所拥有的自然条件、人文条件，对其生存和发展都有着重要的影响。人们一直非常看重这种影响，从古希腊到20世纪20—30年代还存在一种地理环境决定论。地理环境决定论或许有些极端，然而，谁都不能否认地理位置在一个国家和一个地区社会发展中所起到的无可替代的作用，地缘政治上的东欧主要由地理位置上的中欧和东南欧两个部分组成。波兰、捷克、斯洛伐克、匈牙利属于前一部分，它们从北至南横贯欧洲大陆的中部，可以说是连接欧洲东部和西部的桥梁。后一部分是东南欧（也就是巴尔干半岛）的罗马尼亚、保加利亚、南斯拉夫和阿尔巴尼亚。它们地处欧洲、亚洲和非洲的交会处，西南隔着地中海与北非相望，东南与土耳其领土的欧洲部分接壤并隔着黑海与土耳其的主体相对。

地缘政治是人类社会政治现象的空间分布与地理环境之间的关系，是人文地理的组成部分。从地缘政治角度来观察，中东欧的重要性就更加明显了。中东欧处于不同文明和不同政治文化的交汇处并深受其影响，波兰、匈牙利、捷克、斯洛伐克地处中欧，其民族主要受西方文明和俄罗斯文明的影响。罗马尼亚、保加利亚、塞尔维亚、阿尔巴尼亚、马其顿、斯洛文尼亚、克罗地亚、黑山等地处东南欧的民族所受的外来文化影响，除了西欧文明和俄罗斯文明之外，还有伊斯兰文明。在巴尔干半岛上，三种文明是分地域、分时段对那里产生影响的。有的民族受西欧文明影响比较大，有的民族受俄罗斯文明影响比较大，有的民族则受奥斯曼文明影响比较大。其中，奥斯曼文明最大的特点是政治传统中功利主义色彩较浓，中央政权不强制要求文化与民族完全同一，不同的宗教与民族只要服从中央政府，负担税赋和杂役就可以在国家组织中保有一席之地。中东欧的社会发展史可以说就是上述这些文明之间不断交汇、融合与冲突的历史，甚至就连东欧的民族构成、价值观念、宗教信仰、国家构成等都是不同文明交汇、融合和冲突的产物。但总的来看，冲突有余而融合不足，这是东欧政治发展异常曲折的重要原因之一。

由于各种文明的主要载体就是大国，所以，中东欧地区的民族和国家饱受这些大国的侵扰与控制。虽然有个别民族和个别国家在个别时期强盛一时，可相对于西边的日耳曼、法兰西和东边的俄罗斯、土耳其来说，中东欧的民族或国家总体上既小又弱。他们的政治发展始终笼罩在周边大国的阴影之中，从古至今，罗马帝国、拜占庭帝国、土耳其奥斯曼帝国、沙皇俄国、普鲁士、奥地利、奥匈帝国、第三帝国、苏联、德国、俄罗斯、美国都以不同方式对东欧的民族和国家施加着自己的影响。不仅如此，这些大国为了争夺欧洲和世界长期争斗不已，时常将东欧变成战场，而战争后果的主要承担者往往又是中东欧的民族和国家。有学者认为，中东欧是位于强大势力范围之间的"破碎带"，由于强国势力范围的重叠，战争就最容易在这里发生。还有学者指出，"作为相当弱小和易受攻击的主权民族国家的欧洲的'后来者'，中东欧和东南欧民族获得它的现代的民族认同、领土和国家地位，至少部分地通过欧洲大国的恩惠。对这种不幸的困境真切的了解助长了普遍的'民族不安全感'长期存在，也鼓励了这样的宿命论：这个地区的民族通常只能被唤起行动，而不能主动行动，外部大国势力会做出适合它们的领土安排"。命运似乎只给中东欧民族和国家留下了两条出路：要么长期寄人篱下，在被占领、被奴役的屈辱中苦苦挣扎，要么依附于某个大国，甚至为虎作伥，去占领、奴役更小、更弱的民族或国家。由于大国关系的复杂性。大多数中东欧民族的这两种命运往往是交替地出现。

"冷战"结束后，中东欧国家在不同程度上仍是美国、西欧和俄罗斯争夺的对象。对中东欧国家来说，历史命运似乎有着很强的穿透力。这种现象反映在学术研究上，对于迄今为止尚未完成的北约东扩和欧盟东扩，学者们更多地从北约的新战略、欧盟的新政策、俄罗斯与西方国家之间讨价还价的角度来研究，不大关注从中东欧国家出发来讨论这两个"东扩"问题，更少表达这些国家的利益诉求和内心感受。

二 中东欧一体化发展艰难，呈现严重的"碎片化"

东欧国家曾经是社会主义的重镇，但在20世纪中后期经历了以喜剧开始和以悲剧结束的大起大落。

第二次世界大战后，中东欧各国都走上了社会主义道路，成为以苏联为首的社会主义阵营的重要组成部分，也成了地缘政治意义上的东欧。这八个社会主义国家在本国共产党的领导下，利用战争后期和战后初期的有利国际形势，先是完成了民主、民族革命，建立人民民主政权，接着又进行了土地改革和工业的国有化，最终走上了社会主义道路。在以后四十多年的社会主义发展进程中，东欧在内政和外交方面紧紧地依附于苏联，后者在"冷战"期间更是加强了对东欧政治、经济、军事等各个方面的控制。在苏联压力下，原本充满多样性的、"万花筒"般的中东欧被迫接受统一的苏联社会主义模式。除南斯拉夫在某种程度上有所不同外，其他国家都在朝"苏联化"方向行进。但是，在苏东这个形式上高度统一的社会主义阵营中，中东欧各国自己的发展道路与外来的苏联模式之间，东欧的独立自主诉求与苏联的大党主义、大国主义之间，从一开始就存在矛盾与冲突。完全照搬苏联模式、接受苏联的领导与尊重本国国情、实现本民族利益相违背，探索一条适合自身特点的社会主义道路、寻求主权独立和与苏联的平等关系又受时代条件和国际环境的制约。这样一来，冲破苏联模式、摆脱苏联的控制和要求独立自主就成了这一时期东欧社会发展的一条主线。

东欧国家是按苏联模式进行社会主义建设的。尽管经济一度得到迅速恢复和发展，人民群众的生活水平也有一定的提高，但是由于东欧国家的政治、经济发展水平、历史、文化和传统与苏联有较大的差异，苏联模式的不适应性逐步显现出来。从20世纪50年代起，东欧一些国家便逐渐开始着手对经济体制和政治体制进行改革，探索适合本国国情的社会主义建设道路，并曾几度形成高潮。然而，一方面由于这些改革都程度不同地带有反对苏联模式和苏联控制的色彩，因而受到了苏联的阻挠甚至镇压；另一方面这些改革并没有从根本上冲破苏联模式的束缚。同所有的社会主义国家一样，东欧所奉行的也是那种高度集中的计划经济体制，社会经济在统计数字上"不断增长"，但同时也造成人民群众现实物质生活的"不断短缺"。随着门户陆续打开，东欧人看到了与西欧的巨大反差，心理上原有的平衡被打破，对旧体制产生了极大的怀疑，对当政者完全丧失了信心，彻底改变现状的愿望和要求越来越强烈。持久的危机在各种外部力量的推动下终于演化成剧变，执政的共产党纷纷落马，国家改名换姓，社会主义在东欧不复存在。

剧变后，中东欧处于社会的全面转轨当中：政治上抛弃了共产党一党执政的体制，转而实行多党议会制；经济上，从计划经济体制转向自由市场经济；外交上，变追随苏联为面向欧美。东欧的这种"返回欧洲"的全面转轨，从大趋势上看，是不可逆转的。但是，由于各国情况不同，转轨的难度大小也不一样，有的国家在政治、经济和外交等方面新的体制并没有最终定格。但有一点是可以肯定的，那就是所有这些国家没有一个是留恋过去的社会主义制度的，也没有一个是想与苏联的后继者——俄罗斯结盟的。从隶属于西欧到受制于苏联，再回归西欧，中东欧地区的内聚性轻而外倾向重的文化特质导致其整体显现出"碎片化"的特征，针对不同国家需要不同的沟通方式。

第二节 区域人口及宗教构成分析

一 中东欧人口分析

中东欧 16 国位于欧洲中东部，总面积 133.6 万平方公里，总人口 1.23 亿。其中波兰是 16 国中面积最大、人口最多的国家。

中东欧总人口规模呈缩小的态势，除了几个国家人口呈小幅增长外，其他国家均呈现快速下滑的情况。在人口规模缩小的国家中，年均负增长最为明显的是保加利亚（0.9%）、拉脱维亚（1.0%）和爱沙尼亚（1.2%）。导致 16 国中大多数国家人口负增长的主要原因是生育行为的变化、预期寿命的变化和对外移民。

（一）生育行为的变化

生育行为的变化在过去的十年中一直比较明显，而后两个因素则主要是 20 世纪 90 年代以来表现显著。所有这些因素，加上老龄化社会的到来，在大多数国家中对社会保障制度、特别是养老金和健康照顾制度产生了重要影响。在 16 国中，无论是总人口规模扩大还是缩小的国家，人口自然增长率都有明显的下降，尤其以保加利亚、爱沙尼亚、匈牙利和拉脱维亚最为突出。

中东欧 16 国中许多国家的人口规模的下降很大程度上归因于生育数量的稳步减少。有人认为，导致这些趋势的因素主要是经济发展前景的越来越不确定、实际工资的减少以及政府对家庭政策的态度的变化，中东欧 16 国的生育率普遍低于欧盟 15 国，水平只有 1.3‰。

（二）预期寿命的变化

除了生育率普遍偏低外，预期寿命也是引起人口下降的因素。中东欧国家中，有些国家的低生育率一直与预期寿命的明显增长相伴随，尤其是斯洛文尼亚和捷克。斯洛文尼亚女性的预期寿命为 79.1 岁，男性为 71.9 岁。最近几年，捷克的人口预期寿命也有明显增长，女性达到 78.3 岁，男性达到 71.6 岁。同样，斯洛伐克和立陶宛人口的预期寿命经过了一段时间的下降后开始回升，从而抵消了生育率下降的作用。波兰和匈牙利人口的预期寿命仍然不算很高。预期寿命的不断提高，很大程度上归功于健康条件和公共卫生的改善。低生育率和预期寿命的提高也将对这些国家提供养老金和健康照顾的财政能力提出挑战。尽管保加利亚、拉脱维亚和爱沙尼亚的生育率比其他国家高，但其人口自然增长率却低，主要原因在于人口预期寿命提高不明显。尤其对保加利亚和爱沙尼亚来说，人口预期寿命几乎没有增长。拉脱维亚和爱沙尼亚的男女预期寿命差别明显，即女性同为76.0岁，男性拉脱维亚则为64.9岁，爱沙尼亚为65.1岁。其部分原因在于在这两个国家中，男性酗酒和自杀率都比较高。

（三）对外移民

除了生育行为的变化和预期寿命发展的不同趋势外，在某些国家，移民也对人口形势产生了一定的影响。保加利亚、波兰和罗马尼亚、塞浦路斯的对外移民都起到了减小人口规模的作用。移民数量占到立陶宛人口的1.6%和保加利亚人口的大约4%。20世纪90年代上半叶的移民最为迅猛，其中主要是民族性移民。如俄罗斯人、波兰人、乌克兰人和白俄罗斯人从波罗的海国家回归故里，土耳其人从保加利亚移出，以及捷克和斯洛伐克两国间的相互移民。20世纪90年代中叶后，移民数量明显减少，但仍然是一个不可忽视的因素。从移入和移出数量看，捷克和斯洛伐克之间基本相等，上述其他国家则为净移出，而斯洛伐克和匈牙利则为净移入。

中东欧16国的人口形势和人口发展有一个共同的趋势，就是都在向老年化社会迈进。表现为15岁以下人口比重下降，65岁以上人口比重上升，以及老年依附率上升，但是各个国家的老年依附率表现不太一样。塞浦路斯、斯洛伐克和波兰的老年依附率比较而言较低，平均16%左右；拉脱维亚和爱沙尼亚最高，平均老年依附率达到22.5%左右，属于老年型人口；其他国家的老年依附率则在两点之间徘徊。

二 中东欧民族宗教构成分析

中东欧民族分布呈现出"马赛克现象"，由此引发的宗教也表现出强烈的错综复杂性。

中东欧地区的民族既包括文化人类学意义上的族群，又包括政治意义上的民族。在历史发展的过程中，这两种意义上的民族虽然在不同阶段各有侧重，但在更多的时期是交叉在一起的。中东欧民族的数量多而且使用不同的语言和信奉不同的宗教，因而情况就更加复杂。作为交流思想与感情的工具和人类思维物质载体的语言，是与民族紧紧地联系在一起的，具有很强的地域性特点。与多样性的民族和地域相适应，仅就主要民族语言来说，中东欧就有分属两个语系（印欧、乌拉尔）、四个语族（拉丁、斯拉夫、乌戈尔、阿尔巴尼亚）、五个语支（西斯拉夫、南斯拉夫、阿尔巴尼亚、东拉丁、匈牙利）的十种语言（波兰、捷克、斯洛伐克、塞尔维亚—克罗地亚、斯洛文尼亚、马其顿、保加利亚、阿尔巴尼亚、罗马尼亚、匈牙利）。如果再将各少数民族的语言考虑在内，东欧的语言种类还要更多。中东欧语言分布的这种状况，从一个重要方面映射了中东欧民族分布的复杂性，在很大程度上影响了它们彼此之间的认同和与欧洲一体化的进程。

世界性的宗教只有三个，即佛教、基督教和伊斯兰教。在这世界三大宗教中，中东欧主要民族所信奉的就占了两个，即基督教和伊斯兰教。基督教又有三大派，即天主教、东正教和新教。在这三派中，中东欧的主要民族所信奉的宗教也占两个，即天主教和东正教。在东欧的主要民族中，虽然同一个民族内部会有少数人由于种种原因信奉与本民族主要信仰不同的宗教，如一些塞尔维亚人信奉伊斯兰教，一些阿尔巴尼亚人信奉天主教或东正教，但整体来说，每个民族信仰的宗教基本上是一样的。

在中东欧主要民族信奉的宗教中，伊斯兰教和基督教自中世纪以来就处于尖锐的对立状态，始于11世纪末并持续了200年的十字军东征，至少在表现形式上就是这两大宗教的直接冲突和战争。但自1054年正式自立门户以来，虽然没有像基督教和伊斯兰教那样演绎着塞缪尔·亨廷顿所谓的"文明冲突"，却也"彼此处于完全隔离的状态"。处于天主教、东正教和伊斯兰教交汇处的中东欧地区成了几大宗教力量此消彼长的场所，从而使这一地区各民族间的关系比较紧张，甚至发生冲突和战争。除了上面所说的语言和宗教外，东欧民族的复杂性还有两个表现应当予以提及。其一，东欧还存在许多其他民族，如土耳其人、吉卜赛人、犹太人等；其二，各种民族的交叉分布，这在东欧民族国家形成之后特别明显，如南斯拉夫的阿尔巴尼亚人，捷克斯洛伐克、南斯拉夫、罗马尼亚的匈牙利人，保加利亚的土耳其人，中东欧国家中的吉卜赛人等。西方学者将民族的这种分布状况形象地称为"马赛克"。

中东欧民族与宗教上的复杂性产生的直接后果，就是中东欧作为一个整体缺乏认同感和凝聚力，不仅形成不了单一文明的区域，而且不同民族之间的矛盾与冲突比较多，与大国的关系也非常复杂，而这些就成了中东欧独一无二的丰富内涵。从表面上看，如今的中东欧和西欧越走越近，甚至成为一家似乎指日可待。但是，中东欧内含的独特性仍使得两者形同"水与油"，很难真正地融在一起。

第三节　中东欧地区宗教信仰演变情况

东欧和中欧的"后社会主义国家"在经历政治体制变革之后，从法律上（和形式上）进行了关于宗教活动的规章制度的重大重建。在某些国家和社会，出现了宗教归属和宗教信仰（非常少）的某种程度上的增长迹象；同时，也可以看到这些国家的传统教会异口同声、目的明确地做出了努力，试图获得与其在第二次世界大战以前一样的社会地位。他们的这种努力通常是寻求其自身在民族主义国家的合法化，并且建立在广泛的宗教和国家认同的共识基础之上。另外，这些国家和社会都逐渐向各种类型的新兴宗教运动（New Religious Movements，NRMs）敞开了大门，这又对宗教多元论形成了挑战。

上述这两个过程——主流宗教重新获得社会权力以及宗教信仰的可选择性增多，导致社会上对宗教的认识出现了不同的观点，而且这些观点通常情况下都是截然对立的。然而事实上，宗教的社会地位很大程度上是建立在传统观念之上的，因而更加有利于既有宗教，从而将新兴的宗教组织推向了边缘地位，因为人们总是把新兴宗教与负面的偏见联系在一起。新兴宗教运动通常被看成是对"传统"宗教、国家认同以及整个社会的一种威胁。当政府在制定新的法律以规范宗教的时候，通常是以严格苛刻的标准对宗教获得法律地位的条件做出规定。因此，"非本土产生的"宗教通常不能登记为一个宗教组织，在某些时候，这就意味着他们根本不能开展活动。

一 宗教信仰总体情况分析

由于数据所限，仅仅找到中东欧16国中8国的有关宗教信仰、立法方面等的信息的调查数据。因此，我们采用 EVS 1999—2000 年度调查结果的部分数据做比较，该调查共包括 31 个欧洲国家。下面我们将列出一些数据（这里选择了一组不同的变量，来考察有关宗教信仰情况的特定方面），勾画一个关于该地区复杂的不同类型的宗教状况的大致轮廓。

对宗教信仰总体情况分析中，EVS 提出了这样几个问题进行调查，调查信息统计如下：

表 7-1　　　　你属于某个宗教派别吗？　　　　单位:%

国家	是	否
爱沙尼亚	24.9	75.1
拉脱维亚	59.3	40.8
立陶宛	81.3	18.7
波兰	95.7	4.3
捷克共和国	33.6	66.4
斯洛伐克	76.8	23.2
匈牙利	57.1	42.9
斯洛文尼亚	70.0	30.0
总计（31个国家）	72.2	27.8

表7-2　　　　你是否会独自去教堂，你愿意说你是……　　　　单位:%

国家	一个笃信宗教的人	不是笃信宗教的人	明确的无神论者
爱沙尼亚	41.7	51.6	6.6
拉脱维亚	76.9	20.3	2.8
立陶宛	84.5	14.1	1.5
波兰	94.4	4.4	1.2
捷克共和国	43.2	48.5	8.3
斯洛伐克	81.5	14.2	4.3
匈牙利	59.0	35.5	5.5
斯洛文尼亚	70.2	21.3	8.5
总计（31个国家）	66.7	28.2	5.1

表7-3　　　　葬礼以及洗礼，你参加宗教活动的频率是……　　　　单位:%

国家	每月至少参加一次	特殊场合参加	从不参加
爱沙尼亚	11.1	51.1	37.8
拉脱维亚	15.1	50.4	34.6
立陶宛	31.5	52.5	16.0
波兰	78.2	16.6	5.2
捷克共和国	11.7	30.8	57.5
斯洛伐克	49.8	27.1	23.1
匈牙利	17.5	39.8	42.7
斯洛文尼亚	30.7	39.1	30.1
总计（31个国家）	31.6	38.8	29.5

表7-4　　　　　　　　你相信上帝吗？　　　　　　　　单位:%

国家	是	否
爱沙尼亚	51.4	48.6
拉脱维亚	79.5	20.5
立陶宛	86.5	13.5
波兰	97.3	2.7
捷克共和国	38.9	61.1
斯洛伐克	82.8	17.2
匈牙利	68.1	31.9
斯洛文尼亚	65.2	34.8
总计（31个国家）	77.4	22.6

表7-5 上帝在你的生活中有多重要？（10 = 非常重要；1 = 根本不重要）

国家	平均值	样本标准差
爱沙尼亚	4.23	2.81
拉脱维亚	5.65	2.96
立陶宛	6.74	3.11
波兰	8.39	2.24
捷克共和国	3.63	3.06
斯洛伐克	6.63	3.25
匈牙利	5.36	3.40
斯洛文尼亚	5.02	3.20
总计（31个国家）	5.98	3.24

根据信仰归属的自我认同、参加宗教活动的频率以及相信上帝的程度等几个问题，好几个国家都可以被称为宗教社会，如波兰、立陶宛、斯洛文尼亚、斯洛伐克，接近欧洲31国的平均水平，说明其宗教信仰基础比较深厚，宗教对社会的构成及居民的行为的影响较深；而有几个国家则是非常世俗化的社会，如捷克共和国与爱沙尼亚，宗教在该地区的影响力较低，社会的宗教信仰对社会及居民的行为的影响较弱，社会规范更多靠法律来加以约束，而不是宗教教义。

所选择的这几个国家的宗教模式也是各不相同的：大多数国家都是天主教占主流地位，比如立陶宛、波兰、捷克、斯洛文尼亚、斯洛伐克。但同样也有几个国家的宗教组成比较混杂，如拉脱维亚的天主教、基督教新教以及东正教比例大致相等；爱沙尼亚拥有大量的基督教新教和东正教信徒；匈牙利也是一样，虽然天主教占主流，但是基督教新教也是一支强大的力量。

关于非传统的宗教信仰，规模较大的国际性调查中相关数据通常比较缺乏，其主要原因是此类宗教信徒人数较少，教义和活动方式多变，并且有些时候其信徒表达信仰的意识也不强烈。在我们的研究中，只能做一些间接的估计：以关于不同的/非传统的上帝观念，即把对非人格的上帝的信仰当作精神的或者生命的支配力量的资料为基础，通过统计发现非传统信仰在拉脱维亚、捷克、爱沙尼亚、斯洛伐克以及斯洛文尼亚等国家有相对较高的比例,也就意味着,在这些国家中非传统宗教更容易获得一定的发展基础和人群;就相信"轮回转世"观念而言,立陶宛则明显比其他国家更相信轮回,说明宗教在该地区的统治力量还是强大的,宗教通过教化和教义能对人的行为产生极大的约束力。

二 各国有关宗教立法情况

(一) 爱沙尼亚

1992年的爱沙尼亚宪法保证了宗教信仰的自由,该宪法紧紧依照《联合国人权宣言》和《欧洲保障人权和基本自由公约》中的相关理念。爱沙尼亚宪法第40条规定:每个人都有良知、宗教以及思想的自由。每个人都可以自由地归属于教会和宗教团体。没有国家宗教。不论是个人还是集体,不论是公开还是非公开,除非其行为对公共秩序、人身安全以及社会道德造成危害,每个人都享有实践其宗教信仰的自由。

1993年,政府通过了第一个《教会和宗教团体法案》(Churches and Congregations Act),该法案以确定宗教法人的形式,将已登记的宗教团体的活动纳入了法律框架。2002年,爱沙尼亚政府又通过一个法案,取代了1993年法案。

(二) 拉脱维亚

拉脱维亚宪法中仅有第99条提及宗教,该条款是1998年加入的。条款说:"每个人都有思想、良知和宗教信仰的自由,教会应该与国家政治相分离。"实际上,拉脱维亚似乎只实现了部分的政教分离。

《宗教组织法》(The Law on Religious Organizations,1995年正式通过)并没有对不同的宗教团体进行区别。但是民法中的表述是,在公立学校中,只可以教授有关"传统"宗教派别的内容,这些传统宗教派别包括:福音派路德宗、罗马天主教、东正教、旧礼仪派(old believer,又称旧信徒)、浸信会、卫理公会、基督复临安息日派(seventh-day adventist)以及犹太教团体。非传统性宗教只能在私立学校进行宗教指导。

（三）立陶宛

立陶宛宪法保证了宗教信仰自由，并且宣布不存在官方认可的国家宗教。宪法同时还允许国家承认传统的宗教组织，这些宗教组织也受到社会的扶持。一项关于宗教组织的专门性法律（1995）规定，传统的（具体有9个）和非传统的宗教组织，在进行登记25年之后，都可以申请获得国家的承认。

（四）波兰

根据1997年波兰宪法，国家对各种宗教的和哲理的信仰都一视同仁。宪法第53条规定，作为个人选择，公民享有加入或者接纳某个宗教的自由；不论是个人还是集体，不论公开还是不公开，公民都享有表达宗教信仰的自由。此外，宪法也允许在学校中开展宗教教育，但只能在官方认可的教会以及宗教社团开办的学校中进行。宪法还禁止任何基于种族、性别、语言、有无信仰、社会分工、出身以及财产等而存在的对个人权利和自由的限制（根据宪法第233条）。

涉及宗教问题的最基本的行政法规是《良知与信仰自由条例》（*The Statute on Freedom of Conscience and Creed*），该条例于1989年获得通过，当时波兰尚处于社会主义政权时期。1998年，该条例被重新修订，共有三个组成部分：个人的宗教信仰和良知自由，国家政治与教会及宗教团体的关系，以及教会和宗教组织的登记注册。

（五）捷克共和国

捷克宪法中唯一提及宗教的，是1993年的捷克公民权利和自由文件，其中声明了宗教多元论。关于宗教的法律于1991年得到认可，根据规定，所有获得法律地位的宗教组织都要自动进行登记（共有19个宗教组织通过这种方式进行了登记）。其他的宗教组织登记注册，则需要拥有1万名成年人成员（只有耶和华见证人会获得了登记）。2002年正式通过了新的《宗教自由及教会和宗教组织地位法》（*Law on Religious Freedom and the Status of Churches and Religious Associations*）。

（六）斯洛伐克

斯洛伐克政府对待教会和宗教组织的方式，可以被称为在严格的政教分离原则与官方的政教合一体系之间奉行一条"中间路线"。尽管并不存在一个国家教会,但罗马天主教显而易见地享有很多特权。其宪法宣称斯洛伐克共和国在各种宗教与意识形态面前保持中立(第1条),但在宪法序言中,却又承认圣济利禄及圣默多狄(Cyril - Methodius)的宗教传承,以及大摩拉维亚(Great Moravia)的历史遗产。宪法第24条规定要保障思想、良知、宗教表达以及信仰的自由。每个公民都有不表达任何宗教信仰的自由,也有表明宗教和信仰的自由。不论是个人单独还是与其他人一起,不论是公开的还是不公开的,都可以通过礼拜、宗教活动、宗教服务以及接受宗教教育等方式表达信仰。

有几个管理宗教事务的法令。1991年通过了《宗教自由与教会和宗教社团地位法令》(The Act on the Freedom of Religious Beliefs and the Status of Churches and Relitious Communities),并于2000年进行了修订;1990年通过了《神学院法》(Act on Theological Colleges);1992年通过了《教会和宗教社团登记法》(Act on Church and Religious Community Registration),规定了宗教组织登记注册所应具备的相关条件;1993年通过的《教会和宗教社团合法财产侵害调解法》(Act on the Mitigation of Legal Property Injuries Caused to Churches and Religious Communities),确定了部分地赔偿第二次世界大战之后(直到1990年)被政府剥夺的教会财产的方式和条件。《国家对教会和宗教社团经济援助法》(The Act on the Economic Provision of Churches and Religious Communities by the State)对教会的资金作了规定:根据要求,国家必须为教会和宗教组织提供资金支持,以便支付神职人员的薪水津贴,包括教会用于社会捐献和健康关怀的资金以及雇用神职人员而需要的资金。

(七)匈牙利

匈牙利宪法通过第60条保障了公民享有公开或者非公开地行使宗教信仰自由的权利,同时确立了政教分离原则。匈牙利政府1990年正式通过了《良心、宗教和教会自由法》(Act on the Freedom of Conscience and Religion and the Churches),并于2002年进行了修订。

在该法案中,"教会"(churches)一词用来指称所有类型的宗教组织。在匈牙利,正式地建立一个新的合法的宗教组织,必须要有100人以上的成年人成员;此外还要准备一份有关该组织的章程、代表人物名单以及关于其活动不违反宪法和法律规定的说明性材料,提交给州县法院。由于登记注册并非必需的,许多宗教组织都在没有合法身份的情况下开展活动(比如 the Family International)。如果要改变这一法令,必须要得到2/3以上的下院议员的支持。

匈牙利政府和梵蒂冈教廷曾签订有一个特别协议(但并非政教协定),还与改革宗教会、路德宗教会及犹太教组织达成一些小方面的共识。

登记注册的宗教组织有权力在公立学校开展宗教指导方面的选修课,可以由宗教组织自行确定课程并委派教员;登记注册的宗教组织还有权建立非公立学校,并获得国家的资金支持。根据1994年的《军队神职人员政府令》(Government Decree of the Army Chaplaincy),军队神父、牧师以及拉比等的委派要由相关的宗教组织协商确定。该法令中还使用了一个术语,将"具有历史传统的教会"纳入了匈牙利的法律和实践中,因为具有历史传统的四个教会的领袖会被邀请参加公众活动或商讨各种议题。监狱中的神职人员则是2000年才开始引入的,规定所有登记注册的宗教组织都有在监狱内开展宗教服务的权力,但是政府只对四个"具有历史传统的教会"提供资金支持。

(八)斯洛文尼亚

斯洛文尼亚1991年宪法依据第7条和第41条,将"宗教组织"界定为以集体形式行使宗教信仰自由权力;这些团体应该与国家相分离,在法律面前一律平等,并且自由行使权力开展相关活动;宪法第14条和第63条禁止煽动宗教歧视、宗教仇恨和宗教不容忍;第46条和第123条则确认了宗教组织有责任谴责基于宗教的、哲理的和人道主义的犯罪行为。

行政法规进一步对有关宗教的法律条文作了细化和具体化。直到最近,斯洛文尼亚执行的关于宗教的法规仍是1974年通过的《宗教组织合法地位法令》(Act on the Legal Position of Religious Communities），该法令是由当时的南斯拉夫社会主义联邦共和国颁布的。斯洛文尼亚独立之后，只是做了一些细微的调整和修订，继续执行此法令，并将其纳入了自己的法律体系。2006年年底，斯洛文尼亚国会以微弱优势同意了新的《宗教自由法》（Act on Religious Freedom），该法遭到了来自宗教少数派及其组织和社会科学家的强烈指责。

三　各国新兴宗教活动

由于一部分新兴宗教运动在没有合法地位的情况下活动，还有一些新兴宗教的活动远离公众视线，因此很难断定我们研究涉及的这些国家现行的主要新兴宗教运动的数量，更难估计它们的信徒究竟有多少。有些新兴宗教本身并没有关于其信徒人数的清晰概念，因此也无法提供一个它们自己关于其信徒人数的估计数字。因此，下面所列出的这些数据，只是参照研究中东欧地区新兴宗教现象的诸多学者们的成果而作出的有限估计。

（一）爱沙尼亚

新兴宗教运动传入和出现在爱沙尼亚是20世纪80年代末90年代初的事。据客观估计，已经有100个左右的新兴宗教运动组织。其中最大的一个代表性组织是耶和华见证人会，该组织目前在爱沙尼亚拥有约3900名信徒。其他还有如爱沙尼亚传道人基督教徒五旬节教派会众联合会（约3500人），爱沙尼亚纯福音教派会众联合会（约1000人），以及自由派基督徒爱沙尼亚联合会（约1000人）等。

产生于本土的新兴宗教运动：塔拉之家（The House of Taara）和大地之母信仰（Mother Earth People）是爱沙尼亚两个本土的宗教信仰。这两种信仰的传统都宣称他们是早在基督教之前就存在的，并通过代代相传从古代固有地流传下来的。塔拉（Taara）传统在20世纪20年代中叶还曾一度成为一种全国性的宗教传统。大地之母信仰于20世纪70年代开始开展活动，但自20世纪80年代后期以来，其活动开始由官方操办。还有一种有必要提及的团体，他们自称为奎克（Quakers），该团体以玉苒厦永蒂经（the Urantia Book）以及对其预言家阿南（Anon）的幻想为基础，然而在2002年，这个社团决定放弃他们作为登记注册的宗教协会的合法地位。

（二）拉脱维亚

对活动在拉脱维亚的新兴宗教运动及其信徒数量做一个公正的估计是极其困难的。最大的也是最引人注目的新兴宗教运动包括：耶和华见证人会（大约有2000人）、灵恩派基督徒团体（约20000人）、五旬节派团体（约6000人）、北威州新使徒教会（约1000人）以及国际克里希纳意识会（ISKCON，中文简称益世康）（约500人）。

鉴于来自拉脱维亚医药协会的强大压力，基督教科学学派前后6次遭到登记拒绝（因为该教派列出一些通过非医疗手段治疗病人的例子）；在经过国际社会的抗议之后，该教派于2002年获得了登记注册。这里还要提及围绕耶和华见证人会团体的登记注册问题而展开的一些争论。该团体于1993年提出申请，起初被否决，后来又得到准许，但是最高法院却驳回了里加市法院的判决（1998年，有3个团体获准登记，2000年又有11个团体获准登记，但是它们必须每年进行一次重复性例行登记）。

（三）立陶宛

在1990年苏联通过《良心自由法》之后，立陶宛的宗教社团可以自由开展活动。2002年的全国人口普查显示，预计所有非传统宗教信仰的社团人数大约占全国总人口的2%。自2004年以来，宗教社团登记都在政府司法部的登记中心进行。目前，已经有176个非传统的宗教社团进行了登记注册，其中有像国际克里希纳意识会、纯福音教会、新异教社团、国际基督徒教会、葡萄园教会以及统一教会等这样一些新兴宗教运动，也包括像浸信会、五旬节教会、卫理公会、救世军、基督复临安息日教会、摩门教以及耶和华见证人会等比较老的教会。基督教科学派、萨帝亚·赛·巴巴（satya sai baba，印度心灵大师）以及奥修神秘主义社团等仍然作为非政府组织开展活动，但是奥修神秘主义社团有望很快获准登记为宗教社团，因为它们在与司法部的官司中赢得了胜诉。

产生于本土的新兴宗教运动：在罗马天主教会为主的宗教体系中，几乎没有本土产生的新兴宗教类型——只有一个社团在番涅维日市有活动。该社团是一种新时代运动，其信徒仍然认为他们自己是罗产生于本土的新兴宗教运动：在20世纪90年代后期，斯洛伐克出现了娜塔莉亚·德·雷茉妮·马克朵诺娃（Natalia de Lemeny Makedonova）运动。该运动的发起人认为她自己是以马内利的母亲，并且被认为是有选择性地出生在斯洛伐克。1998年，她曾预言要生孩子，但是就在同一年，她自己却在一场车祸中丧生。

（七）匈牙利

在柏林墙倒塌之后，匈牙利的新兴宗教运动的增长非常值得关注。在1990年之前，匈牙利总共只有35个进行过登记注册的宗教社团，而目前，登记注册的宗教社团已达135个。最近的人口普查显示，匈牙利人认为自己与260个不同的宗教实体之中的某一个有着联系，但是某些时候，不同的名称实际上所指的是同一个宗教实体（举例来说，"moonies"和"Unification Church"，二者都指的是韩国文鲜明统一教会）。现存的新兴宗教运动数量大约已经增长到150个，这些社团的信徒人数约占匈牙利全国总人口的1%—2%。因为在很多新兴宗教运动中都存在信徒成员复杂交错的问题，所以人口统计中很有可能存在某种程度上的重叠现象。对于某一个团体的依附支持情况也可以根据人口数量而做出一个大致的估计，因为这些人都将自己个人所得税1%的份额分配给了某个宗教团体：2001年，有9905人将个人所得税的1%捐献给了富有魅力的信心教会（Faith Church），有5702人捐献给了耶和华见证人，有3889人捐献给了浸信会，有4432人捐献给了哈瑞·克里希纳，有2085人捐献给了嘎玛派佛教，有1422人捐献给了五旬节社团，还有1051人捐献给了佛教社团。

产生于本土的新兴宗教运动：五旬节团体信心教会（Hit Gyülekezete）产生于匈牙利。此外，在先于基督教的古代宗教传统的启发下，匈牙利还出现了好几个其他宗教性和精神性组织，这些组织属于一种萨满信仰。

（八）斯洛文尼亚

斯洛文尼亚新兴宗教运动的增长引起人们关注是在20世纪80年代，这是因为斯洛文尼亚的社会环境对新兴宗教的容忍度要比其他社会主义国家宽松。就新兴宗教运动的增长状况而言，20世纪80年代和90年代并没有什么区别。在斯洛文尼亚官方对外宣称的现存43个宗教社团中,有超过3/4的社团属于新兴宗教运动。此外,还有很多新兴宗教社团没有获得作为宗教社团的官方登记,但是这些社团都在以不同于获得登记的宗教协会的形式,或者甚至像根本就没有正式组织形式的兴趣小组(没有作为合法的社会实体的地位)那样开展活动。根据卢布尔雅那大学社会科学系文化与宗教研究中心一项关于斯洛文尼亚新兴宗教以及精神运动的研究,目前斯洛文尼亚约有80—100种新兴宗教运动在开展活动。

尽管活动方式多种多样,但与全国总人口相比,所有的新兴宗教运动信徒数量规模都很小。虽然如此,但有些团体还是保持着清晰的自我认同,并且公开开展活动。只有两三个新兴宗教运动拥有1000人以上的信徒,其他有些拥有几百人的信徒,但是在斯洛文尼亚开展活动的所有新兴宗教中,超过80%的社团信徒还不到100人。

产生于本土的新兴宗教运动:产生于斯洛文尼亚本土的新兴宗教运动包括耶稣基督"活水"教会,该教会与富有魅力的五旬节运动有一定关联。另一个是撒拉·维素尔(Sara-Vesuel),一名青春少女,声称要在21世纪之初怀孕生下耶稣。如今她已20岁出头,则宣称自己与上帝有着直接的交流和联系。她的周围聚集着一个被称为神圣家族的拥有百余人的团体。

四 公众对新兴宗教运动的反应

(一)爱沙尼亚

媒体偶尔会涉及宗教话题,但似乎是在讲一些公众感兴趣的故事或者为了炒作新闻的需要。就公众对新兴宗教的态度而言,人们普遍地对新异的信仰和生活方式充满好奇。没有明确地针对新兴宗教的攻击行为,没有涉及新兴宗教问题的法律案件和其他引人关注的事故或者争论,爱沙尼亚也不存在活跃的反邪教组织。

(二)拉脱维亚

拉脱维亚公众对新兴宗教运动普遍持否定态度;自20世纪90年代后期以来,流传着一种关于新兴宗教运动的"精神恐慌",这种情形在某种程度上是因为受到了苏俄对新兴宗教的否定和敌视态度的影响。唯一的例外可能是争议颇多的上帝福音派联合会，该组织据称有1000余名信徒，深受公众指责，而且国家司法部也认为该组织违反了作为一个宗教社团进行登记的规定。公众指责该组织的一个重要攻击点，就是该组织对其未成年信徒强加的控制（他们不允许孩子看电视，也不允许孩子参加学校以外的活动），并且据说该组织对其他的基督教组织也怀有不宽容态度——其中尤以罗马天主教会为甚。此外，还有必要提及的是，在20世纪90年代末，出现过针对"新一代"（Jauna Paaudze）组织的强烈的反对行为。

（三）立陶宛

大多数媒体都偶尔会对新兴宗教运动表现出兴趣，但是媒体并不公开使用类似"新兴宗教运动"这样的术语，所有非传统的宗教社团都被称为"宗派"，有一名记者曾经常报道有关新兴宗教运动的新闻，但他已经于2005年离职。

立陶宛并没有非常值得关注的关于新兴宗教运动的时间或者争议，只有一些关于自杀、入室抢劫、挪用资产、性开放和纵欲等行为的传闻（如奥修会的案子）。奥修会曾有过一场官司：登记部门想拒绝将奥修会登记为宗教社团，但是最终却在法庭上未能站得住脚。这里需要提及的是，1992年开始，立陶宛曾出现了一些针对信仰之言运动（Word of Faith Movement）的暴力反对攻击事件——该次事件是"反邪教母亲"团体组织的第一次活动，但该项活动的积极性并未能维持长久，热情很快散尽。目前，立陶宛已经不存在有组织的反对或反抗邪教的运动，只有个别人，他们会时不时地、十分投入地发起一些活动。很难断定主流教会是否曾组织过任何反对新兴宗教运动的活动，曾有几位大主教发表过关于统一教会及其可能造成的威胁的公开声明，但是总体上，主流教会似乎更关心关于新兴宗教运动的教育宣传问题。举例来说，"新兴宗教研究与信息中心"就为宗教教师开设有关新兴宗教运动问题的讲座。

专门的研究机构：立陶宛成立有专门的"新兴宗教研究与信心中心"（NRRIC, New Religions Research Center），该中心从2001年就开始运行。

（四）波兰

"宗派问题"越来越成为波兰社会的一种威胁。可以清晰地看到波兰有强烈的将宗教认同与民族国家认同相提并论的趋势，因此新兴宗教运动通常被认为是对民族国家意识的一种威胁。教会或者教会所属的专门机构频繁地使用"精神病症状的"和"罪恶的"这样的字眼来描述新兴宗教运动。自20世纪80年代以来，已经发起过好几次反邪教运动。反邪教组织的成员或与罗马天主教会有联系，或者直接是准备了大量有关新兴宗教运动的出版物的神父牧师们。此外，关于新兴宗教运动的负面报道主导着媒体，新闻报道中将新兴宗教运动描述为对社会个人的心理平衡和自由权利的威胁。在新闻报道的描述中，新兴宗教运动的信徒都是被洗脑、被迷惑以及被极权主义组织所操控的对象，而新兴宗教组织的最根本的目的是断定并且增强信徒潜在的精神病症状，以便招募更多的信徒并进行剥削利用。社会普通民众都是从大众媒体的报道中获得有关宗教少数派的信息，并且这些信息对他们而言是深信不疑的。因此，不足为奇的是，通常来说社会大众对新兴宗教运动的认知是过分地简单化甚至曲解的，并且被一种一成不变的印象主导着。这种对新兴宗教运动的先入为主的成见还表现在实际行动中。新兴宗教团体在组织公众活动或者租用比较合适的活动场所的时候，经常会遇到这样那样的问题。此外，公立学校组织开展的宗教教育对新兴宗教的评价也极不客观并很不宽容，在很大程度上带有天主教会角色。诚如有关报道所言，恰恰是反邪教中心的成员为宗教课堂提供了有关新兴宗教运动的信息。暗含有否定意思的术语"宗派"成为各种不同类型的宗教组织的标签。结果，不但没能提升宗教宽容，这种做法通常向属于这些组织的未成年人传递了一种宗教不容忍的观点。

专门的研究机构：宗教少数派群体研究基金会；宗教研究所（克拉科夫亚格隆尼大学）信仰研究和资料中心。

（五）捷克共和国

捷克媒体对传统教会和宗教社团的宗教生活有很多报道，而事实上忽略了新兴宗教运动。大致来说，与其他西欧国家相比，捷克对宗教事件的报道相当低调。在捷克，基本上不存在涉及新兴宗教运动的比较值得关注的事件，也没有相关的法律诉讼案件或者其他比较重大的冲突。唯一的例外就是1995年以来一个关注较多的事件，当时，捷克本土产生的、被外界称为"以马利特"的新兴宗教严重地危及其信徒及以前的信徒的生命和健康，因此捷克媒体上出现了关于该组织的大量报道，而这些报道也形成压力促使该组织分裂瓦解，而且警方也介入了调查。目前，该组织的头目仍然外逃他乡。作为主流的罗马天主教会和其他宗教或者组织并没有开展任何具有实际意义的针对新兴宗教运动的反对行动。

专门的研究机构：教派和新兴宗教运动研究学会：一个非营利性组织，在布拉格开办有一家图书馆，提供建议和讨论，组织相关研修班和研讨会，并且组织一些与（查尔斯大学）人文学院的交流与合作事项。该学会没有全职研究人员，是在完全自愿自发的基础上运作。由于某些学者站在其基金的立场上，该学会通常被认为是一个反邪教组织。位于布鲁诺的马萨里克大学宗教研究系也经常做一些关于新兴宗教运动的课题研究。

（六）斯洛伐克

斯洛伐克并没有涉及新兴宗教运动的法律诉讼案件，也没有反邪教组织在活动，但是有两家教会研究机构——普世教派研究学会以及宗派研究中心，这两个机构可以被看作是反邪教机构。根据斯洛伐克情报服务机构的最新报道，基督教科学派和统一教会两个组织已经被捷克政府所监控。

虽然没有集体性、有组织地发起过活动，但有时候，分散的未登记组织也出面反对官方制定的登记条件太高（官方要求宗教组织拥有2万名以上信徒成员）。该话题并没有引起普通民众的多少关注，但是已经开始遇到了外来的压力——2004年2月底，欧洲议会要求欧洲委员会进行检查，确认斯洛伐克的"登记注册"法是否与国际法规保持一致。我们可以很有希望地预计，在斯洛伐克，"关于教会和宗教组织登记注册的条件问题，很快会引起官方的重视"。

专门的研究机构：布拉迪斯拉发的政教关系研究所；教派研究中

心（作为普世教会委员会的专门机构，成立于2002年）；普世教派研究学会（普世教会委员会的研究机构），该学会作为一个独立的公民协会，成立于1995年，从1998年开始为普世委员会发挥作用。该学会是一个具有浓厚的基督教背景的公开的反邪教组织。

（七）匈牙利

匈牙利媒体中经常有关于宗教的话题，但是他们对于新兴宗教运动的观点大多数是对一些耸人听闻的新闻事件的追踪。

罗马天主教会视新兴宗教运动为一种威胁，但是并没有采取实际行动。有一个反邪教的护教组织，尽管其立场似乎比较中立——他们主要是发表一些关于各种不同的宗教组织的信息资料——但事实上与罗马天主教有关系。此外，还有一个反邪教组织值得一提：这是一个家长组织，因为其子女加入了不同的新兴宗教组织，该组织建立了一个叫作"帮助朋友基金会"，但是事实上，他们基本上不怎么开展活动。

在匈牙利也没有涉及新兴宗教运动的法律诉讼案件。唯一值得一提的是一个发生于1993年的争议性事件。当时，4个宗教社团（耶和华见证人会、哈瑞·克里希纳、统一教会以及基督教科学学派）被公开指认为"具有危害性的膜拜团体（邪教）"，并且没能获得政府的资金支持。但是迫于国际社会的压力，第二年开始上述社团便不再有财政预算上的限制。

专门的研究机构：没有专门的研究机构，只有赛格德大学宗教研究系涉及有关新兴宗教方面的课题。

（八）斯洛文尼亚

斯洛文尼亚公众似乎对新兴宗教运动知之甚少。国家广播电视和报纸媒体很少公开报道有关新兴宗教的新闻事件，但是一旦媒体对此有报道，则通常是客观公允的。在斯洛文尼亚，也没有实质上的反邪教活动，唯一一个反邪教组织是由耶和华见证人会以前的会员组成，而其活动也仅限于他们的网站上。罗马天主教会也没有有组织的反邪教行动。在斯洛文尼亚，新兴宗教和其他精神运动并不是任何特别负面的宣传所攻击的对象。

技、教育、能源、基础设施建设和金融领域。

表 7-6　　　　　　　中国与中东欧国家双边贸易状况　　　　单位：亿美元

年份	贸易总额	出口总额	进口总额	贸易差额
2000*	193.586	166.56	27.03	139.53
2001*	271.059	233.15	37.91	195.24
2002*	330.4444	273.40	57.04	216.36
2003*	522.6494	411.73	110.92	300.82
2004*	693.3187	551.67	141.65	410.02
2005*	792.7907	664.89	127.90	536.98
2006*	1403.726	1210.11	193.62	1016.49
2007*	1768.667	1471.56	297.11	1174.45
2008	2480.179	2096.82	411.14	1713.46
2009	1941.447	1589.93	368.74	1238.42
2010	2722.157	2130.46	610.00	1538.76
2011	3320.01	2530.47	811.93	1740.92
2012	3316.916	2446.36	890.63	1575.81
2013	3480.246	2586.77	907.87	1693.29
2014	3832.042	2770.70	1080.77	1709.36
2015	3553.492	2636.18	935.74	1718.88

资料来源：中国海关总署（加*号的年份总额中黑山、塞尔维亚数据为零）。

二　中国与中东欧国家的贸易结构分析

在《国际贸易标准分类》第三次修订版（SITC Rev3）中，一级指标将产品分为10类。其中第0—4部门属于初级产品，可视为资源密集型产品；第5—9部门属于工业制成品，其中第6、第8部门大多为劳动密集型产品，第5、第7、第9部门大多为资本和技术密集型产品，按这10个类别划分，中国与中东欧国家商品贸易结构总体来讲呈现出资源密集型产品、劳动密集型产品和资本与技术密集型产品的贸易额比例约为：4∶38∶58。2001—2014年，资源密集型产品的贸易额平均增速约为20%，劳动密集型产品的贸易增速约为25%，资本与技术密集型产品的贸易增速约为35%，且对中国而言三类商品的进口增速总体上高于出口增速。分析数据得出，中国与中东欧国家商

品贸易结构呈现如下三个特点:

(一) 商品结构单一

中国与中东欧国家的商品贸易中, SITC6、7、8 三类产品, 即原料分类制成品、机械及运输设备及杂项制品的贸易总额在中国与该地区的商品贸易总额中所占比例逐渐上升, 已经超过90%。单是机械以运输设备类产品就平均占到贸易总额的54%以上, 且这一比重还将进一步上升。而其他品类如STIC1、3、4、9 产品, 即饮料及烟草, 矿物燃料、润滑油及有关原料, 动植物油、脂和蜡及未分类这四类商品贸易额之和占比平均不到0.4%, 几乎可以忽略不计。

(二) 资源禀赋特征明显

按产品的资源禀赋分类, 中国与中东欧国家商品贸易中, 资源密集型产品 (SITC0-4) 平均占比3.7%、劳动密集型产品 (SITC6、8) 平均占比38%、资本与技术密集型产品 (SITC5、7、9) 平均占比58.3%。从动态角度来看, 劳动密集型产品占比在逐年下降, 资本与技术密集型产品占比有所提升, 而资源密集型产品占比基本没有变化。这也与中国和中东欧国家的资源禀赋特征相一致。

(三) 各类商品的表现差异较大

虽然各类商品均呈现较高的贸易失衡与高增长速度, 但各类产品的贸易失衡与增速还是表现出较大的差异。最高的贸易相对差是SICT9-未令分类商品, 中国对中东欧国家的出口总额与进口总额比高达45倍, 其次是SICT4-动植物油、脂和蜡, 出口与进口比高达25倍, 但是由于这两类商品的总量都相对极小, 因而由此形成的绝对贸易差也最小。绝对贸易差最大的是SITC7-机械及运输设备, 尽管该类商品的出口与进口比只有3.8倍, 略低于出口总额与进口总额的比 (4.3倍), 但该类商品的比重占到了54.4%, 因而对总体贸易失衡的影响最大, 构成了贸易差的主要来源。各类商品的增速也不均衡, 增长最快的是SITC4, 平均年增长速度高达50%, 最慢的是SITC9, 平均年增长速度只有16%, 但这两类商品对总体增长速度影响几乎可以忽略不计。对总体增速影响最大的还是SITC7, 其年均增长速度为35.2%, 远远超过了总体贸易额年均28.6%的增速。

第八章 东亚区域的文化特征及其与中国的贸易畅通现状

第一节 东亚地区的文化特征

传统意义上的东亚文化共性包括汉字、儒学、律令、中国的科技、中国式的佛教、中国式的教育制度、中国式的文化艺术、中国式的民俗八个基本内容。显然，中国古代文化以其在东亚文化中的强势地位，对该地区其他国家的文化产生着深刻的影响。

公元3世纪以后，中国周围逐渐出现一系列依附于中国的国家。这些国家在吸收甚至是照搬中国制度文明的基础上走向成熟，靠引进中国文化并使之本土化来建构本国文化，其结果是在9世纪前就出现了以中国为核心的东亚文化圈。中国的黄河流域、长江流域与朝鲜半岛、日本构成东亚文化圈的核心地区，保持游牧传统的蒙古草原、受中亚文明影响的新疆、具有独特文化的青藏高原与云贵高原，以及不断受到南亚文化与伊斯兰文化冲击的东南亚地区，构成了受核心区文化深刻影响的东亚文化圈外环地区。

应该说，处于东亚文化圈核心区的几个国家，在9世纪以前已经成为文化共同体。其后，经过9—14世纪的思想文化互动、14世纪后以政治、经济互动为主导的多层面互动，至明清时期，形成以中国为主导的宗藩朝贡体系——具有东亚特色的国际体系。通过区域内密切的政治、文化、贸易联系，建立了东亚文化认同。

一　秩序意识

秩序意识是东亚政治文化的主要特征。所谓秩序，既包括政权产生、政府运作、法律体系、礼乐观念等官方政治运作手段，也包括宗法制度、婚姻形态、道德准则等家庭行为规范等。东亚诸国受儒家文化影响甚深，且政权建构又多借鉴汉唐政府的经验，故政治文化明显趋同。佣家学说建构了一套系统的政治运作模式，对国家而言，实行礼乐与法律相结合的制度形态，从内到外建立起教化手段和管理手段；对个人而言，修身、齐家、治国、平天下的成长道路，将个人的价值消融在国家社会的需要之内，从而形成相对稳固的学说体系。

在这种学说体系影响下的东亚文化，必然在政治文化中强调秩序意识，以保证行之有效的政权管理，以协调各阶层之间的利益关系。其特征是以礼乐教化为主导，明确君臣、父子、夫妻等关系中彼此的义务，约定彼此应该采取的态度，使之成为人文的规范和道德的标准，从而形成不同社会等级的权利与义务。汉唐儒家学说体系的建立，是在服务于国家意识的总要求中进行调整的，以关注政治形态、社会秩序为基本立足点。其繁荣，常在国家政权建立之后，因而其理论体系侧重关注政权运行，而回避了政权形成过程的探讨，主要强调由官方主导的、自上而下的运行秩序，而将自下而上的反馈决定机制，放到了从属的、被支配的地位。这就不可避免地将皇权、官府作为维持推行教化、整齐民俗的主导机构，强调民众服务于集权管理，服务于整个社会的有序运行。

这种政治文化非常容易巩固统治秩序，也有利于维系农业生产条件下各组群间的利益关系，因而自汉唐至明末一直被强化，帮助东亚诸国建立起相对稳定的政治秩序。其缺点在于没有明确帝王、政权的形成秩序，知识服务于而不是超脱于政权之上的学说体系。因而其所形成的秩序，必须依靠强大的统治力量作为后盾。当统治集权弱化或者丧失时，这种秩序意识极易瓦解，引起长时间的动荡，之后，再凭借强势政权的建立而重建。东亚诸国历史上的政权更迭，往往导源于农民的起义，并经历长时间的战争后，催生出新政权，正是这种秩序意识缺失部分的反映。

二　互惠意识

东亚诸国从形成之初到明朝中叶，一直以农业、养殖业作为主要的生产方式。长时期的农业生产，决定了分工、分配和消费模式的相对稳定，并形成了重农抑商、重生产轻贸易的经济意识。确立这种形态下的贸易观念，高度强调"义"与"利"的统一，并将互惠互利作为基本原则。

在儒家学说中，经济关系只是社会伦理体系中微不足道的一些内容，是服从于修身、齐家、治国、平天下这一总体要求的。如孔子用"义"作为君子修养的标准，成为君子和小人的区别之一。孟子、二程、朱熹、陆九渊、王阳明等皆主张重义轻利。但随着儒家学说在国家政治理论中的地位的提升，经济关系已经成为一个不容回避的现实问题。荀子、董仲舒、王通、陈亮、叶适、顾炎武、黄宗羲等学者主张变通，不讳言"经世致用"，认为"义"与"利"可以并重。尽管二者在学说理论上互不相让，但在实践上，却都同意用"义"、"利"关系来调整民间经济往来。这就导致"以义导利"、"以义制利"、"义利双行"、"君子爱财，取之有道"等经济伦理，逐渐成为古代经济交往中的至高境界。中国在明中叶、日本在明治维新以后，"义"与"利"的统一，或者说"利"重于"义"的经济伦理才得以展开，这与当时商人与士人的结合不无关系。

基于政治文明的秩序意识和思想层面的义利观，东亚诸国长期采取互惠作为内外贸易的基本准则。这里所说的互惠，首先是指国内贸易，包括政府规范度量衡、采用平准法、施行官督商办、设立市间机构等，最大限度地保证国内经济交往的公平。甚至不惜采用抑商的手段来削弱财富的过度积累，以减轻垄断对于国家经济稳定和民间贸易公平的影响。由于长期的以农立国，各国之间的边境贸易多处于自发状态，主要是通过各国商人来完成，这些贸易大多数时期并没有受到政府的过多干涉，完全采用互利互惠的方式实行。朝贡、献纳、赔偿、馈赠等政府行为，不是严格意义上的贸易，不能成为影响民间贸易的互惠原则的证据。即便在战争时期，边境的贸易往来依然坚守着互利互惠的原则。这种互惠原则的形成，除了义利观等思想影响和政府干涉较少等因素外,最重要的原因是这一时期民间用于交易的产品,主要是生产生活用具,它们多由手工制作,技术差异性较小,便于计算成本,很难形成复杂的比价体系和差价体系。而当国家行为参与到贸易交往中,贸易产品的附加值增大时,自发的互惠贸易很容易被打破,从而导致新的经济体系的建立。

三 和谐意识

东亚文化将和谐作为社会建构的最高追求,这主要得益于中国的礼乐精神。中国礼乐精神的实质就是建立起"和而不同"的理想文化形态,通过规范各阶层的权利和义务,确立各自不同的身份地位,达到全社会的和谐共处。儒家将"中庸"作为礼乐思想体系中最具有调节功能的概念,要求社会运行和个人行为都保持在必要的限度之内,通过谦让、自省等手段,达成人与人、群体与群体之间的和睦。在与自然界的相处中,则提出"天人合一"的概念,意识到人与自然的相生相依关系。因而东亚文化中的和谐意识,是包括人与人、人与社会、人与自然之间的全面和谐。这种和谐精神,成为东亚诸国文化中最具有价值的思想之一。中国自秦汉以来,便将"和"作为处理人际关系、民族关系、国家关系的一项准则,不仅深入到民众的日常生活中,而且成为中国思想的普遍准则。6世纪日本圣德太子所颁布的《十七条宪法》中,便规定"和为贵",此后日本也自称"大和民族"。特别是佛教的传入,为东亚诸国的社会和谐注入了新的活力,民族之间通过共同的信仰而趋同,各国家因宗教交流而加深交往,如北魏通过推行佛教来实现对汉族地区的统治,唐朝借助僧侣的交往加深与日本、韩国、印度、西亚等地的联系等。

对社会"和谐"的崇尚,既强化了族群、社会的认同感,又有助于促进民族的整合,建立起分工明确、协调合作的社会秩序,也使其国家能够相对稳固,最大限度地避免了族群冲突,这是其正面效应。但是,由于这种和谐意识是先家族而后国家,先集团而后社会,其和谐尺度呈波心状向外延伸,因此很容易导致家族利益、集团利益至上,而忽视公平和效率;容易导致权威意识,而忽视普通个性的发展;容易强调妥协而忽视原则。特别是在社会变革时期,这种和谐意识常常成为影响社会全面进步的桎梏,从而迟滞历史的发展。

四 兼容意识

东亚文化长期领先于周边地区。作为结果,这是其充分吸收其他地区文明逐渐形成的,如中国在战国时期赵国借鉴胡人服饰而建立骑兵;汉魏隋唐时期充分吸收西域音乐而改造中国传统音乐;唐宋时期吸收并改造印度佛教思想形成具有中国传统的禅宗;元代兼容少数民族艺术形式而形成杂剧等。中华文化正是在不断吸收这些外来文化的基础上繁荣起来,并成为东亚文化的主导。日本、韩国是不断将中国文化融合到本民族的文化形态中、共同形成既有区别又有联系的东亚文化。作为原因,正由于东亚文化善于吸收并借鉴外来文化,因而保持了文明的延续不断和文化的持久繁荣。我们知道,任何一种文化的形成,都是特定历史阶段的产物,脱离了特定的历史阶段,必将衰落或者解体。要保持一种文化的生机与活力,既要这种文化能够随着时代的发展不断调整,增加其现实性;又需要其能够吸收相邻区域、类型的文化形式,具有开放的、兼容的意识,在与其他文化的交流中得以丰富和提高。

东亚诸国善于学习外来文化,是其保持文明延续性的重要原因之一。占主导地位的儒家学说,正是不断吸收了刑名、法家、阴阳、兵家等思想后,才成为官方的学说体系。以宗教形态传入东亚的佛教,也充分借鉴了道教、儒学甚至书法、绘画等学说后,形成了以佛教基本教义为主干,兼容大量民族传说和文人雅事的宗教体系。近代以来,随着西学东渐,外来文化受到知识分子的关注,并以其独特的方式被注入到了中国文化中,成为中国文化的组成部分。这种兼容过程,直到现在,仍在继续。

一直以兼容姿态出现的东亚文化,目前面临的最大困境,是主体性问题。此前东亚文化兼容其他文化,往往是以自我为主,吸收外来文化的有益的成分,甚至同化外来文化。但近代东亚由于科技、经济的落后,东亚学者对传承了几千年的文化产生了不自信甚至怀疑的心理,文化激进主义认为传统的文化阻碍了科技的进步,而主张全面接受西方文化;文化保守主义又过分推崇自有文化,试图神化古代。表现在文化实践上，往往执于一端，难免偏颇。

第二节　区域人口及宗教构成分析

一　东亚地区的人口和民族构成

东亚地区人口超过 16 亿，占亚洲全体的 40%，约占世界全体的 1/4。本区也是世界人口密度最高的地区之一；平均每平方公里约 135 人，相当于世界人口密度平均值（每平方公里约 40 人）的 3 倍。

东亚人种以黄种人东亚类型为主，集中在沿海及河谷平原。民族分布大致可分为两大语群：属汉藏语系的汉族和藏族，以及属阿尔泰语系的蒙古族、满洲族、孤立语系的朝鲜族、大和民族等。其中汉族、和族、朝鲜族和蒙古族分别为中国、日本、韩国和朝鲜、蒙古的主体民族。

二　东亚宗教

（一）东亚宗教的历史地位

自 20 世纪后期以来，西方有识之士开始看到东亚宗教的特殊重要性。如秦家懿、孔汉思指出，世界有三大宗教河系：第一大宗教源出闪米特人，以先知预言为其特点，即是亚伯拉罕系统的犹太教、基督教、伊斯兰教；第二大宗教源出印度民族，以神秘主义为其特点；第三大宗教是东亚宗教，源出中国，其特点是哲人宗教。不论作者概括三大宗教的特点是否准确，能够把东亚宗教与亚伯拉罕宗教、印度宗教并列，是作者见识过人之处。美国学者佩顿也指出："在较大规模的传统宗教中，有三个重要群集可以被辨认出来：（1）起源于圣经的宗教；（2）起源于印度的宗教（如印度教和佛教）；（3）东亚宗教（比如儒教和道教）"。他同样看到东亚宗教的重要性。

（二）东亚宗教的特色

东亚（主要是中、日、韩、越四国）宗教从根源上看没有一神教的传统，多神崇拜和神人一体是从古代延续下来的文化基因，因此，这一地区不单形成多神多教的传统，而且容易接纳外来的世界性宗教,包括一神教,并使之东方化。从现象上看,东亚宗教种类繁多、各教交错、内外并存,似乎杂乱无章,不成统绪。其实不然,在杂多之中有主导之脉存焉,在变动背后有一贯之道通焉。

东亚地区处在儒学文化圈、道家文化圈和佛教文化圈之中,其宗教文化深受儒、道、佛三家仁慈、中和、宽厚、尚德思想的影响,形成独具东亚风格的多元通和模式,有四大特色。

1. 多样性的和谐

东亚地区除了儒、道二教源于中国之外,还有民族国家宗教(中国的尊天敬祖教、日本的神道教),以及从印度传进的佛教,从更远的外域传进的伊斯兰教、天主教、基督新教;在历史上还传入过摩尼教、琐罗亚斯德教、犹太教;还有古代传下来的萨满教和其他巫教,以及大量的民间信仰。从古及今,除政治势力介入而发生一些宗教冲突外,各教之间的主流关系是和谐的,能够相互包容、多元共生,没有因为信仰不同而发生欧洲中世纪"十字军东征"那样流血的宗教战争,也没有出现迫害异端的宗教裁判所。印度佛教是中国人西行取经请进来的,又从中国传到朝鲜半岛和日本,没有政治背景,是文化之旅与和平之旅,于是佛教成为联结中日韩友谊的黄金纽带。其他外来宗教只要爱国守法,不受外部势力支配,都有合法存在的空间,没有贵贱之别。宗教领域多元和谐传统在很大程度上得益于孔子儒家的人文理性与贵和思想。孔子讲"敬鬼神而远之"与"和而不同",《易传》讲"神道设教"与"天下一致而百虑,同归而殊途",朱熹讲"理一分殊",都认为神道有益教化,多样性和谐是文化应有的常态。而儒学在很长时期里是东亚文化的主干,其贵和精神和尊重他者信仰的态度为各种宗教的生存提供了宽松的文化环境。

2. 重礼义道德

以济生行善为教规之首,以残害生命为最大罪恶,把信神与救人结合起来。儒家宗仁崇德、重礼尚义,治国要"导之以德,齐之以礼",做人要"仁、智、勇"兼备,以"仁、义、礼、智、信"为五常之德,并把中庸视为至德。道家讲"天之道利而不害,圣人之道为而不争",道教讲修仙之道"要当以忠孝和顺仁信为本",佛教则谓

"诸恶莫作，诸善奉行，自净其意，是诸佛教"。三教都不承认有一个超越了善恶的绝对唯一神，而认为人只要行善积德，便可成圣、成仙、成佛。这样一来，东亚宗教跨越了神学宗教而成为道德宗教，不易产生宗教狂热，不易发生借宗教名义迫害异端、残害生灵的现象。这种深厚的道德文明传统也优化了外来的伊斯兰教和基督教，减弱了其"信高于义"的保守观念，树立起"义为正信"的观念。

3. 把主体性与多样性、民族性与开放性结合起来

形成信仰上的求同与存异兼顾、差别与混血并在的态势。东亚宗教的主体性，在中国是儒、道、佛构成文化三角间架，在日本与韩国是儒、佛兼综。多样性则表现为多种宗教共生共荣。东亚宗教的民族性，在中国和韩国表现为以敬天法祖和五常之德为国民基础性信仰，在日本表现为以神道教为国民基础性信仰，但都不排斥国民同时信仰其他宗教。开放性则表现为接纳和平传入的世界三大宗教和其他宗教。很多东亚人的信仰以一教为主，兼信两教、三教或多教，并习以为常，此就是信仰上的"混血"、"重叠"的现象，这在基督教和伊斯兰教世界是不可思议和绝不允许的。在美国和欧洲，也同时存在许多宗教，但各宗教之间、各教派之间界限分明，信徒不能交叉信仰。这也是东亚宗教矛盾少、西方宗教矛盾多的一个重要原因。东亚人不放弃自己传统信仰，同时包容以正常方式进入的外来宗教，形成极其广泛的多样性，东亚可称得上是"宗教的联合国"。

4. 人道与神道并重，哲学与神学互补，人文理性始终据有主导地位

儒学对东亚文化影响最大，而它是东方伦理型的人学，并非神学。儒学会在韩国作为宗教团体而存在，孔教在中国香港是六大宗教之一，但它在内涵上仍然以人为本，讲做人和治国的道理，孔子不是先知，而是哲人。康有为（中国清末民初的大儒）把儒学视为"人道教"，以表示它与基督教、伊斯兰教等"神道教"有所不同。当然，孔子和儒学又保留了对"天命"、"天道"、"天理"的崇拜，重视神道的道德教化功能。由于儒家思想的主导作用，东亚历史上没有出现典型的神权政治，政治容纳神道，政权与教权有所分离，但政权

大于教权。中国汉代以后的王朝只在敬天祭祖的活动上实行祭政合一，但不宣布它为国教；以儒学为政治意识形态，以孔子为先师，以礼治国，归神道于人道。韩国历史上的王朝长期以理学为官学，不以神权统驭政权。日本明治维新以后一度以神道教为国教，1945年以后废止国家神道教，神道教成为民族民间宗教。总之，三国在现代都容易实行政教分离。在思想文化方面，哲学与神学并立互动，使儒家、道家哲学保留某种宗教性，又使佛教、道教神学充满了人文的关怀和人学的智慧。东亚的哲学不易产生激烈反宗教的思潮，东亚的宗教也不易产生反理性的极端主义。

第三节 东亚地区各国文化传播与交流

由于地理环境与历史条件的不同，亚洲地区各国是在互不相同的状态下发展起来的，因而形成不同的民族与文化。从东亚文化的传播与相互影响中，我们可以看到，由于东亚各国社会文化发展的不平衡性，不同国家与民族在文化传播中的地位与作用不同，处于社会文化发展先进阶段的国家和民族，在文化的传播与交流中居于主导地位。从社会文化的水平上来讲，古代中国处于领先地位，因而与中国邻近的东亚诸国均先后不同程度地接受了中国先进文化的影响。

一 中国与东亚地区文化传播与交流的特点

位于东亚大陆的中国华夏文明滋养着本国的亿万人民，也影响着东亚的友邻诸国。中国与东亚地区文化传播与交流具有以下几个特点：

（一）中国文化对周边的辐射

由于华夏文化起步与成熟都远远早于中国周边地区，因此处于强势领先地位的中国文化率先向周边辐射。这个辐射的第一圈是中国东北面的朝鲜半岛以及南面的越南；第二圈是与中国隔水相望的日本列岛；而后是东南亚的其他地区。历史上，对于以中日朝（韩）越诸国文化为标志的中华文化圈，有的学者又称为"汉文化圈"，并提出汉文化"有三方面的含义：以汉字为载体，以汉族文化为主体，以汉朝为标志，核心是个'汉'字"。这是传统的汉文化圈含义的表述。研究东亚文化的一些学者认为，华夏文明以儒学为重心，稍后辅以中国化的佛教哲学和中国的道教哲学，形成儒释道为核心的文化。这种文化于公元前3世纪到公元3世纪时传入朝鲜、日本和越南。

（二）文化传播与交流的方式多样

中国与东亚地区国家的文化传播与交流的方式不仅依赖于国家之间政治、经济、文化的关系，还借助于多种民间的交往。在中外关系史上，文化交流的主要媒介是人，物质的交换也要通过人。人民群众通过个人或集体的行动，通过旅行、贸易或迁徙等方式互相接触、交往，进行思想和物质的传播与交流。在中国与东亚国家的交往过程中，既有互派使节、经贸交易、互赠礼品和书籍、艺术交流，又有移民寓居、留学生和僧侣的互访等。其中，"朝贡贸易"和民间交易形式下的经贸来往与宗教的交流，在中国与东亚国家的文化交流史上起着重要的作用。

（三）和平的非暴力的交流是发展的主流

有的西方学者认为印度宗教文化对东南亚的传播是和平的，而中国文化却是"以武力和吞并来进行"，"派行政官员去传播的"。这个说法相当流行，但却是片面的、非客观的论断。实际上，在我国与东亚邻国的关系史的长河中，和平的交往，人民之间的友好关系，无疑是发展的主流。虽然在历史上曾有封建统治者发动过相互间的战争，但是比起那些战争来，2000多年来中国与东亚国家之间的友谊关系，经济和文化上的相互交流和影响所遗留下来的痕迹要深刻得多，所发生的作用要广泛得多。一部中国与东亚国家的关系史是以经济文化交流与和平友好交往为重点的历史，其基本理念是"和为贵"，对外来的宗教文化从来是开放的、宽容的，这是中国与东亚国家关系发展的主导方面。

（四）中国与东亚各国文化交流的双向互动性

在中国与东亚文化交流关系史上，相互促进构成了重要的内容和突出的特点，研究中国与东亚国家文化的交流，既要注意中国的强势的先进文化对东亚国家的巨大影响和促进作用，同时也要注意研究东亚国家对中国的影响与促进作用，这两个方面均不可偏废。

从中国学者的角度讲，应特别注意研究和正确反映中国在东亚与世界历史上的地位、作用和影响。在这方面，我们自己的研究显然是还不够的。例如，关于中国古代科技的发展史及其国际影响，中国人尚未有一部很有影响的专著，而英国学者李约瑟的《中国科学技术史》一书成为国内外研究这个问题的必读著作。例如，他曾经指出，第一次出现天文望远镜的自动传动钟机，并不像通常所认为的那样是在19世纪早期的欧洲，而是在公元2世纪的中国；首次制成的赤道仪并不在乌兰尼堡或维也纳的工场里，而是在中国元朝的大都。可见，在一些发明创造方面，中国人常常名列世界的前茅。

中国将自己的物质文明和精神文明的成果毫无保留地献给亚洲和世界各国人民，对人类社会的进步起到了巨大的推动作用。特别是中国的三大发明——火药、指南针和印刷术的传播对欧洲封建制度的崩溃和资本主义的萌芽起了催化作用，贡献是十分巨大的。马克思对此作过很高的评价，他说："火药、指南针、印刷术——这是预告资产阶级社会到来的三大发明。火药把骑士阶层炸得粉碎，指南针打开世界市场并建立了殖民地，而印刷术变成新教的工具，总的来说变成科学复兴的手段，变成对精神发展创造必要前提的最强大的杠杆。"

然而，中国的高度文明和有活力的创造，不仅是中国人民的勤劳与智慧的结晶，而且汲取和汇合了亚洲与世界各国文化的精华。几千年来，中国就不断地从外国，尤其是东亚邻国学习许多有益的东西，引进优良的产品、先进的科学技术与文化。例如，印刷术是中国的四大发明之一，传入朝鲜后对朝鲜文化的发展起了重大作用，高丽时期，朝鲜在毕昇活字印刷术的基础上创造了铜活字，将活字印刷推进了一步。据记载，1234—1241年，高丽朝权臣崔踽曾命人用金属活字印刷《古今译定礼文》五十卷。高丽金属活字的发明比德国用金属活字和中国用金属活字都要早，杨通方教授说：这"既是中朝文化交流的一大硕果，也是两国文化交流的又一佳话。"在朝鲜的影响下，中国于15世纪末也采用铜活字印刷书籍。清高宗时采纳金简（其先世

第八章　东亚区域的文化特征及其与中国的贸易畅通现状

来自朝鲜）的建议，用木制活字印刷，这即有名的武英殿聚珍版。这种木制活字印刷术后来又传入朝鲜。中朝之间活字印刷术的交流是东亚国家文化相互影响、互相促进的鲜明例证。

中日文化关系也是有来有往、相互促进的。两千多年来，中日文化不断交流，日本既吸收了中国的文化，又培育了日本固有的文化。唐代是中日两国文化交流最密切的时期，同时也是日本古代文化繁荣发展的时期，在此时期，日本不但认真吸收了中国的文化，而且在一些方面有所发展与创造，有时又向中国进行反向输出，促进中国文化的发展。到宋代这种情况日益显著。宋代中国不但从日本输入大量的产品如硫黄、木材、砂金、漆器，而且输入了日本的锋利无比的宝刀和精致的折扇与软屏，以及镶嵌和描金绘漆等工艺品。日本冶铁技术系由中国传入，但经多年钻研及发展，到宋代，日本刀剑已无比锋利，传说能卷成圆而不断裂。日本也保存了许多中国散佚的典籍，使我国的文化遗产能失而复得，对中国文化的发展是大有好处的。古代史时期，中日关系虽有曲折，但是以睦邻友好为主流和谐地发展。

东亚文化发展与交流的主旋律是相互交汇、融合，共生共存，而非文明之间的冲突。何芳川教授指出："在这漫长的相遇、相碰、相汇的历程中，文明之间的冲突只是暂时的，居次要地位，而和平的交融与交汇，则始终占据主导地位。"

二　现代社会东亚文化相互交流与融合的新趋势

"温故而知新"。东亚文化及其交流有着繁荣的过去，必会有更辉煌的未来。伴随全球化和区域化的发展，在一个空前活跃开放的时代，必然出现一个文化交流的新浪潮。数千年光辉灿烂的东亚文化积淀下来，构成了东亚文化复兴的精神基础，而东亚的巨变，特别是战后东亚的重新崛起与迅猛发展，为新世纪东亚文化的发展和中国与东亚国家的文化交流创造了非常有利的条件。近代以来，当西方文化，特别是基督教输入并成为东亚文化的一部分时，东亚文化圈内所发生的变化就不仅有发展，而且有融合与变异。

近代尤其是现代东亚文化与传统时期已大有不同。西方文化渗入东亚，在东亚文化圈占有了一席之地。东亚文化受到西方文化的影响立和北美自由贸易区的设立已让创造"东亚经济奇迹"的东亚地区落后于这一发展节奏，并对东亚经济的持续发展产生诸多不利影响。2001年，日本提出建立"东亚共同体"的构想可谓一种积极的政策转向，这也同时说明了日本在自由贸易浪潮面前所感到的压力。世界经济竞争的压力要求充满活力的东亚地区必须组织起来，消除合作中的各种障碍，建立一体化经济体，以应对来自欧盟、北美自由贸易区的关税和非关税壁垒，同时形成WTO多边谈判中的集体合力，以提高东亚在国际竞争中的地位。

其次，外部经济环境的变化迫使东亚必须要通过自身努力和相互合作来保持该地区经济的可持续发展。随着东亚经济奇迹的发生，美欧已将东亚地区当作经济领域的竞争对手来看待，使东亚地区面临着充满竞争与挑战的经济发展环境，东亚各国只有建立经济共同体，才能避免单打独斗，共同应对外部挑战。因此，总体来说，东亚经济的一体化发展有利于推动东亚各国携起手来，通过建立成熟的区域合作机制，来消除经济合作中的壁垒，以保持本地区的繁荣、稳定与持续发展。

然而自2001年日本提出此项动议后，时至今日，只有中韩之间通过长期不懈的努力，于2015年6月成立了中—韩自贸区，而日本一直在或明或暗地争夺东亚的经济统治权，而一再在历史问题上做出错误判断，导致东亚各国互信的基础不断松动。与欧洲、北美相比，东亚经济一体化的目标逐渐暗淡。

随着中国经济的崛起，习近平主席提出"一带一路"的倡议，希望通过连接彼此互补互利的一面，实现中国和东亚经济的再次腾飞。在该倡议下，可以说东亚是该倡议和战略是否能实现的非常重要的基础和大后方。东亚经济的稳定，快速发展与互利合作，是顺利推进该战略的重要保障。因此在所有的贸易关系中，不论是否存在历史问题，三国都必须不计前嫌，并头前进，而不是相互打压，失去原本前途光明的东亚经济活力。

一　中国与东亚地区国家的贸易总量分析

中国与东亚地区各国的贸易关系十分紧密，中国与东亚地区国家的贸易总额占中国总贸易额的比例始终超过10%，2000年超过18%

第八章 东亚区域的文化特征及其与中国的贸易畅通现状

（见表8-1）。自中国加入WTO后，随着中国进出口市场的逐步多元化，东亚地区与中国的贸易紧密度逐步下滑，到2015年下滑至14.6%。这种情况的发生，一方面是因为中国融入经济全球化，可选择的市场逐步增多；另一方面则是亚洲"四小龙"在全球分工体系中的比重不断下滑，无法继续匹配中国日益增长的需求和供给的能力。但毕竟，中国身处东亚地区，东亚的繁荣与团结是中国未来发展必备的经济基础和政治基础，因此加强与东亚各国的经济联盟与合作是中国不可忽视和放弃的话题。加入WTO后，虽然中国与东亚各国的经贸往来比重有所下滑，但总额却在逐年攀升，2014年中国与东亚地区的贸易总额超过3.9万亿美元，2015年因全球经济下滑，该地区双边贸易总额也有所下滑，下滑幅度超过8%，其中中国自东亚地区进口总额下滑幅度超过向该地区出口总额的幅度，下滑超过10%。

表8-1　　　　　中国与东亚地区双边贸易状况　　　　单位：亿美元

年份	贸易总额	出口贸易总额	进口贸易总额	贸易差额
2000	7276.60	3265.68	4010.91	-745.23
2001	7882.32	3636.062	4246.26	-610.20
2002	8853.45	3919.72	4933.73	-1014.01
2003	12075.59	4870.361	7205.23	-2334.87
2004	16045.53	6179.982	9865.55	-3685.57
2005	18577.93	7574.818	11003.11	-3428.29
2006	21350.97	8546.163	12804.80	-4258.64
2007	24900.05	9997.93	14902.12	-4904.19
2008	29668.88	12266.01	17402.87	-5136.86
2009	23266.15	9400.247	13865.90	-4465.66
2010	31608.41	11873.76	19734.65	-7860.89
2011	37947.26	14866.58	23080.68	-8214.09
2012	38170.09	15784.58	22385.51	-6600.93
2013	37831.00	15708.49	22122.51	-6414.01
2014	39226.23	16420.38	22805.85	-6385.46
2015	35890.99	15389.65	20501.34	-5111.69

资料来源：中国海关总署。

中国与该地区的贸易始终保持逆差状态，2011年逆差总额达到历史高位8214.09亿美元，随后不断下降，2015年中国与该地区的逆差缩小到5111.69亿美元。这种状况的发生与中国产业升级的不断加速密切相关，东亚地区是中国加工贸易零部件的来源地的地位正在逐渐削弱，东亚形成的以中国为最终组装地的产品价值生产链开始出现了松动的迹象。

二 中国与东亚地区国家的贸易结构分析

根据联合国制定的《联合国国际贸易标准分类》（SITC）的分类要求，一位类的标准国际贸易分类，出口产品包括10大类，即SITC0（食品和主要活动物）、SITC1（饮料及烟类）、SITC2（燃料以外的非食用粗原料）、SITC3（矿物燃料、润滑油及其有关原料）、SITC4（动植物油脂）、SITC5（化学品及其制品）、SITC6（轻纺、橡胶、矿冶产品及其制品）、STIC7（机械与运输设备）、SITC8（杂项制品）、SITC9（其他未分类产品）。一般认为，第0—4类初级产品为资本密集型产品，第6类、第8类为劳动密集型产品，第5类、第7类为资本密集型产品，第9类为未分类的其他产品。

从SITC一位数的考察发现，中国对东亚的进口主要集中在SITC5、SITC6、SITC7和SITC8类产品上，尤其以SITC7类为代表，占中国从东亚进口的55%以上，SITC7主要包括电气机械及器材、电子及通信设备、交通运输设备、仪表仪器等制造业产业，该类产品的特征就是价值链较长，产品具有高度可分离性。虽然从产品属性上属于资本技术密集型的产品，但是其生产中具有较多的劳动密集型生产环节，且可以放到发展中国家进行，因此SITC7类贸易具有较高的零部件贸易特征。SITC5是化学品及其制成品，SITC6为轻纺、橡胶、矿冶产品及其制成品，两类贸易中都含有较多的初级原料、半制成品等中间贸易。

中国从东亚经济体进口的产品主要是中间品，尤以机械类产品为代表。从数据统计上可以看出，进口中有80%是中间资本物品和原材料，其中中间品又主要集中在机电产品类。中国从东亚经济体进口金额排名前10位的主要为办公器械部件、电子微电路、电信设备部件、聚乙烯碳酸、聚乙烯、聚苯乙烯、专用化工机械、石油、环状碳氢化合物、压电晶体，比例分别为 6.45%、4.45%、3.53%、2.44%、2.24%、1.81%、1.61%、1.41%、1.41%、1.4%。这集中表现出中国与东亚地区国家之间的贸易更多的为产业内贸易，表现出以中国为产品最终组装地的加工贸易链条。

中国向东亚出口的产品主要集中在机电、音响设备及其零件以及纺织原料及纺织制品上，两项加总超过中国对东亚地区出口的 50% 以上，第三大类则为贱金属及其制品，占比达到 8%。其他产品表现突出的则为化学工业及其相关工业产品，占比超过 5%。其他产品则相对表现较弱。从产品结构上看，中国向东亚地区出口的产品和中国从东亚地区进口的产品都突出表现在机电产品等大类的重复上，目前中国与东亚地区基于机电产品的加工贸易分工格局业已形成，成为东亚经济体贸易互补极为重要的证据。

经济基础从来决定上层建筑，要抗衡来自欧美发达地区的经济压力，东亚地区各国必须摒弃相互的政治纠纷，提升政治互信，否则在下一轮经济和科技浪潮中，又将遭遇又一次来自欧美国家的洗劫。因此作为"一带一路"的起始核心区域，东亚各经济体有必要携手并进，成为世界经济再次崛起的重要核心。

第九章　东南亚区域的文化特征及其与中国的贸易畅通现状

第一节　东南亚地区的文化特征

东南亚文化，从大量已有的研究成果来看，它实际上是指存在于东南亚地区的文化而绝非仅指东南亚地区文化。可根据文化主体的不同将其细分为三大部分，即以东南亚地区各民族为主体的"民族文化"、以东南亚地区各民族国家为主体的"国家文化"及以东南亚地区为主体的"地区文化"。从整体上来说，东南亚文化极具特色，主要呈现出以下四个特征：

一　东南亚文化极具多样性

"东南亚文化代表了一种复杂的多样的文化模式"。包括越南在内的东南亚地区是一个多元复合文化区，在历史上不仅深受中国文化传播的影响，也深受印度文化的影响，而后还接受了阿拉伯伊斯兰文化。进入近代时期，"西学东渐"，西方文化又向东南亚国家渗透，但东南亚地区的文化表现了强大的内聚力和兼容力，既融合了多种外来的文化，又保持着本地区文化的鲜明特色。

东南亚文化的多样性来源于该地区民族的多元性以及地理上的"破碎性"。东南亚是世界上民族最为众多、文化最为丰富的地区之一。粗略统计，该地区约有400—500个民族，人口在100万以上（不包括华人）的就有26个。东南亚各国无一例外都是多民族混居的国家，多元民族必然带来多元文化。如日本学者梅棹忠夫在《文明的

第九章 东南亚区域的文化特征及其与中国的贸易畅通现状

生态史观》一书中所说，在东南亚，"出自不同系统的形形色色的民族相互并立，几乎每一个国家都是不同的民族国家。语言、风俗习惯、宗教各不相同"。此外，东南亚独特的地理位置使得其文化更加丰富多彩。东南亚具有地形破碎的地理特征，大致由截然不同的中南半岛区与马来群岛区构成。而在这两大地理单元内部，山地、河流与海洋又将其变得支离破碎。因此，无论从东南亚整体来说，还是从单个的东南亚国家来说，这一地区被地缘政治学家称为"破碎地带"都是十分恰当的。地理上的支离破碎在很大程度上导致在东南亚地区不存在占有绝对优势的民族，也不存在某种居于主导地位的文化。

二 东南亚文化深受世界四大文化影响

世界四大文化是指中国文化、印度文化、阿拉伯伊斯兰文化和西方文化，前三者合称为东方文化。世界各国以及各民族文化发展史无一例外都会受到四大文化中的一个或若干个的直接影响，而东南亚则更加特殊，世界四大文化先后汇集于此，互相碰撞和渗透，对这个地区的文化发展产生了直接的影响。我国研究东南亚的学者贺圣达曾说，"就东南亚而言，由于特殊的地理和历史发展环境，其文化发展的特点之一，甚至最重要的特点就是在不同的国际关系影响下，受不同国家、不同地区文化的影响"。在古代，东南亚是印度文化圈（包括佛教与印度教）、伊斯兰教和中华文化圈交汇之地。印度文化在印度支那半岛上的影响最大，伊斯兰文化在海洋岛国占据主导地位，而中华文化（主要是儒家文化）则对整个东南亚有影响，尽管影响力因地而异。近代以后，在殖民入侵过程中，西方文化对这一地区的影响逐渐加大。第二次世界大战结束后，西方文化的影响则占据了上风，而"在西方对东南亚文化的影响方面，最主要的是美国文化的影响"。总之，在东南亚地区，西方文化、印度文化、中国文化、阿拉伯文化或伊斯兰文化均有广泛影响，无论是西方文化还是东方文化都烙下了深深的印记。然而，需要强调指出的是，目前随着研究的深入，学术界已经彻底摒弃了过去西方学者关于"东南亚文化完全是外来文化附属物"的观点。尽管外来文化对该地区的影响巨大而深远，但东南亚文化并非仅是印度文化或是其他任何外来文化的附属物，相反却具有极为鲜明的个性,"东南亚的文化别具一格,既受到了世界四大文化深远的影响,又保持了固有的民族特性"。

三 东南亚文化宗教色彩浓厚

东南亚文化宗教性很强,佛教、基督教、伊斯兰教在这里各有众多信徒,但"部落原始宗教则在几乎所有边缘地区得到延续,而且几大宗教都受到了早期部落信仰的影响"。"大多数国家拥有一种占主导地位的宗教,对社会生活正式地或默许地发挥着很大的作用"。具体来说,越南文化以大乘佛教与儒教文化为主;柬埔寨、老挝、泰国、缅甸文化以小乘佛教文化为主;印度尼西亚、马来西亚、文莱文化以伊斯兰教文化为主;而菲律宾、东帝汶文化中占据主导地位的则是天主教文化。尽管存在主导性宗教,但主导性的宗教并不排斥其他宗教的存在,每个国家基本都是多种宗教和谐并存。

四 东南亚文化具有极强的包容性

由于本地区频繁的民族迁徙、各民族间的文化交往以及区外文化的不断撞击,东南亚文化持续经历着从彼此适应到涵化的过程。什么是文化适应?所谓文化适应是指"一些具有不同文化的个体集团发生长期而直接的联系,因而一个或两个集团改变了原来的文化模式所产生的现象"。换言之,它是指不同的文化经过长期的接触、联系、调整而改变原来的性质和模式的过程。当文化适应发展到一定程度时,就出现了涵化。而涵化是指"因不同文化传统的社会相互接触而导致习俗、信仰的改变过程"。涵化是文化适应的必然结果。东南亚文化在不同的历史时期反复经历过从文化适应到涵化的过程。以菲律宾为例,荷兰人类学家 NielsMulder 在解释"什么是菲律宾人"这一问题时,引用了被访者的话说:"他是一个说英语的马来人,有一个西班牙的名字,吃的则是中国食品,菲律宾人是一个混合物,早在西班牙人和美国人来到此地以前,阿拉伯、印度和中国的文化因素就已经成为菲律宾文化的一部分"。这种情况在东南亚各民族、各国都不同程度地存在。因此,东南亚文化中所具备的开放性与宽容性以及对他种文化所持有的尊重甚至是认同接受的态度是极具特色的。

第二节 区域人口及宗教构成分析

一 东南亚地区的人口与民族构成

东南亚总面积447万平方公里。总人口约5.3亿，部分为黄种人，包括有属于汉藏语系、印地语系、南亚语系、南岛语系的多个民族。其中人口较多的有爪哇族、京族、越族、泰族、缅族、老族、高棉族、苏禄族等。华侨、华人约3000万人，是世界华侨、华人最集中、人数也最多的地区之一。新加坡的华人比例占70%以上，其次是马来西亚，约占30%。东南亚人口分布不均，主要集中于沿海平原、大河两岸平原、河口三角洲地区和岛屿，雨林地带则人口稀少。

二 东南亚地区宗教的特点

东南亚拥有世界上数量最多的佛教信徒，拥有世界上最大的伊斯兰教国家，拥有世界上相当宏伟的宗教建筑群，拥有亚洲唯一的基督教国家。这使东南亚地区的宗教绚丽多彩，在世界宗教史上占有十分重要的地位。具体来说有以下几个方面的特点。

第一，东南亚是当今世界上宗教最多最复杂的地区。由于东南亚所处的特殊地理位置，千百年来，中国、印度、阿拉伯、波斯、欧美文化等先后不同程度地传入该地区。伴随而来的儒教、道教、小乘佛教、大乘佛教、印度教、伊斯兰教、天主教、新教等也纷纷在该地区传播，使该地区的宗教种类花样繁多，虽然各国不同宗教的分布不甚一致，占人口的比例不尽相同，但多样性显然是东南亚宗教的一大特色。同时，由于各宗教在该地区相互交织，与当地传统及习俗相互融合，与地区政治、经济、文化相互关联，使东南亚宗教情况异常复杂。

第二，东南亚宗教具有多变性。各种宗教传播到东南亚后，随着历史的演进，它们此消彼长、纠纷不断，使该地区产生了一个与其他地区不同的特殊现象，即经常出现宗教的变更、轮换和并列，有的国家占统治地位的主要宗教甚至更换了四五次。这个特点在世界其他地区是罕见的。比如，印度教曾经在一些东南亚国家占统治地位，柬埔寨著名的吴哥窟就是其代表，但后来随着信仰小乘佛教的泰族人的南下和暹罗的崛起，小乘佛教逐渐在泰、柬、老等国占据统治地位，印度教走向衰落。马来西亚、新加坡和印度尼西亚的宗教轮换更凸显出东南亚宗教的多变性。这里先后出现过小乘佛教、大乘佛教、印度教等多次反反复复的宗教轮换变更，直到15世纪伊斯兰教在马来半岛和印度尼西亚占统治地位后，才趋于稳定。佛教和印度教曾经大规模在菲律宾传播，后来随着被西班牙殖民，天主教成为菲律宾的主要宗教。

第三，东南亚的许多宗教带有神秘性。英国著名的东南亚史学者E. 霍尔曾经这样形容东南亚的宗教："它们来得突然，去得也突然。"但这些宗教在来去当中，却留下了辉煌的宗教建筑和艺术，有的甚至成为千古之谜。比如，印度尼西亚中爪哇的夏连特拉王朝，一夜之间忽然消失，但它留下的婆罗浮屠，却成为令人百思不得其解的难题。笔者曾经两次去探访瞻仰婆罗浮屠，被其建筑的宏伟所震撼，被其展示的深奥所吸引。它建于公元800年左右，至今已有1000多年历史，整个建筑由120多万块巨大的火山岩石砌成，气势宏伟，佛像雕刻非常精美细致，布局工于匠心。但是建造婆罗浮屠的背景、用途以及相关的资料，当今的人们知之甚少。

第四，东南亚宗教具有明显的混合性。任何宗教在其传播过程中都会与当地文化、民俗产生融合，这是其在异地落地生根所必需的。但像东南亚这样广大的地区大规模产生宗教的混合现象则是比较少见的。比如，早期传播到东南亚的印度教和佛教，很难在它们之间划出明显的界限，尤其在佛教密宗中也有显著的印度教色彩。在一些国家流行的小乘佛教中，印度教在其礼仪中起了重要作用。我们从今天缅甸、泰国、柬埔寨、老挝的小乘佛教中仍然能够看到这种现象。

因此，尽管东南亚各国在宗教方面有着很大的差异，但是上述这些共同的特点还是非常明显的。了解和把握这些共同的特点，对于开展中国与东南亚国家的交流和合作具有重要的现实意义。

三 宗教对东南亚区域发展的作用

宗教的社会作用具有两重性。美国宗教社会学家托马斯·奥戴概括了宗教在强化道德、维护秩序、增进社会控制、强化身份认同和自我肯定等六个方面的积极作用。同时，也必须看到，宗教也具有负功能，正如罗伯特·默顿所指出的，宗教还具有造成社会分裂等负面的影响。宗教在东南亚区域发展中发挥的作用也是如此，既具有积极的一面，也具有消极的作用。

第一，宗教因素对整合东南亚国家的意识形态具有一定的积极作用。当今世界，以宗教信仰为身份划分的意识日益增强，同一宗教的信徒会以宗教信仰为旗帜，增强在意识形态和身份认同上的整合。由于东南亚国家信仰宗教的人口比例较高，这对于东南亚区域内不同国家之间的交流与合作、强化民族特征、提高民族自信心以及振兴民族经济文化具有积极作用。同时，这种以宗教为基础的意识形态的整合，对于"亚洲意识"和"东盟意识"的形成也具有积极的促进作用。比如南传佛教（或称"小乘佛教"、"巴利语系佛教"）在泰国、缅甸、老挝、柬埔寨等国家的广泛流传，这个只在亚洲特别是东南亚国家独有的佛教派别，对于形成共同的价值观、道德观具有强大的凝聚力。这些共同意识、整合与强化，有助于推动东南亚各国之间进一步加强团结合作与交流。

第二，强烈的宗教意识对维护本地区国家主权、反对国际体系中的霸权主义、推动国际关系民主化发展具有积极作用。综观东南亚各国宗教，虽然种类繁多、多样化特点突出，但无论是传统的本地宗教，还是随着殖民主义外来的西方宗教，都具有一个明显的特点，即本地化程度很深，与本地传统的民族文化结合密切。以基督教为例，在东南亚各国，亚洲本地色彩非常深厚。比如，新加坡圣公会并不是与英国圣公会完全保持一致，而是经常与亚洲、非洲的圣公会团结起来，组成环南大会，在许多问题的处理和观点上与英国圣公会相抗衡，尽可能地摆脱前殖民主义的控制和影响。这种宗教本地化的意识，有助于消除区域内的隔阂，形成"亚洲意识"或"东盟意识"的凝聚力，形成抵抗殖民主义、霸权主义的精神力量。

第三，强烈的宗教意识对推进东南亚区域内的经济合作与交流具有积极的意义。宗教能够维护和平稳定，能够平和利益争端。相同的宗教教义教规有助于架起交流和沟通的桥梁，也有助于在国际上以宗教为基础寻求立场与利益的共同点。比如经联合国批准每年在泰国举办的佛教创始人释迦牟尼诞生的卫塞节，是各国特别是东南亚国家的一个盛会，在这个盛会上，泰国也借机展示其"一村一产品"的经贸合作与交流。

同时，必须看到，"冷战"结束后，东南亚宗教的发展，在对区域发展发挥积极效应的同时，也带来了地区安全形势的动荡，特别是随着美国"重返亚洲"战略的实施，加深了地区内国家间的猜疑与隔阂、民族宗教分离主义、恐怖主义活动等，导致一些国家政局动荡，对东南亚区域发展起了阻碍作用。由于以宗教为背景的民族主义抬头，印度尼西亚、菲律宾、缅甸等国家都出现了民族分离主义活动。特别是在"9·11"事件之后，这种情况更加突出。在有的国家，民族分离主义与宗教极端主义相伴而生、相互作用。在印度尼西亚、菲律宾等国的民族冲突中，都夹带着宗教因素，使得这些国家的民族问题更加复杂、难以化解。有些是不同宗教间的直接冲突，比如泰国南部北大年地区马来穆斯林和佛教徒之间的冲突、菲律宾南部摩洛穆斯林和天主教徒之间的冲突、印度尼西亚马鲁古群岛安汶地区穆斯林和基督教徒之间的冲突。在民族冲突中，宗教也更多地被民族主义势力利用作为达到自己政治目的的手段，给国家和地区的安全稳定造成威胁。

第三节 中国与东南亚地区的文化交流

中国与东南亚国家的文化交流从秦汉时期起始，经过隋唐到明清，两千多年，高潮迭起，一浪高过一浪，规模日益扩大。

一 历史悠久、长期持续

古籍记载和考古的成果都可以证明中国与东南亚的文化交流具有

悠久的历史。早在公元前325年，中国的丝绸就经过缅甸运至印度。《汉书·地理志》记载的中西海上交通路线是早期的"海上丝绸之路"。关于《汉书·地理志》所列地名实指何处，中外学者尚有争论。根据朱杰勤教授的考证，当年汉武帝派遣外交使节及随行商人出洋访问东南亚和南亚的行程如下：从日南、徐闻、合浦出发，先后抵达都元国（今越南岘港）、邑卢设国（今泰国叻丕）、谌离国（今缅甸丹那沙林）、夫甘都卢国（今缅甸卑缪）、黄支国（今印度建志补罗）、已程不国（今斯里兰卡）。再从已程不国返航。在归国途中，不再途经马来半岛的克拉地峡陆路，而是经由马六甲海峡，绕过马来半岛南端，到达皮宗（今越南平山），最后回到日南郡的象林界。上面所说的途经马来半岛或经由马来半岛南端，显然是经当今的马来西亚的东马和印度尼西亚的苏门答腊。从往返路程看，这条航线经过今日东南亚的多数国家。

海上丝绸之路始于秦汉，兴于唐朝，明初郑和船队七下西洋，极大地促进了中国与东南亚国家的文化交流，形成中国与东南亚文化交流的一大高潮。郑和船队远航把中国的工艺制品及生产技术带到西洋；推动了东南亚国家经济文化的发展，与此同时，中国与东南亚国家的海上交通的发展，又促进了双方商品货物的交换，刺激了中国国内手工业的生产，并使中国移民大批地向南洋各地寻求发展。由此可见，一部东亚地区文化发展史，从一定意义上讲，是各国各民族文化相互传播、碰撞、融合和不断创新的历史。

古籍上还记载爪哇语"jambe"的对音"仁频"（意"槟榔"）在东汉班固（32—92年）生活的时期就存在于汉语之中；据《后汉书》载，在东汉章帝元和元年（84年）中国和柬埔寨就有了交往；吴黄武六年（227年），堂明（老挝）遣使来贡；中菲关系也最迟始于公元3世纪，即中国汉末、三国、晋初。考古的成果可以作为上述记载的有力佐证。例如在苏门答腊、爪哇和加里曼丹等地发现中国西汉的雕像和陶器；在中爪哇发掘出纪元前中国的古钱；在马来半岛的柔佛河流域发掘出秦、汉陶器的残片；越南东山出土的青铜兵器具有"秦汉时代兵器的风格"，还出土一批"汉五铢钱和王莽钱（9—23年）"；

等等。

民间先行、国家主导、官民并举，是中外文化交流的基本途径，而华人华侨在中国与东亚国家之间的经济文化交流中发挥了重要的桥梁作用，东亚各国移民也在文化交流中作出了巨大贡献。历史上先后有许多中国人南迁东南亚。中国移民是在东南亚传播中国文化的使者与桥梁，对东南亚国家文化事业的发展有宝贵的贡献。举例而言，1285年，元军的一位歌手李元吉被俘后，长期居留越南，将中国的传戏传入越南。越史记载："李元吉作古传戏，有西方王母献蟠桃等传，……感人令悲则悲，令欢则欢。我国（越南）有传戏自此始。"1350年元朝杂技名家丁庞德楷带家小南投越南陈朝，向越人传授缘竿技艺，越南有"缘竿自此始。"明代中越两国人员交往增多。在明军征讨越南时期，一些中国军民留居当地没有"北还"。与此同时，也有不少越南人来到中国，并对中国政治、经济与文化的发展作出了卓越的贡献。特别值得提出的是，交趾人阮安在北京城建筑上的巨大贡献。阮安约于永乐五年入宫为太监，他善于谋划，尤长于工程建筑，在营建北京的宫殿和皇城时负责总设计。他设计的紫禁城南北长960米，东西宽760米，其中有前三殿（皇极殿、中极殿、建极殿）和后三殿（乾清宫、交泰殿、坤宁宫），经过修建的北京城，建筑布局匀称，庄严雄伟。阮安对北京城的九门城楼、五府、六部、诸司公宇的建筑，以及治理杨村驿诸河均有功绩。

以上这些都可以证明中国与东南亚的文化交流有几千年的历史。随着19世纪末开始的中国大批移民的南下，中国与东南亚的文化交流持续发展，而且更为广泛和深入。

二 领域广泛，互通有无

文化交流是双向的，绝不是单方面的赐予。文化交流又常常是不平衡的。长期以来中国与东南亚的文化交流领域广泛，互通有无，但从总体来说，前者对后者的影响更深更广。造成这种不平衡性的原因是多方面的。在双方的文化交流中，文化水平高的一方往往对文化水平较低的一方产生更大的影响，后者对前者了解和学习的迫切性也更高。中国文化对东南亚的影响几乎遍及物质文化、精神文化和制度文化的各个领域，史籍和中外学者（包括东南亚学者）都有许多记载和论述。以农业为例。民以食为天。长期以来，无论在中国还是在东南亚，农业为经济的主体。古代东南亚农业的发展与汉文化是分不开的。越南史学家明峥指出：公元1世纪初，（中国的两位太守）锡光和任延分别驻交趾和九真，他们把中国的耕作经验介绍到越南，在当地推广了铁犁和耕牛的使用，灌溉大大提高了生产率，农业生产力状况焕然一新。在菲律宾，"菲人的农业的方法，完全是中国的一套，直到现在，菲人所使用的耕种工具如犁耙铲镰刀等物，还和中国的农人所用的同一模样"。缅甸的许多蔬菜和果木的新品种都是从中国传入的。缅甸人民为了纪念中国人民给他们带来可口的蔬菜和水果，便在那些蔬菜、果木的名称前面加上缅语"德由"（意为中国）或直接借用汉语音译，成为新的缅语词汇。

东南亚各国的语言中有相当多的汉语（尤其是方言）借词这一事实，最能反映中国在精神文化方面对东南亚的影响。在马来语中的汉语有1200多个（其中闽南方言借词约占90%）；泰语中的汉语借词，每千字中至少有300个；菲律宾学者指出，在他加禄语词汇中，约有2%可能来自汉语。越南与上述几个国家不同。据史籍记载，越南在一个相当长的时期里，越语和汉语两种语言并用，并把汉语和汉字作为正式的官方语言和文字，由此产生了一种流传至今的"汉越字"，在汉字的基础上又创造了越南自己的民族文字——喃字。据语言学家的调查，在越语词汇中所保存的中国词或发源于中国语的词，占总数的一半。在缅语、老挝语和柬埔寨语中也有不少汉语借词，尤其是豆腐、茶、酱油、面条、油条、饺子和膏药等。

这里应该指出的是，东南亚各民族吸收中国文化时不是囫囵吞枣、生搬硬套，而是结合本地情况灵活应用，甚至还有反馈。例如马来西亚人民把中药与当地草药结合服用。又如，纸是中国人发明的，南传后交趾人有新的创造。先是以谷树皮造纸，后又以香树皮造纸。公元3世纪时，"交趾有蜜香纸，以蜜香树皮造成，微带褐色，有纹如鱼子，极香而坚韧，水浸不烂"。史籍还记载，古代越南人造出高质量的纸扇和金龙黄纸献中国。这些就是很好的例子。

任何国家吸收他国文化是以自身需要为前提的。明代皇帝赐给暹罗的大统历和《烈女传》因不适合该国国情，因而在当地没有留下任何痕迹。英国著名的东南亚史专家霍尔写道，在东南亚的历史时期开始很久以前，印度和中国都已经是公认的文明大国，因此不论在政治上还是在文化上，东南亚和它们相比都黯然失色。"也正是在印度和中国文化的滋养下，东南亚自身的文化才开始发展并取得伟大的成就"。

相对来说，东南亚文化对中国的影响比较小，但绝非完全没有。迄今为止这一课题尚未得到人们应有的重视。这不仅不能全面反映历史事实，也难以使人（特别是东南亚朋友）信服。正如季羡林教授所指出的，我们应当在探讨中国文化对世界其他国家贡献的同时，也探讨外国文化对中国人民的贡献。

中国文化对东南亚各国具有重大影响的同时，东南亚文化也对中国有积极的作用。例如在物质文化方面，早在公元974年苏门答腊的三佛齐就将火油介绍给中国；14世纪前后爪哇就向中国提供所需的硫黄；明朝制作青花瓷的重要原料中就有苏门答腊的苏泥，加里曼丹的勃青，暹罗的风磨铜，渤泥的胭脂石等；11世纪初由于干旱，淮河流域和浙江的田地无水歉收，宋朝皇帝派人到占城（今越南中部）取当地稻种，至今在广东福建和湖南等省普遍种的都是上述占城稻种。番薯等农作物则是通过菲律宾传入中国的；东南亚的商品也丰富了中国的市场，例如，早在唐朝，被称为"瑟瑟"的缅甸绿宝石就在中国风行。在精神文化方面，如印度尼西亚是中国南方伊斯兰教传入的渠道；公元6世纪南北朝梁陈之际，四位扶南（柬埔寨）高僧来中国传经弘法，促进了中国佛教的发展；中国史籍《谱双》卷四载，印度尼西亚的象棋在宋代传入中国，受到老百姓的喜爱，等等。这一类例子还是不少的。

三 崇尚和平，友好相待

中国与东南亚各民族交往中和平友好的例子数不胜数。例如《宋史》卷四八九《阇婆国传》载中国商贾受到厚待："中国贾人至者，待以宾馆，饮食丰洁。"南宋《诸藩志》记述中国海商抵渤泥（今加里曼丹岛）时获良好礼遇："番舶抵岸三日，其王与眷属率大人（王之左右曰大人）到船问劳。船人用锦籍跳板迎肃，款以酒醴，用金银器皿、禄席、凉伞等分献有差。既泊舟登岸，皆未及博易之事。商贾日以中国饮食献其王，故舟往佛（渤）泥必挟善庖者一二辈与俱，朔望并讲贺礼。几月余方请其王与大人论定物价。价定，然后鸣鼓以召远近之人，听其贸易。价未定而私贸者罚"，待到"船回日，其王亦醴酒椎牛祖席，酢以脑子、番布等，称其所施"。它生动地记载了当年中国海商抵渤泥对其君王的尊重，公平贸易以及获得良好礼遇。元代的《岛夷志略》记载了渤泥国人民"尤敬爱唐人，醉也扶之以归歇处"。

在论述古代中国与东南亚各国关系时，不能不涉及"朝贡"问题。从字面上讲，"朝贡"是指"君主时代藩属国或外国的使臣朝见君主，敬献礼物"。当时中国统治者要求他国前来朝贡，反映了封建王朝的大国主义思想。但是在那个时期，它主要体现一种商业贸易关系。中国封建统治者与东南亚各国的贸易，就政府经营的形式看，有"朝贡"和一般贸易两大类。正如《文献通考》中称，"朝贡，不过利于互市赐予，岂真慕义而来"。杜尔在谈到历史上印度尼西亚群岛诸王国向中国朝贡一事时写道："对中国的朝贡不一定意味着是屈服于宗主国的标志。正如（荷兰学者）格罗姆所说，各国精明的商人利用本国君主的名义为自身谋取更大的好处。"明太祖朱元璋对海外一些国家频繁朝贡并无好感，洪武九年（1376）特下谕："番夷外国，当守常制，三年一贡，无更烦数来朝使臣惟三五人而止。奉贡之物，不必过厚，存其诚敬可也。"因此，在当时的"朝贡"并非真正存在着宗主国与附属国的关系。海外诸国遣使送来中国所需"贡品"，换取中国"回赐"之物，而且后者往往比前者更值钱，这在中国对外贸易多为封建朝廷垄断的情况下，海外诸国与这个贸易的最方便、最优惠之路。历史也证明，中国没有侵占他国领土的野心。15世纪郑和七下西洋期间中国与马来半岛上的满剌加（马六甲）的密切关系就能说明。这种关系不论对满剌加，还是对中国，都具有重要意义：一是有利于捍卫满剌加的独立，使其免遭暹罗的欺凌，从而有利于东南亚的和平与安定；二是满剌加为郑和船队远航提供了中继站和等候季风的良港，这是郑和七下西洋成功的一个重要保证；三是通过朝贡、回赐以及贸易等途径，进行了经济与文化上的交流；四是加强了两国友谊。

在古代中国与东南亚各民族交往中，也出现过一些不幸的事件。例如1294年元世祖忽必烈出兵爪哇的事件。但与中国和东南亚友好交往的悠久历史相比，它们毕竟只是极其短暂的插曲。

第四节 东南亚地区国家与中国的贸易畅通现状

作为同处亚太的中国与东南亚各国，无论在文化传统、经贸往来，还是在地缘政治方面，双方关系都难以割舍。在中国的对外关系中，东南亚具有举足轻重的分量。东南亚自古是通往欧洲的海上必备交通要道，中国宋明时期兴起的海上丝绸之路就是从中国的泉州出发，经过马六甲海峡，打通了古代中国与古代欧洲的贸易与文化交流。中国"一带一路"战略安排中，东南亚是"21世纪海上丝绸之路"上重要的战略区域。中国与东盟已经建立自贸区，并于2010年实现货物贸易全面零关税。进入新时期，在大的设想与战略背景下，中国与东盟之间的关系必将再次提升，实现中国与东盟经贸关系的跨越式发展。

东南亚地区共有11个国家：越南、老挝、柬埔寨、泰国、缅甸、马来西亚、新加坡、印度尼西亚、文莱、菲律宾、东帝汶。这11个国家与中国的经贸关系往来存在一定的不平衡，与中国经贸关系最为密切的为越南、泰国、马来西亚、新加坡、印度尼西亚与菲律宾，这与这些国家自身经济发展水平与人口密度相关联。其中，越南、新加坡和泰国三国与中国贸易总额超过中国与东南亚11国贸易总额的一半以上。

一 中国与东南亚地区国家贸易总量分析

进入21世纪，中国与东南亚各国的贸易关系也愈加紧密，尤其是中国—东盟自贸区建立后,双方经贸发展迅猛。2015年中国与东南亚地区国家的贸易总额达到2.9万亿美元,比2000年增长超过13倍,年均增长率达到20%,属于与中国贸易增长速度最为快速的地区之一。2015年中国与东南亚地区国家的贸易总额占中国当年对外贸易总额的12%,从贸易密切度上来看,比21世纪初下降了很多,这也是因为中国在加入WTO,快速融入全球生产链的过程中,改变了中国进出口的主要方向所导致。但是,从数额上可以看出,随着中国对外贸易总值的不断攀升,中国与东南亚地区国家的贸易频率及数额却不断加大。

从贸易差额上看,中国与东南亚地区国家间的贸易呈现逆差逐步扩大到最终变为顺差的状态。其中逆差最大的年份分别为2004年和2011年,从2011年后,中国开始出现了大规模的顺差,也一定程度上造成东盟国家针对中国的一系列不满与政治忧虑。这种现象的发生,与东南亚国家与中国比较优势接近,产品相似度高度重合,贸易互补逐渐削弱有关,同时也与中国高端制造逐步成规模,在技术与中高端产品出口过程中逐步取代欧美有关。未来,两地区的发展,必然存在竞争与互补共存。尤其是中国在产业升级的要求下,逐步降低低端制造的产能过程中,势必出现某些行业向东南亚转移的现象。未来中国与东盟的经贸关系,将比当下更加复杂,也有可能成为中国创造的加工和消费基地。

表9-1　　　　中国与东南亚地区国家双边贸易状况　　　单位:亿美元

年份	贸易总额	出口总额	进口总额	贸易差额
2000	2203.92	961.88	1242.04	-280.16
2001	2395.60	1039.57	1356.04	-316.47
2002	2957.06	1298.01	1659.06	-361.05
2003	4170.33	1678.91	2491.42	-812.51
2004	5626.75	2263.24	3363.51	-1100.27
2005	6943.62	3118.10	3825.52	-707.43
2006	8444.10	3989.14	4456.94	-467.80

续表

年份	贸易总额	出口总额	进口总额	贸易差额
2007	10559.91	5275.38	5284.54	-9.16
2008	15178.03	7325.48	7852.56	-527.08
2009	12342.32	6191.51	6150.81	40.70
2010	18080.28	8547.50	9532.81	-985.31
2011	22697.51	10587.34	12110.34	-1522.99
2012	24703.56	12383.80	12319.86	63.94
2013	27828.69	15200.82	12627.93	2572.88
2014	29765.45	16606.75	13158.71	3448.04
2015	29619.40	17748.99	11870.50	5878.50

资料来源：中国海关总署。

二 中国与东南亚地区国家的贸易结构分析

中国与东南亚地区国家的贸易往来几乎覆盖了全部的1类海关编码产品，除了HS19武器类产品几乎没有贸易往来外，其他品类都有贸易往来。海关编码产品分类，我们可以参照表9-2，理解不同海关编码对应的相关商品目录。

表9-2　　　　　　　　海关编码商品综合分类

海关编码分类	商品目录
HS01	活动物；动物产品
HS02	植物产品
HS03	动、植物油、脂及其分解产品；精制的食用油脂；动、植物蜡
HS04	食品；饮料、酒及醋；烟草、烟草及烟草代用品的制品
HS05	矿产品
HS06	化学工业及其相关工业的产品
HS07	塑料及其制品；橡胶及其制品
HS08	生皮、皮革、毛皮及其制品；鞍具及挽具；旅行用品、手提包及类似容器；动物肠线（蚕胶丝除外）制品
HS09	木及木制品；木炭；软木及软木制品；稻草、秸秆、针茅或其他编结材料制品；篮筐及柳条编织品

续表

海关编码分类	商品目录
HS10	木浆及其他纤维状纤维素浆;纸及纸板的废碎品;纸、纸板及其制品
HS11	纺织原料及纺织制品
HS12	鞋、帽、伞、杖、鞭及零件;已加工的羽毛及其制品;人造花;人发制品
HS13	石料、石膏、水泥、石棉、云母及类似材料的制品;陶瓷产品;玻璃及其制品
HS14	天然或养殖珍珠、宝石或半宝石、贵金属、包贵金属及其制品;仿首饰;硬币
HS15	贱金属及其制品
HS16	机器、机械器具、电气设备及其零件;录音机及放声机、电视图像、声音的录制和重放设备及其零件、附件
HS17	车辆、航空器、船舶及有关运输设备
HS18	光学、照相、电影、计量、检验、医疗或外科用仪器及设备、精密仪器及设备;钟表;乐器;上述物品的零件、附件
HS19	武器、弹药及零件、附件
HS20	杂项制品
HS21	艺术品、收藏品及古物
HS22	特殊交易品及未分类

从表9-2中可以看出,HS01—15大部分属于原材料及劳动密集型产品,HS16—22则大部分属于工业制品及资本密集型产品。

2008—2015年,中国出口到东南亚国家的产品集中在HS05—07、HS11、HS13、HS15—18、HS20上,其中排名前三位的出口产品分别为机器及电器类产品、贱金属及其制品和纺织原料及制品上,占比达到33.2%、12.7%、11.8%,超过中国向东南亚国家出口总额的50%以上。自2008年后,这几类产品出口总额不断增长,说明与东南亚国家相比,中国在这几类产品的竞争力愈加加强,这也与中国在劳动力比较优势上的绝对优势业已形成的产业优势密切相关。

2008—2015年,中国自东南亚国家进口的产品集中在HS02—03、

HS05—07、HS16、HS18 上，其中排名前三位的进口产品分别为机器及电器类产品、矿产品及橡胶制品，占比分别为 48.3%、13.1%、9%，超过中国自东南亚国家进口总额的 60% 以上。同时对比中国出口到东南亚国家的主要产品，两地区的贸易出现了高度的产业集中现象，尤其是 HS16 机器及电器类产品上，进口及出口总额十分接近，这说明两地区贸易具有很强的互补性。

从中国与东南亚国家 HS 商品贸易差额上也可以明显地看出中国与东南亚国家总贸易差额从逆差向顺差转变过程中哪一类产品的进出口地位发生了逆转。中国对东南亚国家贸易中，始终处于逆差状态的为 HS03、HS05、HS07、HS09、HS14，说明在原料出口中，东南亚国家始终保持贸易优势，这与其资源禀赋密切相关，但从数额可以看出，逆差水平在逐渐下降；始终处于顺差状态的为 HS01、HS04、HS06、HS08、HS11—13、HS15、HS17—18、HS20，而这种顺差在 2008—2015 年间又不断扩大；逆差顺差交替出现的是 HS02、HS10、HS16、HS21—22，其中 HS16 在 2015 年实现顺差，表现出一定的行业变化特征。

第十章　跨文化差异对贸易畅通影响的实证分析

改革开放后，中国经济与贸易踏上了经济全球化的列车。20世纪70年代后，企业生产进入了片段化、零件化、生产线自动化的阶段，跨国公司凭借自身强大的资源整合能力，在全球配置研发基地、核心部件生产基地、零部件生产基地、配送基地以及成品组装加工基地，最大化降低标准化产品的生产成本与研发成本。中国的改革开放恰好赶上了这一波跨国公司海外生产安排的列车，中国丰裕的、低廉的劳动力要素及原料要素比较优势与跨国公司强大的资源整合能力相结合，造就了中国对外贸易迅猛增长。21世纪后，中国以发展中国家身份加入WTO，进一步降低了中国对外贸易的壁垒和门槛，近15年的中国对外贸易增长额是加入WTO前的8.42倍，到2015年中国货物对外贸易总额达到了3.96万亿美元，占当年中国GDP的38%。2008年次债危机席卷全球，全球经济因此引发全面危机陷入衰退，至2016年依旧没有明显的复苏迹象，中国对外贸易也因此备受打击。2015年中国货物对外贸易总额虽然接近4万亿美元，却已经比2014年下滑7%，对外贸易与对象国经济发展的密切关系可见一斑。中国自2008年对外贸易依存度不断下降，从过去的超过60%下降到38%，其中原因一是中国主动调整产业结构降低对国际经济的依赖，二是世界经济大面积下滑，外需不断下降所致。

中国经济增长已经从过去的高速增长阶段进入了中高速增长阶段，虽然中国不断地调整产业结构，推动中国产业结构升级，并通过"一带一路"大战略规划的实施，实现中国产能过剩的削减，但是我们无法否认的是，当中国经济迅速融入世界经济，不断扩大在世界经济中所占的比例的今天，我们已经无法完全从国际经济中脱离开来。

既要实现中国过剩产能的削减,也要实现中国经济稳定发展,更要实现中国人均可支配收入不断提升,成功跨越"中等收入陷阱",就必须解决未来中国与国际在各个方面的不协调关系,其中中国与其他国家地区的贸易畅通是非常重要的一个方面。中国对外贸易是否已经发展到了其"贸易前沿",是否有进一步增长的潜力,是否有实现贸易多元化的空间是今天中国对外贸易发展需要解答的问题。另一方面,除了这个问题,我们还需要了解中国"一带一路"战略发展中提出的"五通"——政策沟通、设施联通、贸易畅通、资金融通、民心相通中,实现贸易畅通是非常关键的一通。这说明中国提出的"一带一路"战略的背景是,中国认为世界贸易环境并未实现贸易总额的最大化,包括中国在内的"一带一路"沿线国家能在大战略实施中,获得本国经济再次腾飞的机会,因此研究影响贸易畅通的因素,并提出针对性的战略实施规划策略是挖掘"一带一路"沿线国家贸易潜力非常重要的基础研究工作。

第一节　引力模型简介

一　传统引力模型由来

对两国贸易潜力的研究由来已久,最典型的莫过于双边贸易关系研究的一个标准应用——引力模型。Rauch(1999)认为,引力方程模型已经成为解释国际贸易模式标准的,也许是唯一有效的模型。引力方程发轫于物理学的万有引力思想,由 Tinbergen(1962)引入国际贸易研究领域。简言之,该模型认为贸易规模与两国的国内生产总值(GDP)成正比。尽管引力模型表述形式比较简单,但是自 20 世纪 60 年代以来,引力模型已经在国际贸易研究中获得了相当的成功,被广泛应用于测算贸易潜力、鉴别贸易集团的效果、分析贸易模式以及估计贸易壁垒的边界成本等领域,并较好地解释了在现实中观察到的一些经济现象(盛斌、廖明中,2004)。

国际贸易不仅仅是一个经济现象,而且与各种地理、政治和文化因素密切相关。第二次世界大战后全球贸易迅速扩张，一些学者却发现国际贸易的实际总量远远小于经济学家利用经济理论预测的贸易量，学术界由此展开了对这一谜题的深入探讨和研究。Tinbergen（1962）和 Pöyhönen（1963）最早用引力模型研究两国间的双边贸易流量问题，发现影响双边贸易的主要影响因素包括贸易双方的经济规模以及地理距离。这个研究结果有力地解释了国际贸易的以上谜题，并且得到了众多研究的证实。

二 引入文化因素的传统引力模型综述

国家地区之间因历史传承及文化经济发展的背景差异，存在较大的文化差异。最显见的就是国家民族之间的语言差异问题，不同国家民族间要进行贸易，必须双方掌握同一种语言，否则无法交流，当然相互间的贸易也无法扩大。进入 21 世纪后，当英语几乎成为国际语言后，我们发现除了语言，还有其他文化差异不仅仅阻碍了两国人民的沟通，甚至也降低了对对方生产产品的需求。因此在传统引力模型的基础上，国内外学者纷纷将语言（文化）因素引入引力模型中，加以分析和研究。关于语言（文化）对贸易的影响，当前文献主要从以下两个角度将该变量引入引力模型加以估计。

（一）将语言作为变量引入引力模型

1. 共同语言

将共同语言（commonlanguage）纳入引力模型主要采用虚拟变量的方法。两国若使用共同语言取 1，否则取 0。这是语言与贸易关系研究中比较常见的做法。一些学者（如 Frankel and Rose，2002；Anderson and Van Wincoop，2004）将共同语言虚拟变量引入引力模型检验了共同语言对双边贸易有重大影响。梅里兹（Melitz，2008）不仅从官方语言来判断是否具有共同语言这一虚拟变量，还将某国会说人数占总人数 20% 以上的语言（梅里兹将其命名为"开路语言"，Open – circuit Language）加入到衡量是否有共同语言当中。梅里兹（2008）实证结果表明，是否具有相同官方语言以及是否具有相同的开路语言均有利于促进两国的贸易发展。他还认为通过翻译的间接交流同样也能促进贸易，同时对一国语言文化的熟悉程度也会影响该国对外贸易额。塞勒米尔和吴昌勋（Selmier II and Oh，2012）利用梅里兹（2008）的语言数据比较了英语、法语、西班牙和阿拉伯语分别作为共同语言对贸易和 FDI 的影响。贸易方面，英语对贸易的影响在四种语言中最大。在 FDI 方面，母语为英语的国家将利用语言优势吸引其引进 FDI，其影响力也大于其他三种贸易语言，同时，这一优势将促进该国对外进行投资。相似地，吴昌勋等（Oh et al.，2011）使用 1984—2004 年 115 个国家的贸易和数据，利用引力模型来验证语言对国际贸易和 FDI 的影响，结果发现，共同语言或者贸易双方中只有一国其官方语言为主要贸易语言（英语、法语、西班牙语、阿拉伯语）之一均对贸易有促进作用，且对 FDI 的影响大于其对国际贸易的影响。

2. 语言直接沟通能力

语言直接沟通能力（Language direct communication），即用多种指标与数据来量化两国间直接语言交流的能力。哈钦森（Hutchinson，2002）取 33 个国家中将英语作为第一语言的比例和作为第二语言的比例作为变量分析语言对美国贸易流量的影响，其中贸易流量取 1994—1996 年三年的均值，得出在与美国对外贸易中将英语作为第二语言的变量对该国贸易贡献更大，且语言对出口的影响大于进口的影响。梅里兹（2008）统计出各国会说人数占总人数 4% 以上的语言作为直接沟通语言（direct - communication language），将两国能用该种语言交流的人口比例的乘积来量化语言变量。他发现该种语言同样对贸易流量有显著的正影响。顾和扎斯曼（Ku and Zussman，2008）将两国成绩的乘积来量化其语言变量运用引力模型，得到英语交流能力对促进全球贸易有很大的作用，这说明熟练的英语能力能够缓和各国之间的语言沟通障碍。菲德尔穆茨（Fidrmuc，2009）估算了欧盟各国家语言的掌握情况（包括除官方语言以外的其他语言的熟练程度，对语言交流能力与贸易关系进行了估计），结论支持了语言的交流能力对贸易有很大的影响。

国内学者彭卉、蒋涌（2012）利用中国和加拿大把英语作为第一语言的人口比例以及把英语作为第二语言的人口比例作为变量引入修正的引力模型中,对中加两国和42个贸易伙伴的年平均贸易数据进行实证分析,得出英语作为第二语言的人口比例比英语作为第一语言的人口比例更加能促进双边贸易,同时这一因素在促进进口方面比出口方面效果更加明显。

3. 语言距离

语言距离(Linguistic distance)是用词汇统计学方法量化不同语言人群之间相互学习各自语言的难易程度。语言距离分数越高,表示两种语言之间的学习越难,越花精力与成本。哈钦森(2002)研究表明,一国语言与英语的语言距离越大,美国与其贸易流量越小,尤其是在进口贸易上。哈钦森(2005)进一步选取了36个非英语国家运用引力模型分析语言距离对贸易的影响,考虑到移民等因素之后,结论是:一国的语言与英语的语言距离越大,那么该国与美国的总进口和总出口以及消费品和生产品的进出口贸易将减少,且语言距离对进口的影响大于出口,尤其是在消费品的进口方面。

塞勒米尔和吴昌勋(2012)将上述三种因素综合起来,从是否拥有共同语言、直接交流沟通能力、语言距离这三方面来检验语言是否影响贸易和FDI。结果发现,共同语言、直接交流能力对国际贸易和FDI均有正影响,而语言距离具有负影响,且语言因素对FDI的影响大于其对贸易的影响。

最后,在不同语言对贸易及流量影响程度上,部分学者发现通用语言(lingua franca)相对于其他贸易语言,对双边贸易的发展贡献最大。菲德尔穆茨(2009)曾指出梅里兹(2008)忽略了一国学习通用语言对其贸易的影响,于是他们对英语作为通用语言的重要性进行了实证研究,结果表明英语在欧洲贸易中的重要性要大于其他语言。塞勒米尔和吴昌勋(2012)也得出只有英语会促进英语国家的进口贸易,也只有英语不会阻碍英语国家的出口贸易的结论。吴昌勋等(2011)也发现相对于法语、西班牙语、阿拉伯语来说,使用英语交流的交易成本最小。对于个人来说,学习英语和法语带来的正效应更大。另外,使用西班牙语、阿拉伯语的交易成本要大于非主要贸易语言的使用。因此,他们认为非主要贸易语言国家更倾向于学习英语或法语。

国内学者的研究则将语言距离更加具象为语言成本及对英语掌握的熟练度上。谢孟军、郭艳茹（2013）分析了语言交易成本对中国出口贸易的影响，并用占我国出口贸易85%以上的各国家或地区的面板数据进行实证检验，认为开放经济条件下，小国承担国际贸易中的语言成本，而语言学习的人力资源投入和资本投入均与出口贸易额正相关。李增刚、赵苗（2013）利用2005—2009年的短面板数据研究了英语语用水平与中国服务贸易进口额和出口额的关系，并对英语对中、印两国的服务贸易的影响进行了比较。张卫国、陈贝（2013）则估计了英语熟练度对我国对外贸易流量的影响及其动态变化。研究发现，英语熟练程度与中国的对外贸易流量具有正相关关系，这种影响在货物贸易与服务贸易之间存在着差异，英语熟练程度对中国服务贸易的影响更大。语言对中国对外贸易流量的影响随着时间的推移大体呈上升趋势。

（二）将文化差异引入引力模型加以估计

随着科技的进步与发展，全球物流系统效率得到提高，国际运输成本大幅度下降，地理距离对贸易的影响越来越小。学者们开始探究国际双边贸易流量的其他影响因素，发现制度因素和文化因素也是影响国际双边贸易流量的主要解释变量，其中文化距离对国际贸易有着不可忽视的影响。Di Maggio 和 Zukin（1990）研究发现，文化差异对全球市场经济活动有重要影响。Elsass 和 Veiga（1994）认为，不同的文化背景增加了经济交流的难度，文化背景差异不利于跨国界的市场活动。Paul D. Ellis（2007）指出距离不仅可以指地理距离，更可以指精神距离和文化距离，而文化距离通过多种方式对企业国际化产生影响。Bedassa Tadesse 和 Roger White（2008）认为，文化距离对贸易有抑制作用，他们在2010年的进一步研究中发现大的文化距离会降低出口，且不同产品受文化距离的影响存在显著差异。近年来，文化相似性在决定国家间贸易流量的过程中起着重要作用的观点已经达成广泛共识。Min Zhou（2011）指出，国与国之间相似或相近的文化有利于两国进行国际贸易，而文化差异会阻碍两国的贸易。Gabriel J. F.

和 Farid T.（2010）发现文化相近性是双边贸易量的一个重要决定因素，并以降低贸易成本和提高亲和力参数两种方式对双边贸易产生影响。总体来说，这些研究在两方面达成了共识：文化距离对国际双边贸易有着重要影响；两国之间小的文化距离有利于贸易，大的文化距离不利于贸易。

正因为语言是文化的一部分，也是文化传播的工具，语言反映与揭示了一个国家和民族文化的内容，国内近年来也出现了一些关于文化差异与贸易和关系的研究。它们大多也是采用引力模型，可以认为是国内学者从事的与语言和贸易及 FDI 流量研究最为相近的一个主题。学者对文化距离影响出口贸易流量的方向争议较大。如霍夫斯泰德（Hofstede，1983）指出，文化之间存在显著的差异，而文化的差异会增加贸易之间的成本，因此文化距离对贸易有阻碍作用，相似文化的国家之间更偏好于进行贸易。另外一些学者通过历史演绎和制度经济分析等方法从理论上论证了文化距离会对出口贸易流量产生负向作用（Eichengree and White，2008；陈晓清和詹正茂，2008）。陈昊、陈小明（2011），阚大学、罗良文（2011），以及田晖、蒋辰春（2012）分别利用霍夫斯泰德（Hofstede）国家文化维度指标，实证考察了文化差异对我国对外贸易流量的影响，基本证实了中国对外贸易流量与国家文化距离负相关。而其他一些学者则认为文化距离对出口贸易的影响效应为正向（曲如晓、韩丽丽，2010），原因在于文化距离的存在使得产品更为消费者所选择，因为消费者总是愿意选择多样化的产品。而许和连、张萌和吴钢（2012）通过构建考虑空间滞后因子的引力模型研究了文化差异对我国空间格局的影响，发现文化差异对我国各省的空间布局的影响日益凸显。

第二节 结合文化距离的引力模型构建

2009 年中国成为世界第一出口大国，在全球贸易中占据更为重要的地位。然而，随着经济发展面貌的日新月异，世界政治经济格局正在悄然发生变化，2008年的全球性金融危机暴露了我国对外贸易的风险及隐患，适时调整我国的对外贸易区域结构，不仅可以提高我国对外贸易的安全性，还能提升我国对外贸易的发展空间。国家文化距离对国际双边贸易有重要影响，本书试图通过这一较新的切入点进行中国与"一带一路"沿线国家对外贸易的影响因素分析，以便为中国对外贸易结构调整及战略转型提供更宽泛的视角。

一　模型构建

传统的贸易引力模型由 Tinbergen（1962）和 Pöyhönen（1963）提出，他们通过模型研究发现两国之间的贸易额与其经济总量成正比关系，与两国之间的距离成反比关系。该模型解释力强，使用灵活简便，数据易得且具有国际可比性，实效性强，被广泛用来实证研究各种因素对贸易流动的影响。其形式可以表示为：

$$T_{ij} = A(Y_i Y_j)/D_{ij} \qquad (10-1)$$

其中，T_{ij} 表示 i 国与 j 国的双边贸易额，A 是一个权重系数，Y_i 是 i 国的经济规模 GDP，Y_j 是 j 国的 GDP，D_{ij} 是 i 国与 j 国之间的地理距离。

在后续的研究中，对以上模型做了进一步深化得出如下的扩展引力模型：

$$T_{ijt}^* = f(x_{ijt}\beta)(i, j = 1, 2, \cdots, N; t = 1, 2, \cdots, T) \qquad (10-2)$$

式（10-2）中，x_{ijt} 是 $1 \times k$ 阶向量，表示各种影响贸易量的自然决定因素，如距离、经济规模、相对地理距离、边界、文化因素等；β 为 $k \times 1$ 阶的待估计参数向量；T_{ijt}^* 则为国家 i 与国家 j 在第 t 期可能达到的最大贸易水平。现实中，由于某些不可测的贸易阻力或随机误差项的存在，无法达到最大贸易水平，因此实际贸易水平低于最大贸易水平。

$$T_{ijt} = f(x_{ijt}\beta)exp(v_{it}) \qquad (10-3)$$

$$lnT_{ijt} = lnf(x_{ijt}\beta) + v_{it}$$

式（10-3）为参数扩展引力模型的基本形式。其中，v_{it} 是随机测量误差或者随机性因素。同时，$v_{it} \sim iidN(0, \delta_v^2)$。

二 包含文化距离的扩展引力模型回归方程

在引力模型中，更多的学者把大量的研究放在探讨地理距离和市场规模对两国贸易流量的探讨，由于文化差异的不可直接测量性，而被主流研究者回避。后续引力模型中，有学者尝试将文化差异引入模型内，考察文化差异对两国贸易乃至省级地域贸易差异造成的影响，但普遍是运用与中国贸易量最大的欧美国家数据进行分析。但最近的"一带一路"研究中，我国需要开辟新的世界贸易市场，需要进入那些我国一直忽略的市场中，与这些国家进行交流和沟通。这些国家由于长期与我国交往甚少，彼此了解程度很低，贸易的阻力不仅仅来自双方的地理距离，市场规模，更重要来自彼此文化间的互信不足。本书试图运用这些数据探讨中国与"一带一路"沿线国家的贸易潜力问题，探讨文化距离对贸易潜力的影响。结合已有模型，采用 OLS 法，对文化距离对贸易流量的影响进行估计。具体回归方程如下：

$$\ln EXP_{ijt} = \beta_0 + \beta_1 \ln PGDP_{it} + \beta_2 \ln GDP_{jt} + \beta_3 \ln POP_{it} + \beta_4 \ln POP_{jt} + \beta_5 \ln DIS_{ij} + \beta_6 \ln CD_{ij} + v_{ijt} \quad (10-4)$$

式（10-4）中，被解释变量 EXP_{ijt} 表示 t 年 i 国向 j 国的出口。解释变量为经典引力模型的变量并加入了文化距离变量：（1）出口国与进口国的人均 GDP（$PGDP_{it}$ 和 $PGDP_{jt}$），反映经济发展程度、需求水平和要素禀赋；（2）出口国与进口国的人口总量（POP_{it} 和 POP_{jt}），代表国内市场规模；（3）地理距离（DIS_{ij}），表征两国间的运输成本；（4）出口国与进口国的文化距离（CD_{ij}），代表国家间的文化差异，一般假定两国文化差异越大对双方贸易往来越有阻碍作用。

第三节 实证过程及结果分析

一 样本、数据来源及说明

结合中国"一带一路"战略的部署和实施，贸易现行与文化沟通成为当前战略实施的重中之重。本书结合对中国与"一带一路"沿线国家及主要文化区域的文化距离测度，对丝绸之路沿线的中亚、南亚、中东、中东欧、东亚及东南亚地区和主要代表国家进行实证分析,希望通过引入文化距离,考察中国与"一带一路"沿线国家与地区的贸易潜力与效率问题。"一带一路"战略跨越中亚、南亚、中东、中东欧、东亚、东南亚等地区,是中国通往欧洲和非洲的陆上及海上途经的重要地区。"海权"在过去的70年中一直由美国占据,自由贸易在次债危机发生之前,由美国的海上霸权保护着。后次债危机时期,美国从自由贸易主义开始撤退,而中国根据当前的局势,部署"陆权与海权"并重的发展模式,倡导多路径跨地域发展经济与贸易,带动沿线国家和地区的经济崛起,获得了"一带一路"沿线国家的欢迎和肯定。

本书所考察的国家中,共涉及该区域的39个国家和地区,这39个国家和地区基本上都是该区域与中国贸易往来密切的国家和地区。其中 i 国为中国,j 国(地区)分别为属于中亚的哈萨克斯坦、乌兹别克斯坦、吉尔吉斯斯坦和塔吉克斯坦①;属于南亚的印度、巴基斯坦、孟加拉国、斯里兰卡、尼泊尔、不丹;属于中东的埃及、伊朗、伊拉克、以色列、约旦、科威特、沙特、叙利亚、阿拉伯联合酋长国、土耳其;属于中东欧的波兰、罗马尼亚、塞尔维亚、匈牙利、捷克、立陶宛、拉脱维亚、克罗地亚、斯洛伐克、爱沙尼亚、阿尔巴尼亚、斯洛文尼亚、保加利亚;属于东亚的日本、韩国、中国香港;属于东南亚的越南、泰国、马来西亚、新加坡、印度尼西亚、菲律宾。

本书选择的样本时间跨度为1995—2015年,出口贸易流量 EXP_{ijt} 采用中国对这些地区国家当年出口总额来测度,数据来自中国海关总署。$PGDP_{it}$ 和 $PGDP_{jt}$ 的数据来自世界银行(World Bank)数据。地理距离 DIS_{ij} 来自 CPEII 的距离统计和地理信息统计两个表格。POP_{it} 和 POP_{jt} 则采用世界人口统计数据。

文化差异 CD_{ij} 的测度,笔者使用 Hofstede(2010)最新提出的文化价值观评价体系,该评价体系在过去最具影响力的 Hofstede

---

① 中亚五国因在霍氏文化差异统计中无显示,又因近期一直在苏联统辖,受俄罗斯文化和习俗及制度影响深重,故分析时用中亚地区代替中亚五国,只统计为一个地区。

(1980) 4个文化维度基础上,增加了2个文化维度,共6个文化维度:权力距离、不确定性规避、个人主义与集体主义、阳刚气质与阴柔气质、长期导向与短期导向、自身放任与约束。权力距离反映的是人们对于权力和地位在社会中分布不平等的接受程度,在权力距离高的国家,人们接受不平等的程度越高;反之,在权力距离低的国家,人们更期望权力和地位在社会中分布平等;不确定性规避反映的是人们对于不确定性的容忍程度,在不确定性规避低的国家,人们容易接受不确定性和不同于他们的行为和意见,而在不确定性规避高的国家,人们对于不确定性不易接受,会建立规章制度减少不确定性;个人主义与集体主义反映的是人们的价值取向,在个人主义国家,人们之间的联系松散,不善于合作,人们仅是以自我或家庭为中心,在集体主义国家,人们由于组织而紧密联系,会以对组织的衷心换取组织对他们的保护;阳刚气质与阴柔气质反映的是人们对于社会中性别角色的态度,在阳刚气质的国家,人们更喜欢决断、竞争、成就感、野心、金钱和其他物质财富,而在阴柔气质国家,人们更喜欢帮助别人,认为关系比金钱重要,不喜欢炫耀,更注重生活质量;长期导向与短期导向反映的是人们对未来的态度,长期导向国家倾向培养人们面向未来的务实美德,特别是节约、坚持不懈和适应变化环境方面,短期导向国家倾向培养人们关注过去和现在,特别是民族自豪感、尊重传统和履行社会义务方面;自身放任与约束反映的是人们对生活的态度,放任的国家倾向于人的基本需要和自然欲望的满足,追求的是生活的享受和幸福感的获得,而约束的国家往往抑制人的需要,借助严格的社会规范来调节。[1] 因此,相应的文化差异 CD_{ij} 就可以细分为这6个文化维度的差异:权力距离差异 PD、不确定性规避差异 UA、个人主义与集体主义差异 CI、阳刚气质与阴柔气质差异 FM、长期导向与短期导向差异 LS、放任与约束差异 IR。Hofstede 对于6个文化维度进行了问卷调查和评分,每个文化维度的分值从0到100,0最低,100最高,本书参照 Kogut 和 Singh(1988)提出计算文化差异的方

---

[1] http://www.geerthofstede.nl/.

法，用以下公式计算：

$$CD_{ij} = \frac{1}{6}\sum_{h=1}^{6}(I_{hj} - I_{hi})^2/V_h \qquad (10-5)$$

其中，CD_{ij} 是中国与 j 国的文化差异，I_{hj} 是 j 国的第 h 个文化维度评分，I_{hi} 是中国第 h 个文化维度评分，V_h 是第 h 个文化维度评分的方差。根据式（10-5）计算得出中国与39个国家和地区的文化距离。

表 10-1　　　　中国与39个国家和地区的文化距离值

地区	国家（地区）	文化距离	地区	国家（地区）	文化距离	地区	国家（地区）	文化距离
中亚*		2.16	中东欧	波兰	3.28	东南亚	越南	0.76
南亚	印度	1.03		罗马尼亚	2.02		泰国	2.40
	巴基斯坦	1.95		塞尔维亚	2.01		马来西亚	2.03
	孟加拉国	3.62		匈牙利	4.25		新加坡	0.82
	斯里兰卡	2.63		捷克	1.97		印度尼西亚	4.19
	尼泊尔	0.74		立陶宛	3.11		菲律宾	1.79
	不丹	1.85		拉脱维亚	4.16	东亚	日本	2.69
中东	埃及	1.62		克罗地亚	1.64		韩国	1.61
	伊朗	3.10		斯洛伐克	1.53		中国香港	0.40
	伊拉克	2.59		爱沙尼亚	2.68			
	以色列	5.63		阿尔巴尼亚	0.98			
	约旦	2.79		斯洛文尼亚	3.18			
	科威特	1.81		保加利亚	1.60			
	沙特	2.58						
	叙利亚	2.00						
	阿联酋	1.53						
	土耳其	2.93						

注：*表示在 Hofstede 的文化距离统计中，没有有关中亚五国的数值，而中亚五国从苏联解体后与俄罗斯脱离，近代受俄罗斯文化影响更重，因此用俄罗斯文化距离代替中亚五国文化距离。

二 实证检验及结果分析

（一）模型回归结果

表 10-2 显示了利用中国对 39 个国家和地区 1995—2015 年的出口值、人均 GDP 等的面板数据的 OLS 回归结果。从结果中，我们发现，$\ln PGDP_{it}$没有通过 t 检验，统计显示其对中国对这些国家出口的影响不显著。究其原因，应该是中国与这些国家的要素禀赋相似，经济发展水平差异不大，中国的需求及要素禀赋并不对中国向这些国家和地区出口造成影响。为进一步研究文化距离对中国对这些国家和地区的贸易的影响，需要重新构建引力回归方程。式（10-6）中将变量中国的人均 GDP 去掉，仅保留进口国的人均 GDP，再次进行 OLS 回归，本次回归结果很好，每一个变量都通过了 t 检验，回归方程的拟合优度达到了 0.87，说明回归方程通过检验，参数结果能够很好地反映被解释变量与解释变量的因果关系，具体如表 10-2 所示。

$$\ln EXP_{ijt} = \beta_0 + \beta_1 \ln PGDP_{jt} + \beta_2 \ln POP_{it} + \beta_3 \ln POP_{jt} + \beta_4 \ln DIS_{ij} + \beta_5 \ln CD_{ij} + v_{ijt} \tag{10-6}$$

表 10-2　国家文化距离对中国对"一带一路"沿线国家和地区出口贸易影响的实证结果

变量	EXP 回归方程（10-4）	EXP 回归方程（10-6）
（常量）	-277.458	246.945
$\ln GDP_i$	-0.122 (-0.839)	
$\ln GDP_j$	1.099 (37.99)	1.096 (38.135)
$\ln POP_i$	22.831 (6.880)	20.216 (21.290)
$\ln POP_j$	1.130 (46.572)	1.129 (46.594)
$\ln DIS$	-0.402 (-5.074)	-0.402 (-5.083)

续表

变量	EXP 回归方程（10-4）	EXP 回归方程（10-6）
lnCD	-0.374 (-5.074)	-0.373 (-5.078)
Adjust-R^2	0.870	0.870

（二）回归结果分析

从回归结果分析可以看出，中国对"一带一路"沿线国家的出口值与两国的要素禀赋、市场规模、需求潜力以及地理距离密切相关，其中中国对"一带一路"沿线国家出口值的增长与中国的劳动力水平、出口对象国家的经济发展水平以及市场规模呈正相关，这与预测相符，同时两国的地理距离以及文化距离确实一定程度上降低了中国对出口对象国的出口水平，与预测相同，呈负相关关系。

从回归结果上看，文化距离的扩大，导致中国出口值的下降，说明两国文化距离越大，所带来的中国对该国的出口贸易阻力越大，且其对出口贸易的影响程度逼近地理距离对贸易阻力程度。因此传统引力模型应充分考虑文化距离因素对两国贸易的影响，这也充分说明，"一带一路"倡议实施过程中，贸易融通的过程不能忽视文化交流的作用，民心互通在打通"一带一路"新的贸易大通道的过程中，甚至比解决交通阻力更为重要。

中国在权力距离指数、不确定性规避指数、集体主义指数、阴性气质指数、长期导向指数和放任指数上的分数分别为80、20、66、30、87、24。与其他国家和地区的国家文化指数对比，中国与东亚、东南亚和南亚国家的文化指数的表现和差异最小，与中亚、中东和中东欧的文化指数表现及差异最大（见表10-3）。中国对这些国家和地区出口贸易也同样表现出东亚、东南亚、南亚是中国比较重要的出口市场，而中亚、中东欧和中东受到中国企业关注则相对要少得多。这说明，中国与这些国家和地区之间存在很大的交流的不确定性，阻碍了彼此贸易的融通，彼此信任的建立。

表 10-3　　　　　　　中国与六大区域文化距离均值

地区	国家（地区）	文化距离	地区	国家（地区）	文化距离	地区	国家（地区）	文化距离
中亚*		2.16	中东欧	波兰	2.49	东南亚	越南	2.00
南亚	印度	2.00		罗马尼亚			泰国	
	巴基斯坦			塞尔维亚			马来西亚	
	孟加拉国			匈牙利			新加坡	
	斯里兰卡			捷克			印度尼西亚	
	尼泊尔			立陶宛			菲律宾	1.56
	不丹			拉脱维亚		东亚	日本	
中东	埃及	2.66		克罗地亚			韩国	
	伊朗			斯洛伐克			中国香港	
	伊拉克			爱沙尼亚				
	以色列			阿尔巴尼亚				
	约旦			斯洛文尼亚				
	科威特			保加利亚				
	沙特							
	叙利亚							
	阿联酋							
	土耳其							

注：*表示用俄罗斯文化距离代替中亚五国文化距离。

中亚、中东欧及中东地区是连接东亚与西欧非常重要的陆地，该地区由于历史和宗教原因，饱受战乱的折磨，国家地区的分裂与合并在近20年也频繁发生，这些原因也造成中国与这些地区交往不密切。中国出口大多穿行于这些国家，却很少落地生根，而这些国家对中国产品的理解也更多地表现为价廉质差的层面，对中国文化的了解也仅仅是"李小龙"、"功夫"等非常浅显和不正确的认识。推行"一带一路"倡议，实现丝绸之路经济带国家间的交流和互动，提升该地区经济增长水平，改善该地区民众的生活福利水平，就必须首先增强中国与这些国家和地区的文化交流，增进彼此了解，降低这些地区对中国的误解，接受中国提出的"共同进步"的建议。

在"一带一路"大战略实施过程中，不论是我国政府还是企业都必然与各种文化背景的国家政府和企业打交道，经贸互通有无的前提必然是民心相通，否则再好的产品，再有潜力的投资也都会因为对中华文化的敌意而变成落花，无法产生预期的经济价值。那些狭隘的文化沟通观念，自我为中心的狂妄自大的文化入侵模式必须要引起我们的警示。"一带一路"不是经济入侵，更不是文化入侵，而是如古丝绸之路一样，成为商品、文化与友谊沟通的桥梁。因此，文化全球化的观念必须深植于"一带一路"跨文化沟通的每一个环节中。

第十一章　基于跨文化管理的丝绸之路经济带沿线国家的贸易畅通

2016年9月结束的杭州G20领导人峰会上形成的共识，进一步说明，与会的各国领导人和政要已经非常认同提振世界贸易与投资对拉动世界经济的重要作用。"一带一路"战略的推进，事实上就是在世界贸易和投资低迷的当下，提出的一剂良方。本书的实证也充分说明，"一带一路"大战略设想若想成功实现，带动沿线落后国家和西欧东亚之间经济低洼地带的经济跨越式发展，让该地区的人民也如中国一样受益于经济全球化，就必须把好脉搏，对症下药。文化距离对贸易潜力和贸易效率的影响是必然存在的事实。在"一带一路"大战略推进和打造的过程中，提升中国与沿线国家和地区的贸易融合程度，除了必须降低显性的贸易成本，还必须着力降低隐性的贸易成本。文化距离对地区间贸易潜力和贸易效率的影响的实证结果，也进一步说明跨文化沟通与管理在打造"一带一路"战略中所处的地位是不容忽视的。

霍夫斯泰德的国家文化距离分析中，六大因素形成了两国文化之间的巨大差异，分别为权力距离、个体—集体主义差异、阳刚气质—阴柔气质差异、不确定性规避差异、长期导向—短期导向社会差异、约束—放任差异。每个国家在这六种文化差异因素上的表现各有不同，形成了两个国家相对的文化距离。诚然，文化距离的客观存在，导致两国交流中不可避免地会出现基于文化误解而出现的摩擦，其中我们经常讨论的贸易摩擦，更多时候表现为各自立场的对立，而不是本质利益的对立。因此，积极应对文化差异，而不是视若不见，积极进行多渠道、多角度的文化领域的沟通，而不是将文化差异等同于语言沟通障碍，是行之有效的做法。

第一节 跨文化管理的"CCIOT"模式

一 "CCIOT"模型的构成要素

"CCIOT"跨文化管理模型包括信任（Trust）、合作（Cooperation）、共同目标（Objection）、整合创新（Integrating - Innovation）、文化环境（Culture）等，其中每个要素又是由许多不同的子要素构成的。

（一）信任

信任作为一种减少社会复杂性的机制，在经济活动中发挥着非常重要的凝聚作用。对信任的理解和认识，许多学者从人际关系、组织行为、商品交换、社会制度等不同研究视角出发提出了不同的观点。Hosmer（1990）认为，信任是个体在面临一个预期的损失大于预期的收益的不可预料的事件时，所做出的非理性的选择行为。这个定义说明，理性的行为主体在某种机制的作用下，面对不确定性所带来的风险难以准确度量的情况时，会放弃追求个人效用最大化的理性选择，做出其他的选择，这种机制就是信任。Denise M. Rousseau（1998）等认为，信任是建立在对另一方意图和行为的正向估计基础之上的不设防的心理状态。Korczynski（2000）认为，信任是行动者双方在交易中对对方不会利用自己弱点的信心。根据信任产生的不同基础，信任机制所包含的内容也不相同。综合来说，组织间的信任可分为两大类：一是以个体之间的信任、情感、共同信仰为基础的个人的信任；二是以契约、规则和制度等为基础的制度的信任。

不少学者的研究表明，信任对组织和个体产生巨大的作用：一方面，信任是维持组织效能和维系组织生存的重要因素。它可以有效降低管理事务的处理成本，防范投机行为，而且也能降低对未来的不确定性，促使组织内部更合理运用资源，从而提高组织效能。另一方面，信任也可以促使组织成员之间的互助合作，使人际间的沟通更加顺畅。

(二)合作

自 20 世纪 50 年代起,国外学者对合作机制展开了研究。Smith 等(1995)将它们归纳为五类:交换理论(exchange theories)、吸引理论(attraction theories)、实力和冲突理论(power and conflict theories)、模仿理论(modeling theories)和社会结构理论(social structure theories)。其中以交换理论的影响最大,并成为其他合作理论的基础之一。

合作交换理论认为,合作是参与合作者最大化其经济收益或心理收益而进行的交换过程。合作形成的条件是所有参与者从合作中所获的收益均大于其所付出的成本。

组织合作关系的建立是参与合作者权衡其投入与收益的理性抉择,在合作过程中,有两个问题需要解决:一是合作方的合作动机是否一致;二是合作动机的明确度。上述两个问题如果处理不当,就会产生"机会主义倾向",这将造成行为实体相互关系的不稳定性。因此,如何有效防范机会主义倾向就成为组织间合作的基本问题。

在合作关系中,对机会主义行为的控制机制有两种:契约和信任。契约可对参与者的合作投入及在合作过程中的行为做出详尽的规定,但合作投入和合作行为都具有量和质两方面的规定性,契约能对其可量化的部分实施监控,但对其难以量化的部分无能为力,所以合作契约可抑制机会主义倾向,但不能有效地消除它。信任被认为是防范机会主义倾向最有效的机制。基于信任的合作不仅能避免为签订契约及监督其履行而引起的交易费用,更重要的是合作参与者都以积极主动的姿态,增加投入,积极配合,以求在合作中实现"双赢"。

合作对组织的作用主要体现在两个方面:一是互补效应。它是指合作使双方的资源相互弥补对方的资源缺口,达到充分利用资源的效果;二是协同效应。是指合作使双方的资源在充分利用的情况下,又创造出了新的利用方式,具有创新效果。互补效应是合作的基础效应,协同效应则是合作的高级效应。

(三) 共同目标

不同学者根据自己的理解对目标做出了不同的解释。H. A. Simon 认为，目标就是组织奋力争取达到所希望的未来状况，因此其认为的目标包括使命、目标对象、指标、定额和时限。Richard L. Daft 认为，一个组织有多个类型的目标，这些类型的目标总体可分为以官方发布的组织目标或称为使命以及以组织实际追求的目标。组织的总目标通常称为使命——即组织存在的原因。使命描述组织的愿景、共享的价值观、信念以及存在的原因，它对于组织具有强有力的影响。使命有时被称为官方目标，它是组织力图实现的结果和范围的正式说明。组织的经营目标是指组织通过实际的经营程序所要寻求的结果和说明组织实际上要做什么。经营目标通常描述的是短期的具体可衡量的结果。经营目标一般是关于组织要完成的主要任务，每个主要任务的具体目标为组织部门中的日常决策和活动提供方向。

(四) 整合创新

不同组织间的跨文化的整合创新就是合作双方通过自身主动整合组织内外部资源，实现对多元化环境与多元文化员工的不断整合，寻找出不同文化中的优点，摒弃不同文化中的缺点或不适应之处，创造出一个具有独特性、主动性、发展性、层次性特征的跨文化管理文化，从而促进组织取得良性的经济与社会效益。从这个角度上来看，整合创新事实上是文化全球化现象的显现，是组织管理活动中，自发的文化再创造和更新换代过程。

跨文化的整合创新是一个动态的过程，大致包括四个阶段：一是探索期。此阶段需要全面考察跨文化组织所面临的文化背景状况、文化差异问题、可能产生文化冲突的一些相关方面，并需要根据考察的结果初步制订整合创新的方案。二是碰撞期。它是跨文化组织进行文化整合创新的实施阶段。此阶段往往伴随着一系列管理制度的出台。由于不同文化的直接接触，冲突的情况时有发生，只是不同的跨文化组织的冲突类型不同、程度有所差异而已。因此，把握好文化整合创新的速度和可能发生文化冲突的强度关系是此阶段必须注意的问题。三是整合期。此阶段是不同文化逐步达到融合、协调、同化的过程，是形成、维护和调整文化整合中的一系列行之有效的跨文化管理制度与系统。它需要一个较长的时期。四是创新期。此阶段是在文化碰撞的基础上创新出具有独特风格的跨文化过程。

（五）文化环境

"文化"的定义极为复杂和多样。科学管理学的奠基人 Taylor 将文化定义为一个复杂的整体，它"包括知识、信仰、艺术、法律、道德、风俗和其他作为社会成员的人们具有的能力与习惯"。从管理的角度来看，文化是一个社会与另一个社会区分开来的人们思维的集体化程序或"思维的软件"。作为一种知识或"思维软件"，文化为人们提供了结构经验、解释行为、陈述意义、解决问题的思维工具。

从跨文化管理角度来说，文化是指不同的国家、民族、人种具有的不同文化模式。每一种文化模式都有自己的价值体系和行为标准，并与造成这种差异的特定社会环境相联系。文化模式的特点可以通过属于各自文化的成员的行为、信仰、习惯和社会组织形式表现出来。一般的特点可以表现在建筑风格、穿着打扮、言谈举止、习俗礼仪等，这体现了文化的表层、有形和显性因素，比较复杂的特点则融合在人的信仰、价值观、思维方式、规范等，这体现了文化的隐性因素。这种隐性因素会自觉不自觉地反作用于人所处的社会环境，并对周围的人产生影响。

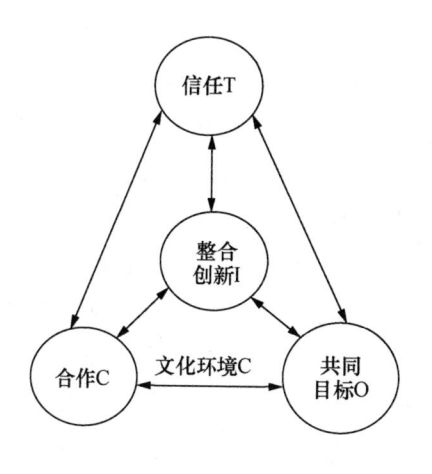

图 11-1 跨文化管理"CCIOT"模型

二 "CCIOT"模型的三大层次

（一）跨文化管理的"稳定三角形"——信任、合作、共同目标

"CCIOT"模型中的第一个层次是由"信任"、"合作"、"共同目标"三个方面构成的。它们构成了组织跨文化管理的基本层面——稳定性，是跨文化管理的基础。没有合作的信任和没有信任的合作，虽然尤其存在的可能，即一次性博弈的广泛可能性，但如果考虑博弈的重复性（博弈双方长期合作），考虑人类理性纠错——调校功能，组织必须选择较大程度的"信任"和"合作"，嵌入组织这种特殊的"合作"装置中，才能够稳定和发展。没有信任，合作根本不可能，更谈不上实现共同目标；没有合作，也就不可能在交往的碰撞中建立起相互的信任，更不可能实现共同目标；没有共同的目标利益，也谈不上合作和信任。因此，"合作、信任"以"共同目标"为基础，共同目标的实现以合作、信任为保证。只有合作各方有了共同目标，才有了合作的可能；如果合作能够成功，则需要组织双方的充分信任。所以，合作、信任和共同目标是跨文化管理的基础，是跨文化管理中的"稳定三角形"。

（二）跨文化管理的"钻石结构"——整合创新与"稳定三角形"

"CCIOT"模型中的第二个层次是"整合创新"与"稳定三角形"构成的"钻石结构"。整合创新包含两层含义：一是整合，即组织管理者以各方不同的文化为基础，在特定的组织中，通过成员的通力合作、相互了解、融合，使双方的潜能达到最初的"满意状态"；二是创新，即在整合的基础上，通过双方的共同努力，创造出一套适合特定组织结构的特有跨文化管理模式。应该说，任何组织从一开始，就包含着明确的"创新"因子，因为需要构成的"新"组织、"新"概念、各种资源的"重新"配置，"新"住址内部游戏规则"章程"。另外，组织要获得长期的生存发展，需要不断有新的观点、新的组织形式等熊彼特式的"创新"。整合创新的实质是解决跨文化组织的成长性问题，而"稳定三角形"是解决跨文化组织的稳定性问题。因此"稳定三角形"是"整合创新"基础。在跨文化整合创新上，加拿大注明的跨文化组织管理学者南希·艾德勒（Nancy. J. Adler）提出了

三种有效战略措施：（1）凌越（Beyond），即在组织内一种民族或地域文化凌越于其他文化之上扮演着统治者的角色。组织内的决策及行为均受这种文化支配，而其他文化则被压制。（2）折中（Compromise），指不同文化间采取妥协与退让的方式，有意忽略回避文化差异，从而做到求同存异，以实现组织内的和谐与稳定。（3）融合（Synergy），是不同文化间在承认、重视彼此间差异的基础之上，相互补充、协调，从而形成一种和谐的组织文化。在对跨文化组织进行文化整合创新时，最不能采用的就是凌越的方式，因为它虽然可以在短时间内形成一种"统一"的组织文化，但缺点是不利于博采众长，其他文化因遭到压制而极易使其成员产生强烈的反感，最终加剧冲突，结果不仅不能做到很好地整合创新，甚至会破坏"稳定三角形"的稳定性。折中也不是可取的方式，因为这种和谐与稳定的背后往往潜伏着危机，只有当彼此间的文化差异很小的时候，才能采用此方法，否则也会导致"稳定三角形"不稳定。最好的整合创新就是要做到组织内不同文化的融合创新，即充分认识到不同文化的异同点，不是忽视和压制文化差异，而是通过融合的方式，通过创新形成组织自身的文化。因此，"整合创新"是组织稳定后的文化管理的延续，其与"稳定三角形"构成跨文化管理的"钻石结构"。

（三）文化环境与"钻石结构"的关系

"CCIOT"模型中的第三个层次是"钻石结构"与"文化环境"的关系。文化深深影响着组织跨文化管理的各个方面，即影响着"钻石结构"的诸因素。对信任的看法，不同的文化背景有不同的理解方式。在中国社会中，人们主要采用以交往经验（包括个人声誉及过去交往情况）为基础的，以及个人特性（包括两人特有的既定关系）为基础的信任建构方式。而西方国家大多采用以制度为基础的信任方式。不同文化背景的人对合作的理解也有很大不同。在中国，合作是以关系为基础的，搞好合作首先要建立良好的关系；而西方国家的合作大多是以合同为基础的，要进行合作，首先就要签订一份详细的合同，把合同作为约束对方的重要条件。

因此在组织内部，必须重视文化因素对组织的影响。第一，要尊重文化差异，博采众长，增大文化的兼容性，为我所用。第二，就是要多进行跨文化的沟通与交流。其目的就是要加强组织内部的人员对不同文化环境的反应和适应能力，促进不同文化背景的人群之间的沟通与理解。第三，要建立独特的组织跨文化特色。这种跨文化特色是根据组织的特殊需要而构建的，通过吸收各方文化优点而形成。这种文化的形成更加促进了"稳定三角形"结构的稳定和"整合创新"的不断提升；反过来，"稳定三角形"结构的牢固稳定和"整合创新"的不断提升又进一步丰富和发展了组织的文化内容，从而促进了组织跨文化管理进入一个更高的境界。

第二节　丝绸之路经济带沿线国家跨文化管理的重点环节

文化全球化的观点虽然是近代的产物，但基于文化全球化的实践却由来已久。古代文明的相互交融造就了汉唐文明的璀璨，中华古国对域外经贸的吸纳与交流，近代西方文艺复兴造就了西欧经贸的繁荣，科技的振兴。"经贸互通，文化先行"是对历次经贸共融的历史经验的总结。在"一带一路"大战略的实施过程中，在强调沿线各国经贸领域合作的同时，我们必须要认识清楚文化距离给彼此经贸合作带来的困难与挑战。而"文化先行"意味着，中华文化与沿线各种主流文化和非主流文化的碰撞频次要大大多于以往。中国过去的经验是十分重视对西欧北美文化的研究与吸纳，却很少研究中亚、中东和东南亚等地区的亚文化问题。这与古丝绸之路的经验刚好截然相反。在与这些地区的国家交往，并努力从陆上和海上打通通往西欧、非洲的贸易大通路的时刻，对这些地区文化的研究和讨论必须放在日程上来。同时，需要注意的是，在考察这些地区的文化沟通时，必须站在文化全球化的高度去讨论，而不是一味地接受，也不是一味地贬低，探讨文化的共性、文化的冲突、文化的更新节律应该成为重点问题。同时，在讨论文化沟通时，不应该仅仅探讨文化，而应该站在管理的角度，去考察跨文化沟通如何形成一个稳定的整合创新体，为贸易畅通提供稳定、积极的文化环境。

一　构建沿线国家跨文化管理的"稳定三角形"

"稳定三角形"中包含信任、合作和共同目标。"一带一路"倡议实施过程中，想要"以政策沟通、设施联通、贸易畅通、资金融通、民心相通"为合作的主要内容和共同愿景，就首先要解决彼此互信的问题。合作发展必然以信任为基础，而信任的缺乏则是源于交流能力不足所导致的不了解、不理解和不认同。而造成此种情况的原因则首先是因为我国对外开放更多倾向于货物贸易和投资开放，在文化领域则更多表现为低开放度；其次是文化交流交往依旧不畅通。

（一）文化的对外开放度低

这主要是个人的表达权利、企业自主经营权利、消费者自我选择权利都有限，由此，必然进一步导致文化交流的信息不对称，并且导致文化消费市场的结构不合理。文化对外开放度低，文化交流不畅，作用和效益不明显，导致政府在相关资源配置上长期居于主导地位，对文化市场主体管办不分，直接造成按照行政分割模式监管文化市场，而且监管手段滞后，多头监管、监管不到位和缺位越位等现象比较突出，制约了文化的对外开放与交流，并且进一步制约了全社会的对外开放程度，制约了经济社会的发展。中国整体对外开放度较低在很大程度上制约了文化交流事业的发展。文化交流的体制性、行业性壁垒仍然比较突出，文化市场分割严重，这在很大程度上又阻碍着文化资源的有效流动，令各类文化交流企业难以做大做强。

文化对外开放程度低，也进一步反映出中国对自身的文化不够自信，对外来文化具有较强的防范心理的问题。长期以来，西方文明总是以强势入侵的方式凌越其他文明之上，凡是与西方价值不同，行为模式不符的文化都被打上落后衰落的烙印。在很长一段时间，因为意识形态的对立，西方敌对势力总是利用各种媒体传播诋毁中国和颠覆中国的新闻和消息，文化领域开放度不及贸易投资领域也有这方面的原因。

因此增加互信，夯实相互合作，促进共同目标实现，构建"稳定三角形"必须首先对外提升文化开放度，欢迎不同的文化走进中国，也同样要鼓励中国文化走出国门，进入其他国家，提升其他国家和地区对中国文化的理解程度。信任是彼此沟通的重要纽带，只有彼此了解，清楚明晰文化差异，才有机会互补长短，互通有无，创造出新的文化模式来。因此，在文化沟通的层面上，开放也依旧是非常重要的政策，如经济贸易开放一样，在"一带一路"倡议实施过程中，愈加变得迫切和重要。

(二) 文化交流、交往、交融还不甚畅通

长期以来，由于文化上的隔膜和交流不甚畅通，导致西部地区与周边国家民族之间的交往、交融也不畅，这不仅严重影响到了双边或多边经贸活动的开展，而且还直接影响到"丝绸之路经济带"巨大潜力的发挥。因此，进一步增进中国与中亚欧洲国家的相互了解，是现代文化建设的一项系统性工程，这需要多方的共同努力，但增进文化上的交流，并且进一步增进民族之间的交往、交融，则无疑是第一位的。"丝绸之路经济带"沿线各国的传统文化博大宏富，相互之间的文化交流源远流长，优秀而独具特色的传统文化是人类共同的宝贵遗产。为此，政府要高度重视和积极推动文化交流事业发展，社会各界要懂得敬重珍惜宝贵的文化交流资源，学术界要自觉加大研究与交流力度，媒体要积极推动文化交流的宣传，企业更要无私助力于文化交流的实践。"丝绸之路经济带"沿线各国人民之间要互相尊重，主动学习和了解对方的文化，为民族之间的交往、交融，为共建"丝绸之路经济带"奠定良好基础。

只有文化交流顺畅，才能从根本上解决合作基础问题，才能更好地理解共同目标，并为共同目标铺设彼此都能接受的达成途径。可以肯定的是，只有彼此信任，文化交流才有可能实现，而文化交流顺畅，既是各种合作谈判的根基，也是协议目标签订的根基。

(三) 政府鼓励和支持文化交流事业发展的政策不健全

各国共建"丝绸之路经济带"，开展国际经贸合作是前提，但文化交流是基础。离开文化交流的依托，任何经贸合作都会成为无源之水、无本之木。从中国与中亚及欧洲国家的文化交往史中不难看出，那些有名的文化使者多为民间人士，多是自发地、自筹资金到对方国家学习或传播文化。随着共建"丝绸之路经济带"进程的深入推进，双边市场的开放会进一步加快，特别是民间接触会越来越多。因此，中国应该尽快完善支持文化交流事业发展的制度措施，坚持求同存异，积极推动合作各方增进、互动、理解和支持，鼓励和支持民间组织扩大友好往来，夯实民意基础，增进双边或者多边文化交流，不断促进民心相通。

在文化交流中，不能将沟通任务完全交给民间机构完成。中国从政府层面应出台相关的政策措施，为文化交流创造制度保证，让国外的优秀文化无障碍地进入中国，也同样促进中国文化无障碍地进入相关国家和地区。毕竟文化交流从贸易投资角度来看，是更加高级层面的开放，隶属于服务贸易门类。而各国在服务贸易层面设置的隐性贸易投资壁垒之多，让文化交流变得比货物金融开放还困难。政府之间针对这类文化贸易的谈判必须要早早提上日程，否则只会增加文化方面的距离，增加文化层面的贸易成本，甚至因为文化冲突没有很好地解决，而导致贸易投资双双失败。"一带一路"跨文化管理的"稳定三角形"的构建也将成为镜中花、水中月，仅仅出现在学者讨论的范畴，始终无法落地真正促进其他领域的合作和沟通。

二 构建跨文化管理的"钻石结构"

搭建起"信任"、"合作"和"共同目标"的"稳定三角形"后，必须用"整合创新"将三角形串成"钻石结构"。从化学角度来看，钻石的结构才更加稳固。要想让"三角形"更加稳定，就需要通过"整合创新"，增进彼此的信任，夯实合作基础，并共同付诸实施共同目标。在整合创新中，我们不能像西方文明那样傲慢无礼，企图用"一言堂"来统辖全球，强调自己文明的先进性，诋毁其他文明，并试图消灭其他文化。也不能在跨文化管理中，低估中华文化的博大精深，系统包容，但凡是其他文化都不加过滤地吸纳，无视文化间的差异性和冲突性，给未来合作埋下文化摩擦的隐患。而应该本着"融合"的态度，正确对待彼此文化间的差异和冲突，取其精华、去其糟粕，整合创新出彼此都能接纳，并相互信任的新的一种文化模式。中国汉唐文化之所以具有极强的世界吸引力，并非仅包含中华文明，更加融入了古代其他文明的身影。每一件出土的文物，每一份留下的历史遗迹都让世界上的后代人感到熟悉和认同。这就是整合创新的力量。在当代"一带一路"倡议下，中国一定要发扬兼容并蓄的优良作风，加强与其他文化的沟通，寻找彼此文化的共性，创新出都能接受的文化交流模式，行为表现模式，制度建设模式以及目标实施模式。只有如此，中国的倡议才能真正得到沿线国家的认同，并将倡议变为沿线国家主动地融入，提升"一带一路"的建设效率及经济拉动能力。

三 创造良好的文化环境

"钻石结构"若要真正发挥巨大的文化牵引力，实现民心相通，必须要落实在成形的文化环境中。文化环境包括价值观、信念、制度、宗教、语言等诸多因素。"一带一路"沿线涉及40个国家和地区，遇到的国家文化之多，是其他经济区域无法比拟的。正因为国家文化复杂多样，该文化环境中的诸多因素也会因为国家、民族的变化而发生根本的改变。创造良好的文化环境，不能用一种模式套用，而应根据不同的文化内容，加以变化。柔性的文化环境打造，在这个区域要比简单粗暴的"刚性文化入侵"有效得多。在复杂多变的文化中，要尊重彼此文化的差异，不要对不懂不了解的文化指手画脚。同样，良好的文化环境不是简单的接受，而是理解的层面的再次创造和革新，即形成相互认可的价值观、信念、制度是十分必要的。

作为中国，要鼓励民众学习多国语言和习俗，开设相关国家文化培训，在全民教育中普及文化全球化的理念，提升全社会对不同文化的接纳度和包容度。通过融纳其他文化，在碰撞中创造新的文化因子，并构建出能让彼此更加信任，合作更加顺畅的宽松的文化环境，让共同目标的实现得到文化制度保障。

第三节　基于跨文化管理的实现不同区域贸易畅通的措施

不论是古典贸易理论还是现代贸易理论，其基石都是分析跨国贸易收益如何以及通过何种途径跨越贸易成本问题。贸易成本的构成有很多因素，除了生产要素成本以外，运输成本、交易成本是其中非常重要的两大块。随着交通技术的不断升级，运输成本降低速度非常快，已经对跨国贸易的阻碍越来越小，近几年盛行的跨境电商贸易也是基于小包裹运输成本的下降而衍生新型贸易模式。交易成本始终占据贸易成本讨论的主流地位，交易成本中既包括通关手续成本、关税等显性成本，还包括跨国交易中非关税壁垒造成的成本增加，两国因文化差异导致沟通效率下降造成的成本增加，以及因文化差异而迟迟无法谈判和签订协议的两国间贸易投资便利化的措施、服务贸易促进措施等。因此想要促进两国间贸易共融，提升中国外贸对非主流贸易地区的影响力，除了通过基础设施建设降低运输和通关成本，还要在文化沟通和协调上下功夫。

自习近平主席提出"一带一路"倡议后，引起了沿线国家的广泛兴趣和关注。"一带一路"沿线国家普遍经济发展水平低，虽然地处东亚和西欧的中间地带，经济发展速度和水平却远远落后于这两个地区的国家，被称为"经济洼地"。"一带一路"的倡议，事实上给予了这些国家经济发展和崛起的新的机会。在当前全球经济普遍低迷的时刻，中国展现出负责任的大国的姿态，在 2016 年 G20 杭州峰会上，中国向各国与会领导人介绍中国经济发展经验，并提出在世界范围内建立包容性可持续经济增长的观念，得到了与会国家的欢迎。该峰会最后获得一系列丰硕的成果，并达成了重要共识：决心为世界经济指明方向，规划路径；决心创新增长方式，为世界经济注入新动力；决心完善全球经济金融治理，提高世界经济抗风险能力；决心重振国际贸易和投资这两大引擎的作用，构建开放型世界经济；决心推动包容和联动式发展让二十国集团合作成果惠及全球。这些重要共识说明不仅仅是发展中国家，包括发达国家在内都有极为迫切的振兴经济的要求，而欧盟美国单纯的货币金融政策无疑无法带动世界经济的复苏，回到经济本源，回到合作的基础上，才有可能重振世界经济。中国"一带一路"倡议明显是走在了峰会的前方，其惠及的都是经济不发达地区，并且注重实体与虚拟经济相结合的结构性改革，获得沿线国家的关注，并积极向中国靠拢就一点都不难理解了。

中国与沿线国家的通力合作，不仅仅会提升中国产业结构调整的空间，提升中国西部发展的速度和效率，同样也向这些地区注入了中国经济发展的经验。亚投行的建立让该倡议的顺利实施获得了资金的保障，中国向这些国家的投资和基础设施建设的援助夯实了这些地区相关国家经济崛起的基础。从基础设施的建设上看，"一带一路"正在进行交通路网的铺设，已经签订合同的项目有蒙内铁路、卡拉奇—拉哈尔高速公路、巴基斯坦—卡洛特水电站、印尼—印尼雅万高铁、德黑兰—马什哈德高铁等。可以预见，当"一带一路"沿线国家基础设施建设全面展开后，不仅能大大提升这些国家经济建设的能力，降低这些国家的生产要素成本，也将大大降低中国与这些国家的运输成本，"中国制造"从主流北美西欧市场走向这些国家将成为现实。

除了基础设施建设的合作和交流，"一带一路"倡议中所提到的"民心相通"则从另外一个层面提出了这个地区政治和经济发展的要求。民心相通的前提是对彼此文化的认识和了解，因为文化差异导致的冲突，有时甚至上升到战争层面。霍夫斯泰德于2010年重新构建的六维国家文化差异模型，认为由于国家间在权力距离、不确定性规避、个人—集体、阳刚—阴柔、长期导向、约束—放任方面存在文化差异，表现不一，导致两国间存在文化距离。基于这种文化距离，会引起对不同事件本质的价值观的对立，从而表现在行为上的冲突。"一带一路"倡议中提出的"民心相通"必然要基于相互间对彼此文化的了解。只有深刻了解行为上的冲突是因为文化的冲突，才能更好地站在对方的角度考虑问题，双方才有可能彼此谅解对立的行为，获得共赢的结果。

第十一章 基于跨文化管理的丝绸之路经济带沿线国家的贸易畅通

另外,在"一带一路"倡议中的"贸易畅通"除了受制于之前所分析的显性贸易成本,还受制于隐性贸易成本。从实证分析得出,中国与"一带一路"沿线国家的贸易潜力巨大,而贸易效率却较低,其中因为文化距离导致贸易成本是非常重要的制约因素。

价值观差异与身份差异有很大区别,但两者共同构成了文化的核心。身份是可见的,而价值观是不可见的,文化价值观会影响到身份差异的结果。与个体主义的文化相比,集体主义的文化意味着身份群体更容易把自己从其他群体中抽离出来;与弱不确定性规避的文化相比,强不确定性规避的文化意味着一个群体视其他群体为危险的。集体主义与强不确定性规避相综合后,导致国家处理群际冲突时使用不同的方式。在不同国家中,由于长期发展而形成的制度也存在显著不同,它包括处理家庭、组织、学校、健康、保健、商业、政府、体育、媒体、艺术和科学活动的各种规则、法律和组织。国家制度的结构和职能与价值观差异的关联度较高,而与身份差异的相关度较小。

不同维度的文化指数相互影响,会造成国家间行为表现的巨大差异。从文化指数来讲,不确定性规避和阳刚气质最为抑制聚合的趋势:不确定性规避在很大程度上与财富独立,而阳刚气质则彻底与财富相独立,也就是说,不受其影响。不确定性规避代表了在纯净物质和专业知识的需要之间的差异,而阳刚气质—阴柔气质解释了成功(地位是其中的重要元素)需要之间的差异,它导致不同国家对于象征地位的产品的吸引力存在差异。另外,它也解释了男性和女性在购买行为和家庭决策中的角色。权力距离和不确定性规避的差异主要影响了政治进程,高权力距离意味着集权化,百姓与政府之间缺乏合作,以及更多的政治暴力。强不确定性规避意味着更多的规则和法律,政府对经济更多的干预,民众无力与政府抗衡。高权力距离并且强不确定性规避意味着感知到更多的腐败,即使把国家贫困因素的影响派出之后也是如此。个体主义—集体主义和阳刚气质—阴柔气质两个维度主要影响到国家支持和拥护的议题。个体主义意味着对于人权、政治民主和市场资本化的关注;集体主义意味着对于群体利益的关注。阳刚气质意味着对经济增长和竞争的关注,以及对技术的信仰；阴柔气质关注的是对于国内（社会福利）和国际（发展合作）需要的支持，以及对全球环境的保护。在阳刚气质文化中政治话语更为对立导向，而阴柔气质文化更为统一导向。

因此文化差异的存在，会影响到推进贸易互通的方方面面。不论是显性成本还是隐性成本，文化差异和文化冲突都会无形中增加可以减免的开支。贸易互通，表面看是对双方产品和服务的认可，事实上是对产品和服务背后附着的文化的认可。"一带一路"倡议不是中国单方面可以推进的，需要的是沿线国家的通力合作，就不可避免地设计从政府层面、跨国政治机构层面、企业层面乃至个体层面的交流与沟通。文化差异的存在，必然引起对产品和服务认可度和满意度的不同评价。因此，增进贸易互通，不是简单的买卖商品和服务，而是增进彼此的合作效率。不论哪一层次的谈判都必然涉及基于文化差异而造成的利益冲突。国家文化的差异会直接影响谈判的方方面面：权力距离会影响到控制的集中化程度、决策制定的结构以及谈判者地位的重要性；集体主义会影响到谈判者对于稳定关系的需求。在集体主义文化里，变动一个人就意味着需要花费时间建立一种新关系。在信管系的顺利建立中，中间人起着重要作用；阳刚气质会影响到自我吹嘘行为的需要，对强势行为赞同与支持以及采用武力解决冲突的倾向，阴柔气质文化在解决冲突时更倾向于妥协折中，并致力于意见一致；不确定性规避会影响到谈判者对模糊信息的容忍程度，当对手表现出不熟悉的行为时的信任程度，以及在谈判过程中对于结构和仪式的需要；长期导向会影响到实现最终理想目标的执着精神，即使以牺牲为代价；约束会使谈判更具有时间观念，更具有目的性，对规则更加遵守。跨国谈判中，协调利益实际上更多的是协调彼此的文化冲突，协调双方的价值观念。在"一带一路"增进贸易互通的过程中，有必要从降低文化冲突层面入手，借助跨文化管理模式，增进该地区各国间对彼此文化的适应性，加大力度培养彼此居民具备多中心主义倾向，打造新一代世界居民。

一　学习跨文化沟通培养世界公民

跨文化沟通能力的获得需要经历三个阶段：觉察、知识和技能。

觉察（awareness）是起点，即认识到由于自己的成长方式，自己带有一种特定的心理软件；同样，其他人由于在不同环境中成长，因而拥有不同的心理软件。知识（knowledge）紧随着觉察。如果我们希望和某种文化互动，就必须了解这些文化。我们应该学习它们的符号、英雄和仪式。即使我们并不会分享它们的价值观，但至少要了解它们的价值观与我们的价值观在哪些地方有所不同。技能（skills）建立在觉察、知识和实践活动的基础上。我们必须辨别并应用其他文化符号，认同它们的英雄，实践它们的仪式，经历在新环境中与他人打交道的满足感，在与其他人的相处中循序渐进、由易而难地解决越来越多的问题。

跨文化沟通是可以教授的。有些学生对这方面的学习比其他人更有天赋。那些有着过度自我的人，低不确定性容忍的人，经常情绪不稳、有着种族主义倾向、在政治上有极左或极右的人，培训失败的风险会大些，毕竟，这需要人们把自己从珍爱的信念中抽离出来。因此在推进"一带一路"沿线国家贸易互通的过程中，我们必须从各个层面加大对这种具备跨文化沟通人才的培养。在外派人员和谈判人员的筛选上，也要注重这些人的文化特质，避免情绪极端和具有种族主义倾向的人参与跨国沟通。

跨文化沟通可以采用培训模式和自学模式。初级培训可以先从注重其他文化的具体知识入手，如对象国家的地理、历史、习俗、卫生等。高级培训则应注重文化差异的觉察以及有关文化差异的一般性知识。觉察培训（awareness training）关注个人自身的心理软件，以及与他人相比自己有何不同，这种培训的知识和技能适用于任何外国文化环境。培训的主要内容不是解决如何在其他文化中生存，而是如何工作和如何称职。自学则可以采用一种经典工具——文化同化训练（Culture Assimilator），利用这个软件中自带的各种案例描述，培养居民的跨文化沟通能力。

二 通过文化互动构建贸易合作互信机制

信任、合作和共同目标的建立，需要彼此的了解和互谅。如果彼此不了解，很难建立起互信，就即便商谈合作，要么无法建立合作关系，要么合作关系十分脆弱。更不要说当彼此质疑的时候，如何寻找共同目标了。因此建立"稳定三角形"是进一步贸易谈判磋商、贸易投资的实施基础。随着各国消费水平的不断提升，居民消费结构不断升级，购买的首要因素已经渐渐从价格向实用品质过渡。未来的贸易合作，发挥的将不仅仅是比较优势，将逐步升级至竞争优势。双方的贸易合作，不再仅仅讨论价格，还将深入至服务及个性定制。贸易将不仅仅是买卖，还将体现和带有信誉的标签。因此在推进"一带一路"贸易互通的过程中，我们需要在隐性贸易成本上下功夫，通过文化互动和交流，构建贸易合作互信机制，建立起沿线国家与中国基本的增进互信而开展的文化交流与互动。要完成这个工作，就必须首先做好前期彼此了解的工作，这其中就包括彼此文化领域的开放、民间文化交流及政府文化管理政策的制定。

（一）加大文化对外开放力度

学习跨文化沟通，需要加强与外界的接触。中国自东向西，在文化对外开放度方面与经济贸易开放度一样，呈缓慢降低的趋势。这种趋势从外界因素来讲，是海权崛起导致，中国东部地区参与国际竞争更具有距离和成本优势所致。中国经济发展的不平衡，也从贸易与文化开放度上可见一斑。"一带一路"倡议的实施过程中，不是进一步加强中国资源向东部集中，而是希望通过陆路交通的打造，实现中国对外贸易的"陆权"与"海权"并重的局面。在加强"陆权"的过程中，也能带动中国西部地区经济腾飞和发展。在这个过程中，加强文化层面的对外开放是必备的条件。只有允许和欢迎其他文化走进来，才有可能增加与不同文化交流与碰撞的机会，增加彼此理解和信任的机会。

（二）建立文化层面的交流与沟通的平台

加大文化开放力度后，不能仅仅依靠民间无意识的文化交流为主，还应该建立长效的交流和沟通平台，通过建立高端文化交流论坛、文化交流机构，中高等教育留学交流，主动将本国文化向海外输出，同时也积极从国外引进先进的文化作品和理念，向国内介绍不同的文化特色，促进不同文化相互学习，促进融合创新，更有效地增进两国民间文化的往来频率与互动效率，增进国家民族间友谊，增强国民彼此的理解与信任，为进一步合作打下良好的民间基础。

(三) 建立政府间文化交流政策

除了加强民间文化交流，政府也要制定相应的制度来保障合理的文化交流和文化贸易活动。毕竟文化本身更深层面表征的是国家和民族间的价值观差异，某些价值观可能极度与中国不相融合，比如极端民族主义，比如宗教原教旨主义、极端恐怖主义等。我们需要制定相应的政策和制度保证合理和优秀的文化引进和输出的同时，还要防止这些极端文化对国内的腐蚀和破坏。因此国家有必要在政府层面建立文化分层标准，既不能因恐惧而封闭文化沟通渠道，也不能因没有筛选机制给落后和极端文化提供扰乱国内市场和社会稳定的漏洞。

三 借助整合创新丰富贸易内容

当代的国际贸易的内容比过去丰富很多，不仅仅只有货物贸易，服务贸易所占的比重已经超越货物贸易。比起货物贸易，服务贸易涉及的行业，提供的可贸易的形式更加多样化。两国间文化交流愈加频繁，事实上是增进服务贸易的一种表现。因此，通过搭建文化交流平台，构建文化交流政策也是鼓励文化贸易的，提升服务贸易竞争力的重要渠道。在此基础上，中国与"一带一路"沿线国家应该一道出台相关扶持措施，鼓励文化领域的整合，寻找文化共同点，发扬双方的优秀文化品质，创新文化交流模式与内容，形成相互都能接受并能够执行的价值理念，降低双方的文化摩擦和文化冲突，为各种形式的贸易发展夯实互信互利共赢的文化价值基础，提升贸易质量和贸易效率。

四 促进包容的文化吸纳环境的形成

一国文化是否有包容度，直接决定该国对其他域外国家的吸引力，同时也能提升该国经济贸易的国际竞争力。古代的汉唐文明之所以能辐射西域，能让远至沙漠以外的商旅不辞辛苦与汉唐贸易，除了汉唐拥有当时先进的农耕纺织工艺水平，同时还因为汉唐文化对外来文化具有极强的吸引力和包容度。出土的很多文物证明了，外来文化进入汉唐后，能迅速与汉唐文明相结合，造就出中西合璧的绝世精品，并制造出符合别国风土人情的丝绸陶瓷等贸易品。因此，一个充分自信的文化应该提倡建立良好的具有包容性的文化环境。对域外文化，不应该总是以警惕和排斥的心态去对待，同样也不能丧失本土文化的独立性，一味崇洋媚外，而应该以足够自信的心态接纳外来文明，并主动引进别国文化产品，并根据彼此的价值观，进行改造。即给予外来文化的生存空间，又能适时审慎地吸纳其中的精华，去除落后的因子，让彼此文化在碰撞中，共同成长，共同进步，造福于后世子孙。

"一带一路"的建设需要长期的过程，需要中国开拓智慧，协调彼此的矛盾，寻求共识，实现共赢。在这个过程中，贸易互通虽然看似最容易实现，却因为文化政策等问题，也最难实现。在近几十年的多边和双边贸易谈判中，各国参与谈判的精英们耗尽心力，取得了在贸易领域重大的成果。但是我们依旧看到，在贸易互通、对外开放的道路上，总是会出现贸易保护主义、闭关锁国的短视行为。以往，我们总是批评每一个参与谈判的国家都过于维护自身国家的利益，忽视别国利益。但是如果我们换一个视角，会发现，每一场所谓利益的角逐，其实背后都是彼此价值观、文化的较量。过于那种唯我独尊，动辄运用"普世"来宣扬本国文化的做法，在当代屡屡受挫，并导致很多国家出现乱局。因此尊重彼此的文化差异，尊重每个国家的历史进程，让文化融合代替文化凌越，或许是另外一条促进全球经济协调发展，增进贸易互通的有效途径。

参考文献

[1] Aigner, D., Knox Lovell, C. A., and Schmidt, P., 1977, Formulation and Estimation of Sto – chastic Frontier Production Function Models. Journal of Econometrics, 6 (1): 21 – 37.

[2] Anderson, J. E. and van Wincoop, E., 2003, Gravity with Gravitas: ASolution to the Border Puzzle. American Economic Review, 93 (1): 170 – 92.

[3] Anderson, J. E., 1979, A Theoretical Foundation for the Gravity Equation. American Economic Review, 69 (1): 106 – 116.

[4] Anderson, C. Deconstructing Competence in Intercultural (Communicative) Competence. http://www.ialic.arts.gla.ac.uk/2005 conference/abstract/ChrisAnderson.doc, 2005.

[5] Armington, P. S., 1969, A Theory of Demand for Products Distinguished by Place of Production. IMF Staff Papers, 16: 159 – 177.

[6] Armstrong, S., 2007, Measuring Trade and Trade Potential: A Survey. Asia Pacific Economic Paper, No. 368.

[7] Baldwin, R. E. and Taglioni, D., 2006, Gravity for Dummies and Dummies for Gravity Equations. NBER Working Paper, No. W12516.

[8] Bergstrand, J. H., 1989, The Generalized Gravity Equation, Monopolistic Competition, and the Factor – Proportions Theory in International Trade. Review of Economics and Statistics, 71 (1): 143 – 153.

[9] Bedassa Tadesse, Roger White, 2010, "Cultural Distanceas a Determinant of Bilateral Tradeflows: do Immigrants Counter the Effect of

Cultural Differences?". Applied Economics Letters, 17 (2), 147 – 152.

[10] Bergstrand, J. H., 1985, The Gravity Equation in International Trade: Some Microeconomic Foundations and Empirical Evidence. Review of Economics and Statistics, 67 (3): 474 – 481.

[11] Bennett, M. J. A, 1986, Developmental approach to training for intercultural sensitivity. Journal of Intercultural Relations, 10 (2): 179 – 195.

[12] Bennett, M. J., 1993, Towards ethno relativism: A developmental model of intercultural sensitivity. In P. R. Michael (Ed.), Education for the Intercultural Experience Yarmouth, ME: Intercultural Press, 21 – 71.

[13] B. Kogut & H. Singh, 1988, The Effect of National Culture on the Choice of Entry Mode. Journal of International Business Studies, 19 (3), pp. 411 – 432.

[14] B. Tadesse & R. White, 2010, Does Cultural Distance Hinder Trade in Goods? A Comparative Study of Nine OECD Member Nations, Open Economic Review, 21 (2), pp. 237 – 261.

[15] B. Tadesse & R. White, 2007, Cultural Distance as A Determinant of Bilateral Trade Flows: Do Immigrants Counter the Effect of Cultural Differences? Applied Economic Letters, 17 (2), pp. 147 – 152.

[16] Byram, M., 2004, Teaching and assessing intercultural communicative competence. Clevedon: Multilingual Matters, 1997.

[17] Byram, M., & Feng, A., Culture and language learning: teaching, research and scholarship. Language Teaching, 37 (3): 149 – 168.

[18] Carlos M. P. Sousa, Frank Bradley, 2006, Cultural distance and psychic distance: two peas in a pod. Journal of International Marketing, 14 (1): 49 – 70.

[19] Drysdale, P., 1967, Australian - Japanese Trade. Canberra, Australian National University. Ph D. thesis.

[20] D. Dow & S. Ferencikova, 2010, More Than Just National Culture Distance: Testing New Distance Scales on FDI in Slovakia, International Business Review, 19 (1), pp. 46 - 58.

[21] Deardorff, D. K., 2004, The identification and assessment of intercultural competence as a student outcome of international education at institutions of higher education in the United States. North Carolina State University, Raleigh.

[22] Deardorff, D. K., 2006, Identification and assessment of intercultural competence as a student outcome of internationalization. Journal of Studies in International Education, 1 (3): 241 - 266.

[23] Fantini, A. E. A., 2000, Central Concern: Developing Intercultural Competence. SIT Occasional Paper Series, (1): 25 - 33.

[24] Frankel, J. A., Ernesto Stein and Shang - Jin Wei, 1997, Regional trading blocs in the world economic system. With, Institute for International Economics, Washington, D. C.

[25] Geert Hofstede, 1980, Culture's consequences: International differences in work - related values. Beverly Hills.

[26] Geert Hofstede & Gert Jan Hofstede, 2005, Cultures and Organizations: software of the mind. NY: Mc Graw Hill. 29 - 31.

[27] Geert Hofstede, and Bond, M. H., 1988, The Confucius Connection: from cultural root to economic growth. Organizational Dynamics.

[28] Geert Hofstede & Gert Jan Hofstede, 2005, Cultures and Organizations: software of the mind. NY: Mc Graw Hill: 168 - 169.

[29] Gert Jan M. Linders, Henri L. F. de Groot, Piet Rietveld, 2005, "Institutional Determinants of Bilateral Trade", Tinbergen Institute Discussion Paper, 12.

[30] Groot Laszlo Tihanyi, David A Griffith and Raig J Russell, 2005, The Effect of Cultural Distance on Entry Mode Choice, International

Diversification, and MNE Performance: a Meta - analysis. Journal of International Business Studies, (36): 270 - 283.

[31] Harry C. Triandis, 1995, Individualism and Collectivism. Boulder Oxford: West View Press: 81 - 144.

[32] ITC (International Trade Center), 2000, TradeSim - The ITC Simulation Model of Bilateral Trade Potentials: Background Paper, Document Prepared by ITC market analysis section, final draft, 2000.

[33] J. Larimo, 2003, Form of Investment by Nordic Firms in World Markets. Journal of Business Research, 56 (10), pp. 791 - 803.

[34] Kalirajan, K., 1999, Stochastic Varying Coefficients Gravity Model: An Application in Trade Analysis. Journal of Applied Statistics, 26 (2): 185 - 193.

[35] Kang, H. and Fratianni, M., International Trade Efficiency, the Gravity Equation, and the Stochastic Frontier, Available at SSRN: http://ssrn.com/abstract = 952848.

[36] Kim, K. J., 2003, Learning English as a foreign language in Korea: relationships among academic motivation, intercultural sensitivity, and English achievement. Texas A & M University.

[37] Kogut B., Singh H., 1988, The effect of national culture on the choice of entry mode. Journal of International Business Studies, 19 (3): 411 - 432.

[38] Lussier, D., 2009b, Theoretical bases of a conceptual framework with reference to intercultural communicative competence. Journal of Applied Linguistics, 4 (3): 309 - 332.

[39] Linnemann, H., 1966, An Econometric Study of International Trade Flows, North Holland Publishing Company, Amsterdam.

[40] Meeusen, W. and van den Broeck, J., 1977, Efficiency Estimation from Cobb - Douglas Production Functions with Composed Error. International Economic Review, 18 (2): 435 - 444.

[41] Paul D. Ellis, 2007, Paths to foreign markets: Does distance to

market affect firm internationalization. International Business Review, (16): 573 – 593.

[42] Park, M. A., 2006, Relational study of intercultural sensitivity with linguistic competence in English – as – a – foreign – language (EFL) pre – service teachers in Korea. The University of Mississippi.

[43] Pierce Morosini, Scott Shane, 1998, Harbir Singh. National cultural distance and cross – Border acquisition performance. Journal of International Business Studies, (29): 137 – 158.

[44] Philips Harris, 1978, Managing Cultural Difference. Gulf Publishing House.

[45] Ravishankar, G. and Stack, M., 2014, "The Gravity Model and Trade Efficiency: A Stochastic Frontier Analysis of Eastern European Countries' Potential Trade", World Economy, 37 (5): 690 – 704.

[46] Rodrik, 1995, Political economy of trade policy. In G. M. Grossman and K. Rogoff (eds.), Handbook of international Economics, Vol. 3, Amsterdam: North – Holland. 61 – 88.

[47] Roger White, Bedassa Tadesse, 2008, "Cultural Distanceand the US Immigrant – tradelink", The World Economy, 31 (8): 1078 – 1096.

[48] Soloaga, I. and L. Wintes, 2001, Regionalism in the nineties: What Effect on TRADE. North American Journal of Economics and Finance, Vol. 12, March.

[49] Summers, L., 1991, Regionalism and the World Trading System. Symposium Sponsored by the Federal Reserve Bank of Kansas City, Policy Implications of Trade and Currency Zones. Kansas City, KS.

[50] Tinbergen, J., 1962, Shaping the World Economy: Suggestions for an International Economic Policy, the Twentieth Century Fund, New York.

[51] Wonnacott, P., and M. Lutz, 1989, Is There a Case for Free Trade Areas? In J. Schotteds. , Free Trade Areas and U. S. Trade Policy. Washington, D. C. : Institute for International Economics.

[52] M. Granovetter, 1985, Economic Action and Social Structure, The Problem of Embeddedness, American Journal of Sociology, 91 (3): 481 – 510.

[53] M. Neal, 1998, The Culture Factor: Cross – national Management and Foreign Venture, Houndmills: Mac Millan Press.

[54] Miaojie Yu, 2010, "Trade, Democracy, and the Gravity Equation", Journal of Development Economics, pp. 289 – 300.

[55] Min Zhou, 2011, "Intensification of Geo – cultural Homophily in Global Trade: Evidence from the Gravity Model", Social Science Research, 40: 193 – 209.

[56] 盛斌、廖明中：《中国的贸易流量与出口潜力—引力模型的研究》，《世界经济》2004年第2期。

[57] 余淼杰：《发展中国家间的民主进步能促进其双边贸易吗?》，《经济学》（季刊）2009年第4期。

[58] 鲁晓东、赵奇伟：《中国的出口潜力及其影响因素——基于随机前沿引力模型的估计》，《数量经济技术经济研究》2010年第10期。

[59] 贺书锋、平瑛、张伟华：《北极航道对中国贸易潜力的影响——基于随机前沿引力模型的实证研究》，《国际贸易问题》2013年第8期。

[60] 尚宇红、崔慧芳：《文化距离对中国和中东欧国家双边贸易的影响——基于修正贸易引力模型的实证分析》，《江汉论坛》2014年第7期。

[61] 刘涵、胡金蝉：《跨文化交际能力概念及理论模型文献综述》，《学理论》2013年第8期。

[62] 唐炎钊：《"CCIOT"模型：中外合资企业跨文化管理研究新视角》，《经济管理·新管理》2004年第12期。

[63] 席酉民、韩巍：《基于文化的企业及企业集团管理行为研究》，机械工业出版社 2004 年版。

[64] 谭秀杰、周茂荣：《21 世纪"海上丝绸之路"贸易潜力及其影响因素——基于随机前沿引力模型的实证研究》，《国际贸易问题》2015 年第 2 期。

[65] 陈万灵、何传添：《海上丝绸之路的各方博弈及其经贸定位》，《改革》2014 年第 3 期。

[66] 全毅、汪洁、刘婉婷：《21 世纪海上丝绸之路的战略构想与建设方略》，《国际贸易》2014 年第 8 期。

[67] 吴磊：《构建"新丝绸之路"：中国与中东关系发展的新内涵》，《西亚非洲》2014 年第 3 期。

[68] 杨晓云：《中日对东盟出口贸易比较研究》，《现代日本经济》2014 年第 5 期。

[69] 陈利君、刘紫娟：《2013 年南亚地区经济发展形势》，《东南亚南亚研究》2014 年第 1 期。

[70] 高永晨：《文化全球化与跨文化交际研究》，《苏州大学学报》（哲学社会科学版）1999 年第 4 期。

[71] 陈东平：《以中国文化为视角的霍夫斯泰德跨文化研究及其评价》，《江淮论坛》2008 年第 1 期。

[72] 李宗桂：《中国文化概论》，中山大学出版社 1988 年版。

[73] 张岱年：《中国文化的基本精神》，《齐鲁学刊》2003 年第 5 期。

[74] 邵汉明、黎韵：《中国文化之人文精神研究 20 年回顾》，《长春市委党校学报》2001 年第 2 期。

[75] 颜炳罡、周立升：《儒家文化与当代社会》，山东大学出版社 2002 年版。

[76] 孔寒冰：《把中东欧作为一个独立区域的理由》，《中共四川省委机关党校校报》2013 年第 1 期。

[77] 何光沪：《试论宗教与民族的关系》，《世界宗教研究》1996 年第 1 期。

[78] 黄心川：《当前南亚宗教发展的趋势与特点》，《南亚研究》1997年第1期。

[79] 顾丽姝：《东亚文化对东亚一体化的影响》，《云南民族大学学报》（哲学社会科学版）2009年第11期。

[80] 孟凡东：《论东亚区域化进程的文化因素》，《社会学家》（增刊）2005年第5期。

[81] 张立平：《"美国与东亚关系中的文化因素"国际学术研讨会综述》，《美国研究》1996年第4期。

[82] 刘昌黎：《论日本政府回避中日自由贸易区的原因与中国的对策》，《世界经济与政治》2006年第12期。

[83] 曹胜高：《东亚文化特质及其在全球化语境下的出路》，《长白学刊》2006年第1期。

[84] 牟钟鉴：《东亚宗教文化模式及其现代意义》，《探索与争鸣》2013年第4期。

[85] 田晖、蒋辰春：《国家文化距离对中国对外贸易的影响——基于31个国家和地区贸易数据的引力模型分析》，《国际贸易问题》2012年第3期。

[86] 田晖：《国家文化距离对中国进出口贸易影响的区域差异》，《经济地理》2015年第2期。

[87] 谷克鉴：《国际经济学对引力模型的开发与应用》，《世界经济》2001年第2期。

[88] 王铠磊：《国际贸易流量的影响因素——基于贸易引力模型和中国数据的实证分析》，《世界经济情况》2007年第12期。

[89] 吴丹：《东亚双边进口贸易流量与潜力：基于贸易引力模型的实证研究》，《国际贸易问题》2008年第5期。

[90] 朱胜勇：《全球服务业离岸外包：现状、动因及演变趋势》，《国际商务（对外经济贸易大学学报）》2009年第2期。

[91] 白玲、吕东峰：《国际贸易中的文化互补理论》，《北京工商大学学报》（社会科学版）2001年第6期。

[92] 陈晓清、詹正茂：《国际文化贸易影响因素的实证分析——以美

国 1996—2006 年对外文化贸易双边数据样本为例》，《南京社会科学》2008 年第 4 期。

[93] 曲如晓、韩丽丽：《中国文化商品贸易影响因素的实证研究》，《中国软科学》2010 年第 11 期。

[94] 阚大学、吕连菊、罗良文：《制度差异与我国对外贸易流量的实证研究——基于贸易引力模型》，《经济经纬》2013 年第 2 期。

[95] 吉尔特·霍夫斯泰德、格特扬·霍夫斯泰德：《文化与组织：心理软件的力量》（第二版），李原、孙健敏译，中国人民大学出版社 2010 年版。

[96] 罗能生、洪联英：《国际贸易的文化解读》，《求是学刊》2006 年第 6 期。

[97] 杨成：《去俄罗斯化、在地化与国际化：后苏联时期中亚新独立国家个体与集体身份的生成和巩固路径解析》，《俄罗斯研究》2012 年第 5 期。

[98] 丁晓星：《丝绸之路经济带的战略性与可行性分析——兼谈推动中国与中亚国家的全面合作》，《学术前沿》2014 年第 2 期。

[99] 张卫国、陈贝：《引力模型与国际贸易问题中的语言因素：一个文献评述》，《制度经济学研究》2014 年第 2 期。

[100] 黄俊杰：《东亚文化交流中的儒家经典与理念：互动、转化与融合》，华东师范大学出版社 2012 年版。

[101] 高明士：《东亚文化圈的形成与发展：儒家思想篇》，华东师范大学出版社 2008 年版。

[102] 李卓：《全球化过程中东亚文化的价值》，天津人民出版社 2013 年版。

[103] 古小公：《东南亚文化》，中国社会科学出版社 2015 年版。

[104] 陈恒汉：《东南亚文化交融》，电子科技大学出版社 2014 年版。

[105] ［印度］D. P. 辛家尔：《印度与世界文明》，商务印书馆 2015 年版。

[106] 谭中、耿引曾：《印度与中国：两大文明的交往与激荡》，商务印书馆 2006 年版。

[107] ［法］阿德尔·哈比卜：《中亚文明史》，蓝琪译，中国对外翻译出版公司 2006 年版。

[108] 赵常庆：《中亚五国与中国西部大开发——东方文化集成》，昆仑出版社 2004 年版。

[109] ［美］Charles Lindholm：《伊斯兰中东：传统与变迁》，兰州大学出版社 2012 年版。